HISTOIRE

DU COUVENT
DES

CLARISSES
ANGLAISES
DE GRAVELINES

PAR

RAYMOND DE BERTRAND.

Seigneur, vous avez choisi cette maison afin que
votre nom y fût invoqué, et qu'elle devînt une maison d'oraison et de prière pour votre peuple.
  Machabées, liv. I, ch. 7, v.

Les rois mêmes et les princes honoraient ce lieu et
ornaient le temple de dons magnifiques.
  Machabées, liv. 2, ch. 3,

DUNKERQUE
TYPOGRAPHIE BENJAMIN KIEN, RUE NATIONALE,

1857

HISTOIRE
DU COUVENT
DES PAUVRES CLARISSES ANGLAISES
DE GRAVELINES.

CE LIVRE SE VEND AU PROFIT D'UNE BONNE ŒUVRE.

HISTOIRE

DU COUVENT

DES

PAUVRES CLARISSES

ANGLAISES

DE GRAVELINES

PAR

RAYMOND DE BERTRAND.

Seigneur, vous avez choisi cette maison afin que votre nom y fût invoqué, et qu'elle devînt une maison d'oraison et de prière pour votre peuple.
Machabées, liv. 1, ch. 7, v. 37.

Les rois mêmes et les princes honoraient ce lieu, et ornaient le temple de dons magnifiques.
Machabées, liv. 2, ch. 5, v. 2.

DUNKERQUE

TYPOGRAPHIE BENJAMIN KIEN, RUE NATIONALE, 22.

1857.

L'auteur se réserve les droits de reproduction et de traduction.

A

MONSIEUR

Le Docteur André Le Glay,

MEMBRE CORRESPONDANT DE L'INSTITUT,

CONSERVATEUR DES ARCHIVES GÉNÉRALES DU DÉPARTEMENT DU NORD, A LILLE,

HOMMAGE

D'AFFECTUEUSE ESTIME ET DE PROFONDE RECONNAISSANCE,

De la part de l'Auteur.

AVANT-PROPOS.

> Rien de plus intéressant que d'écrire l'histoire de ces couvents, de ces grandes associations religieuses qui ont jadis couvert le sol de leurs monuments et de leurs bienfaits.
> Notice historique sur l'ancienne abbaye de Notre-Dame de Soissons, par M. l'abbé Poquet.

Le 5 Août 1853, délégué par la Société Dunkerquoise pour l'encouragement des sciences, des lettres et des arts, à l'effet de recueillir dans le canton de Gravelines les renseignements sur ce qu'il présenterait d'intéressant tant sous le rapport des souvenirs historiques, que sous celui des monuments, des usages et des institutions, je me mis immédiatement en rapport avec M. Jean-Jacques Vancassel, de Gravelines, à qui la Société Dunkerquoise avait conféré le titre de membre correspondant.

L'année suivante, le hasard me fit tomber entre les mains un bref du Souverain Pontife Urbain VIII, adressé aux Religieuses Clarisses anglaises du monastère de Gravelines. La lecture de ce document original sur parchemin du XVIIe siècle, me donna l'idée de diriger mes recherches vers le passé de ce pieux établissement. J'avais quelques notes dans mes cartons; M. Vancassel m'en adressa d'autres (3 Septembre). Puis M. le docteur Le Glay, auquel j'avais écrit, me fit l'honneur de me répondre le 27 Octobre : « Nous ne possédons rien ici sur ce couvent et sur la plupart des autres maisons religieuses des arrondissements de Dunkerque et d'Hazebrouck. Il paraît que les papiers monastiques de cette portion du département n'ont jamais été transférés au dépôt central. Dieu sait ce qu'ils sont devenus ! J'ai tenté jusqu'à présent de vaines recherches à cet égard. Vous feriez, Monsieur, œuvre bien utile si vous pouviez nous aider à découvrir quelque chose de tout cela.»

Après toutes mes investigations, il ne me restait plus qu'à écrire à Mme la Supérieure du monastère des Religieuses Ursulines françaises de Gravelines, établies dans la maison même que les Pauvres Clarisses anglaises avaient autrefois occupée. J'étais connu seulement de nom de ces dames ; mais, quoique j'eusse à craindre le refus bien légitime sans doute de leur part de déplacer leurs archives, si elles en possédaient, je leur fis parvenir ma très humble supplique. Le succès dépassa mon attente ; je reçus de la sœur Marie de la Croix, Supérieure, une réponse pleine d'aménité et de dispositions gracieuses (2 Novembre). Elle était conçue en ces termes : « Nous serions fort heureuses, Monsieur, de pouvoir vous être utiles dans le travail que vous avez entrepris concernant la maison que nous habitons avec bonheur, puisque tant de précieux souvenirs s'y rattachent ; mais, M. le Doyen (1) nous a assuré que vous possédiez déjà tous les documents que nous nous proposions de vous envoyer. Cependant, pour vous montrer notre bonne volonté, nous vous expédions un manuscrit en anglais (2), puis divers papiers ; doutant, Monsieur, qu'ils puissent vous être utiles ; enfin quelques inscriptions que nous avons déchiffrées avec beaucoup de peine sur quelques pierres tombales qui se trouvent dans nos cloîtres...»

Successivement ces dames me firent passer tous les documents que je leur signalais, ou m'adressèrent leurs réponses aux nombreuses questions que je leur posais.

C'est ainsi que j'ai été à même d'écrire l'histoire du couvent des Pauvres Clarisses anglaises de Gravelines.

---

(1) M. Charles Vandenbussche, aujourd'hui doyen de la paroisse de Saint-André à Lille.
(2) Le nécrologe, où j'ai puisé mes meilleurs renseignements.

Voici le cadre que j'ai adopté. L'histoire du couvent est écrite par règne d'abbesse. A chacune d'elles est consacré un chapitre en tête duquel est indiquée la durée de son administration. Cependant la biographie de chaque abbesse n'est pas une chose complète, car il est des circonstances et des faits qui lui sont relatifs dans les biographies antérieures, comme dans celles qui suivent ; et j'ai cru devoir en agir ainsi afin de ne nuire en rien à l'ordre chronologique des évènements que, par principe, on ne doit jamais intervertir, ni à l'ensemble de l'ouvrage qui nécessitait dans toutes ses parties une corrélation dont il n'était pas possible de s'écarter. Enfin deux passages des écritures saintes ou d'autres livres pieux sont inscrits au commencement de chaque chapitre ; ils sont analogues au texte qui suit.

L'histoire des abbesses est précédée de prolégomènes indispensables pour préparer le lecteur aux faits principaux. J'en ai composé deux chapitres assez courts, dont le premier contient le narré succinct des persécutions religieuses en Angleterre au XVIe siècle, et le second, les évènements postérieurs et quelques mots sur la fondatrice du monastère. Cela nous mène à l'année 1608.

Le livre aurait pu se clore pour ainsi dire à l'année 1838, époque où les Ursulines prirent possession du couvent ; mais, fidèle à la règle posée par moi de terminer chaque chapitre à la mort de chaque mère supérieure, j'ai consacré un appendice aux derniers souvenirs du monastère, à l'installation et aux succès des nouvelles religieuses.

Cette division permet au lecteur de se reposer de temps à autre et d'arrêter momentanément sa lecture à une limite naturelle.

Autant qu'il a été dans mes moyens, j'ai évité la sécheresse dans la narration ; mais je n'ai pu toutefois me dispenser de certains détails qui m'ont servi de liaisons entre les grands traits, et d'accessoires aux figures principales.

L'histoire d'une maison religieuse est aussi l'histoire d'une ville, et, comme conséquence, celle d'une foule de personnes honorables, de personnages de distinction, de sommités sociales, qui s'y rattachent par leurs services ou par les rapports qu'ils s'étaient créés. Je le prouve, du moins, par mon ouvrage.

Parvenu au terme de mes travaux, j'avais un projet à réaliser à l'égard de l'honorable archiviste du Nord, auquel j'avais à cœur de donner un témoignage public de ma reconnaissance. Je lui offris la dédicace de mon livre (1).

Quelques jours après, le 26 Mars 1857, l'illustre savant m'honorait de cette réponse à la fois si modeste et si bienveillante : « Vraiment, Monsieur et ami, vous me faites trop d'honneur, en songeant à me dédier votre histoire des Clarisses Anglaises de Gravelines. Du reste, je vous félicite du sujet que vous traitez... Rien de plus touchant, de plus instructif que l'histoire de ces catholiques anglais réfugiés dans nos contrées Gallo-Belgiques... J'accepte non sans scrupule, la faveur que vous voulez me faire. Pensez-y encore ; et voyez si vous n'auriez pas un nom moins obscur à placer en tête de votre œuvre. Quoique vous fassiez, je serai toujours, Monsieur et ami, votre serviteur très devoué. »

Dès ce moment, me confiant à la grace de Dieu et à l'indulgence des hommes, je résolus de livrer mon ouvrage au domaine public, non sans quelque crainte, mais du moins avec la certitude qu'une mère pourrait le donner sans danger en lecture à sa fille, une institutrice, à ses élèves. J'eus même la pensée que les archéologues y trouveraient quelques souvenirs dignes de fixer leur attention.

Maintenant il me reste l'espoir que bien des ames indécises se recueilleront en lisant mon livre, et seront irrésisti-

---

(1) Voir ce que j'ai dit sur cet homme de bien, dans le prologue de mon Histoire de Mardick et de la Flandre maritime. Dunkerque, 1852.

blement entraînées vers cette divine religion que les austères et pieuses Clarisses anglaises savaient pratiquer avec un zèle constamment soutenu.

Si toutes ces choses se réalisent, mon but sera atteint ; j'aurai trouvé la récompense de mon labeur, et j'en attribuerai l'honneur à celui qui m'inspira la pensée d'en rechercher et d'en coordonner les éléments.

Sur ma route j'ai plus d'une fois consulté deux hommes intelligents, M. l'abbé Louis Desmidt et M. Hippolyte Bernaert, dont les lumières m'ont toujours été d'un grand secours. Grace à leur amitié et à leur affectueuse obligeance, j'ai pu m'avancer plus sûrement vers le terme de mes travaux.

Quelques autres personnes me sont également venues en aide : M. Edmond de Coussemaker, notre président du Comité Flamand de France, m'a fait don d'un petit volume anglais, intitulé : « A Pious collection of severall profitable directions, etc., » qui était à l'usage des Clarisses de Gravelines ; M. Victor Derode, le laborieux historien de Dunkerque, m'a donné en communication une brochure ayant pour titre : « Notices of the english colleges et convents, etc. » ; M. Jean-Joseph Carlier, de Paris, et M. l'abbé Adolphe Bloeme, curé de Roquetoire, m'ont procuré d'excellents renseignements ; M. François-Hippolyte Waguet, qui vient de quitter Dunkerque où il était courtier maritime, m'a prêté fort gracieusement le manuscrit de l'histoire de Gravelines par le très respectable défunt M. Waguet, son beau-père (1). Au reste, ils ne sont pas les seuls qui m'aient prouvé leur bon vouloir : je passe plusieurs noms ; j'en ai cité d'autres dans le cours de l'ouvrage.

A eux tous, mes chaleureux remerciements et mon dévouement sans bornes.

(1) Ancien maire de Gravelines.

A mes concitoyens et à tous ceux qui, en tant de circonstances, m'ont honoré de leurs sympathies, la plus vive reconnaissance.

HISTOIRE

DU COUVENT

DES PAUVRES CLARISSES ANGLAISES

DE GRAVELINES

1538-1581.

Les persécutions religieuses & les Clarisses (¹).

> Vous serez heureux lorsqu'à cause de moi on vous persécutera. Réjouissez-vous alors et tressaillez de joie.
> Evang. de St-Matthieu, ch. 5, v. 11 et 12.

> Un nom pur est préférable aux aromates les plus précieux.
> Prov. ch. 20, v. 1.

Une des figures les plus hideuses de l'histoire des temps modernes, est celle de Henri VIII, roi d'Angleterre. Les excès, les dépravantes passions et les actes tyranniques auxquels il se livra, les persécutions et les cruautés inouies qu'il exerça contre les catholiques, déterminèrent le Pape Paul III à confirmer, en Décembre 1538, et à publier aussitôt la bulle comminatoire qu'il avait fulminée trois ans auparavant contre le souverain anglais qui se qualifiait de

---

(1) Nous déclarons une fois pour toutes que, quand nous ne signalerons pas nos sources, c'est que nos documents auront été puisés dans les archives des Pauvres Clarisses de Gravelines, déposées au monastère des Ursulines qui leur ont succédé.

chef suprême de l'Eglise de son royaume, et rejetait la suprématie spirituelle du Saint-Siége. La bulle excommuniait Henri et le déposait du trône; elle déliait, en outre, ses sujets du serment de fidélité. Loin de l'arrêter dans ses débordements, la sentence du Souverain Pontife ne fit que l'irriter davantage, et il renouvela ses persécutions contre les catholiques avec plus de fougue que jamais. Il n'y avait pour eux ni repos ni trêve, et la plupart se virent obligés de s'expatrier ! C'est ainsi que des Clarisses anglaises du tiers-ordre de Saint François arrivèrent en plusieurs lieux de la Flandre, du Brabant et de l'Artois, et notamment à Gravelines (1), où elles vécurent jusqu'à la fin du règne (1553) d'Edouard VII, sous lequel le protestantisme devint en Angleterre la religion de l'Etat. Alors l'orthodoxe reine Marie rétablit la religion catholique romaine et rappela une foule d'exilés, parmi lesquels on comptait plusieurs Clarisses de Gravelines et d'autres religieuses disséminées dans les Pays-Bas. Mais lorsqu'Elisabeth monta sur le trône (1558), il y eut une affreuse réaction : le feu de la persécution se ralluma sur tous les points de l'Angleterre ! De nouvelles émigrations eurent lieu, et quelques unes des religieuses qui, naguère, avaient quitté Gravelines, pleines de joie et de félicité, revinrent prendre séjour le cœur rempli d'une amère tristesse, dans la Flandre, le Brabant et l'Artois.

Plusieurs même de ces dames allèrent jusqu'en Zélande, où elles furent admises au couvent des Pauvres Clarisses, fondé en 1472, du temps de Charles-le-Téméraire, fils du duc Philippe-le-Bon, dans une jolie ville marchande de ce pays « pretty marchand town in Zeelande », rapporte une vieille légende (2). Pendant quelques années, elles y vécurent paisiblement ; mais quand en 1572, les troubles

(1) Manuscrit de l'histoire de Gravelines, par feu M. Waguet, et contrat notarié de cession aux Ursulines, de 1838, etc.
(2) Légende manuscrite en anglais, déposée aux archives du monastère.

suscités par les dissidences de religion, éclatèrent dans les Pays-Bas, ces infortunées religieuses furent cruellement outragées par les Calvinistes et les Luthériens que soutenait Guillaume de Nassau, surnommé le Taciturne. Le monastère fut ruiné ! Une soldatesque effrénée les poursuivit de blasphèmes et de cris de mort ; personne ne voulut les accueillir, si ce n'est un petit homme inconnu qui, comme un second Daniel, les abrita sous son toit. Au nombre de vingt-six, elles trouvèrent dans la pauvre demeure de ce brave homme une hospitalité dévouée pendant deux mois, à l'expiration desquels les protestants vinrent fortuitement à les découvrir. Toutefois elles échappèrent en temps au danger qui pesait sur leurs têtes et finirent par rencontrer fort heureusement le capitaine d'une chaloupe qui voulut bien les recevoir à son bord. Il les amena à Anvers ; c'était au mois de Juillet. Arrivées dans cette ville, elles furent solennellement reçues au couvent de leurs consœurs, les Pauvres Clarisses de Saint Jacques ; et là neuf mois s'écoulèrent pour elles dans la paix et le repos.

Au mois d'Avril 1573, ces saintes filles du Seigneur se virent en butte de nouveau aux insultes des Sectaires. De jour en jour l'hérésie faisait partout de sensibles progrès ; et ce fut à ce point qu'en l'année 1575, plusieurs Clarisses de Belgique et d'Angleterre se réfugièrent à Gravelines (1), et vinrent se joindre aux religieuses qui y vivaient en société. Toutes ces sœurs suivaient la règle que Sainte Claire, Clara Sciffo, fille d'un comte puissant et riche de la ville d'Assise où elle était née en 1194, avait établie en fondant son monastère de Saint-Damien, sous le Pontificat d'Innocent III. Alors brillait dans tout son éclat Saint François, le séraphique compatriote de Claire, dont elle était disciple et qui lui avait donné l'habit de pénitente en lui faisant faire le vœu de pauvreté le 18 Mars 1212 ; les Pauvres Clarisses datant de ce jour la fondation de leur ordre,

(1) Légende manuscrite et manuscrit de l'histoire de Gravelines, cités.

arbre fécond d'où sortirent tant de rejetons vivifiants qui fleurirent sous tous les climats de l'Europe.

En ce seizième siècle, Anvers était un lieu peu sûr pour les catholiques; et les Clarisses qui y restèrent encore pendant six ans après le départ de leurs compagnes, eurent à subir d'insupportables vexations de la part des Calvinistes et des Luthériens. Enfin un jour on publia un édit qui forçait les prêtres et les religieux à quitter le pays dans les vingt-quatre heures! Prises de frayeur, dix-sept de ces victimes de l'impiété affrétèrent soudain un navire que commandait un respectable marinier qui, comme un autre ange Raphaël à l'égard du jeune Tobie, prit soin de ces fidèles servantes de Dieu.

Au printemps de l'année 1581, le navire sortit du port d'Anvers et suivit l'Escaut jusqu'à l'Océan; puis il longea la côte, de manière à permettre aux bonnes religieuses de voir à l'œil nu les villes de l'Ecluse, de Blanckenberghe, d'Ostende, de Nieuport et de Dunkerque. Grace à Dieu, après divers jours d'une périlleuse navigation, elles vinrent prendre terre à Gravelines (1), dont était gouverneur, au nom du Roi Philippe II, Valentin De la Motte, chevalier de l'ordre de Saint-Jacques d'Espagne, grand-maître de l'artillerie des Pays-Bas.

Le gouverneur, qui était à la tête du mouvement catholique, accueillit les fugitives Clarisses très charitablement « Very charitably » dit la légende. En ce moment d'ineffable bonheur, elles élevèrent spontanément vers le ciel les yeux et leurs cœurs pour remercier le bon Dieu de la sainte protection dont il leur avait fait la grace, dans les innombrables dangers auxquels elles venaient d'échapper. Le sieur De la Motte traita les pauvres émigrantes avec les plus nobles égards, les logea commodément et eut pour elles les soins d'un véritable père. On leur ménagea des

(1) Légende citée.

entrevues avec les religieuses anglaises habitant Gravelines ; vivant les unes de leur fortune, de leurs travaux ; les autres, de la charité publique.

En recevant un aussi touchant accueil de M. le gouverneur, l'angélique cohorte des pauvres fugitives dut se rappeler avec une sorte de délice et d'admiration, les sublimes paroles que prononçait un Pape lorsqu'il accordait à une céleste enfant, Clara Sciffo, le privilége de la pauvreté perpétuelle, le seul que personne ne lui eût jamais demandé. « Celui, disait-il, qui nourrit les petits oiseaux, qui a vêtu la terre de verdure et de fleurs, saura bien vous nourrir et vous vêtir jusqu'au jour où il se donnera lui-même à vous pour aliment éternel, quand de sa droite victorieuse, il vous embrassera dans sa gloire et sa béatitude (1) ».

Pendant le temps que les Clarisses d'Anvers restèrent à Gravelines, l'une d'elles, aveugle depuis vingt ans, tomba malade par suite des fatigues de la mer. Le terme de sa vie approchait ; et son âme s'échappant enfin de son enveloppe terrestre, s'envola heureuse vers la Jérusalem céleste. Elle fut sincèrement pleurée par ses compagnes, qui n'avaient eu qu'à se louer de sa douceur et de son amabilité dont elle ne se départit jamais malgré son grand âge et sa cécité. Le ciel l'en avait récompensée à l'avance, car elle avait toujours joui d'une santé et d'un jugement parfaits, et, en donnant à ses consœurs les meilleurs exemples de toutes les vertus, elle les charmait encore par une conversation aussi édifiante qu'instructive. Elle parvint ainsi jusqu'à l'âge de 90 ans. Quand les derniers devoirs lui furent rendus, les seize autres religieuses se dirigèrent vers la catholique cité de Saint-Omer où les reçut le 4 août dans la cathédrale, Jacques de Pamela, chanoine et archidoyen de Flandre, en vertu des pouvoirs de Mgr Jean Six, évêque.

(1) M. le comte de Montalembert. Introduction à l'histoire de Sainte Elisabeth de Hongrie.

C'est en cette année 1581 que l'on institua à Saint-Omer le couvent des Pauvres Clarisses (1) où furent admises les fugitives d'Anvers. Il y existait déjà même un couvent de filles de cette nation ; sorte d'établissement religieux préparatoire d'où elles passaient dans d'autres maisons pour prononcer leurs vœux (2).

(1) Histoire de la ville de Saint-Omer, 1843, par M. Derheims, p. 580.
(2) Même histoire, p. 596.

1582-1608.

Mary Ward, fondatrice.

> Les générations diront vos œuvres aux générations;
> elles raconteront vos merveilles.
> Psaume 144, v. 4.
>
> N'ayez point de honte de servir les autres pour l'amour de Jésus-Christ, et de paraître pauvre dans ce monde.
> Imit. de J.-C. liv. I, ch. 7, v. I.

A la fin du seizième siècle la constitution des Clarisses de Gravelines n'avait aucun caractère légal. Attendant de la volonté de Dieu un meilleur sort dans l'avenir et se nourrissant encore de l'espérance de revoir un jour la patrie, elles ne songeaient pas à postuler la permission de s'établir en communauté. Quelques années se passèrent ainsi; et, dans ces entrefaites, la reine Elisabeth vint à mourir (1603).

Son successeur Jacques 1er, en montant sur le trône, avait laissé entrevoir qu'il serait favorable aux catholiques; mais, hélas! influencé par le parti protestant, il confirma la loi qui prononçait sous peine de mort le bannissement contre les religieux. Jacques eut bien quelque velléité en faveur des catholiques, comme il le prouva à la session du parlement, en Novembre 1605, à l'occasion du procès de la conspiration des poudres; mais il ne sut jamais donner suite à ses heureuses dispositions. Esprit irrésolu, craintif, le fils de Marie Stuart ne savait exercer le pouvoir ni avec dignité ni avec à-propos. Comme roi, il était pris d'une triste passion: celle d'écrire et de s'adonner à la controverse; et sous l'impression de ce double sentiment, il se livrait à des attaques contre le pouvoir spirituel du Souverain Pontife. Non content d'affaiblir la puissance papale, il exerça d'incessantes persécutions contre le clergé et les religieux ; attaquant d'ailleurs aussi bien toutes les sectes qui divisaient l'Angleterre, que la religion catholique romaine. Comme autrefois il n'y avait de sécurité que dans l'exil ; la terre de Flandre et les provinces voisines devinrent de nouveau le refuge de toutes les ames pieuses de l'Angleterre qui se vouaient au service de Dieu. Une nouvelle colonie de jeunes anglaises et irlandaises vint se joindre aux Clarisses qui résidaient à Gravelines.

Ces dames ne tardèrent pas à acquérir la certitude que l'espoir dont elles s'étaient bercées de vivre tranquilles et libres dans leur pays, était devenu une illusion. Elles donnèrent, dès lors, une autre direction à leurs pensées et partirent en majeure partie pour Saint-Omer où on les reçut d'abord au couvent des Filles Anglaises, puis à celui des Pauvres Clarisses ; elles résolurent de pétitionner l'autorisation de fonder légalement une congrégation et de se fixer définitivement de la sorte dans la ville de Gravelines, dont les habitants n'avaient jamais été que bons et hospitaliers pour les religieuses émigrées, quelle que fût leur nationalité.

Ceci avait lieu en l'année 1607.

En ce temps là (1) vint à St-Omer une fille vertueuse « a virtuous gentlewoman » du nom de Mary Ward, née dans le Yorkshire. Elle avait quitté récemment l'Angleterre en qualité de femme de chambre « waiting woman », et s'était arrêtée sur sa route quelques jours à Gravelines où elle avait visité ses compatriotes refugiées. Mary se croyait appelée à l'état religieux ; mais malheureusement elle était dépourvue de fortune. Elle attendit de la bonté de Dieu les moyens de suivre sa vocation. Un jour, cependant, elle s'adressa à des religieux anglais de la Société de Jésus et leur communiqua ses pieux désirs. Comme les Révérends

---

(1) Chronique manuscrite anglaise déposée aux archives du monastère de Gravelines, et chronique française se trouvant au presbytère de la même ville.

Pères remarquaient en elle de bonnes qualités, ils s'intéressèrent sérieusement à sa personne ; et, à la faveur de leur protection, elle entra dans la maison des filles de Sainte-Claire à Saint-Omer, où se trouvaient sept ou huit Anglaises professes. Mary prit l'habit en qualité de sœur converse ; faute de dot elle ne pouvait être admise comme religieuse de chœur. Elle resta neuf mois attachée à cette maison ; son emploi consistait à aller recueillir dans les villes et les villages circonvoisins avec une compagne du nom d'Helen Parker, des aumônes pour la subsistance des sœurs de sa communauté. Lors de son passage à Gravelines, au printemps de l'année 1608, elle fut informée qu'une personne de grande vertu avait légué une portion de terrain située en cette ville pour y bâtir un monastère (1). Cette circonstance fut pour elle un trait de lumière qui lui fit naître à l'esprit un merveilleux projet.

Transportée de joie et de bonheur, sœur Mary Ward donna immédiatement avis de cette nouvelle aux Pères Jésuites anglais et les supplia de faire des efforts pour obtenir la délivrance du terrain légué, afin que l'on y fît élever, selon le vœu du testateur, un monastère pour les Pauvres Clarisses anglaises. Les Pères s'adressèrent aussitôt à Mgr Jacques Blaze, évêque de Saint-Omer, à l'abbé de Saint-Bertin, Nicolas Mainfroy, et à plusieurs personnes de leurs amis. Ils eurent tant de succès qu'ils obtinrent tout ce que l'on désirait. Alors Mary sortit de son couvent, reprit son habit séculier ; et, avec l'assistance des Pères Jésuites, elle se rendit à Bruxelles où était le siége du gouvernement belge.

Les Pays-Bas étaient gouvernés par Albert et Isabelle-Claire-Eugénie, princes d'une éminente piété. La Flandre

---

(1) La chronique déposée au presbytère et celle qui existe au couvent parlent positivement de ce legs de fonds de terrain ; nous prenons l'assertion pour vraie quoique nous n'ayons pas vu le testament, et que cet acte ne soit pas énoncé dans le contrat notarié de 1838.

était heureuse sous leur paternelle administration. Le clergé, les religieux et tout ce qui tenait à l'église, y jouissaient d'une haute faveur et recevaient un accueil très bienveillant. Aussi la sœur Ward s'empressa-t-elle de faire présenter aux archiducs une pétition tendant à obtenir la permission d'établir un couvent de Clarisses anglaises à Gravelines. Elle se recommanda en même temps à tous les Anglais résidants à Bruxelles et dans les environs, et en reçut généreusement secours et assistance. On la fit admettre près de l'Infante qui lui accorda une entière protection parce qu'elle voyait avec plaisir, le courage, la persévérance et les sublimes efforts de cette sainte fille.

Isabelle lui obtint ce qu'elle demandait. Les lettres-patentes furent expédiées à Bruxelles sous la date du 7 Octobre 1608 (1). Elles étaient ainsi conçues : « Nous avons permis et autorisé comme nous permettons et autorisons, par ces présentes lettres, lesdites demoiselles suppliantes, qu'elles puissent se placer dans notre dite ville de Gravelines, et y donner commencement à un couvent et monastère dudit ordre de Sainte Claire, pourvu toutefois que, dès maintenant, elles soient si bien pourvues de biens et revenus temporels qu'elles puissent décemment et complètement s'en nourrir et entretenir, et ne soient d'aucune charge aux bons bourgeois et manans (habitants) de ladite ville ni d'autres sujets de nostre par deça ; ce que nous remettons à l'arbitrage dudit evesque (de Saint-Omer) à la juridiction duquel elles seront soumises comme à l'évesque diocésain

---

(1) Sanderus ou son continuateur a commis une grave erreur de date, dans la Flandria illustrata, tome 2, p. 651, en disant que « le couvent des religieuses Clarisses anglaises de Gravelines, fut fondé en 1620. » Cette erreur a été répétée sans examen à la page 63 des : Entretiens du Luxembourg sur un voyage fait depuis peu en Flandre par M. D. R. H. Derocoles, historiographe, Paris. 1666 ; à la page 57 du tome 3 des Délices des Pays-Bas. Liége, 1669 ; à la p. 112 des Notices historiques sur... Gravelines par feu notre ami Hector Piers, Saint-Omer, 1853, et à la page 367, par l'auteur du Cameracum Christianum. Lille, 1849.

de ladite ville, auquel, comme aussi audit gouverneur, nous chargeons de ce que dessus, prester aux dictes demoiselles toute l'assistance et adresse nécessaires (1) ».

Les devoirs de sœur Mary ne se bornèrent pas là : elle avait fait écrire au Pape Paul V pour en avoir une bulle qui ne tarda pas à parvenir à sa destination. Sa Sainteté enjoignait à l'évêque de Saint-Omer de prendre soin de cette affaire et des religieuses qui allaient se cloîtrer à Gravelines, de leur procurer des Pères Spirituels et d'inviter le gouverneur et le magistrat de cette ville, à les recevoir et à les traiter le mieux possible en raison des ressources dont ils pourraient disposer.

Munie de ses titres et de lettres de recommandation de l'évêque, de l'abbé de Saint-Bertin, et d'un jeune prêtre, John Gennings, qui ne cessait de lui prêter son concours avec une extrême sagesse (2), sœur Ward se rendit à Gravelines et s'y présenta aux diverses autorités civiles, ecclésiastiques et militaires avec lesquelles elle avait à se mettre en rapport. Le meilleur accueil lui fut fait, et l'on s'occupa à l'instant des projets d'érection du monastère. A cette fin, plusieurs personnes bienfaisantes donnèrent de grandes aumônes. Dans ce nombre il y avait sir Gage of Bently, de Gravelines, qui avait contribué pour une somme de mille livres sterling. Une foule d'autres donnèrent ensuite selon leur capacité et leur charité. Toutes ces ressources permirent enfin en premier lieu d'acquérir de François Morage, bailli de Gravelines, sauf à passer contrat plus tard, une maison avec son terrain longeant la rue des Cuvilliers, et, en second lieu, de mettre instantanément les ouvriers à l'œuvre.

Sœur Mary était alors certaine de réussir ; et, dès son retour à Saint-Omer, elle y loua une maison particulière

---

(1) Histoire manuscrite de Gravelines par feu M. Waguet.
(2) Edward Petre, Notices of the english colleges et convents established on the continent, etc., Norwich. Bacon et Kinnebrook. 1849, p. 82.

« a secular house » dit la chronique, afin d'y réunir les Clarisses et les novices qui seraient désignées pour fonder le couvent de Gravelines ; puis elle s'adressa à l'évêque pour qu'il voulût choisir les religieuses qui lui conviendraient à cet effet. Sa grandeur l'autorisa à demander à l'abbesse du monastère de Saint-Omer les professes Mary Goudge, Margaret Towler, Elisabeth Darrell, et Ann Campion, quatre anglaises de naissance, plus la sœur Antoinette-de-Saint-Jean, native du pays d'Artois. On osa les lui refuser; mais désirant en finir, Mary Ward eut recours de nouveau à l'évêque qui fit savoir que, si l'abbesse refusait encore de laisser partir les cinq religieuses, il la frapperait des anathèmes de l'Eglise. La supérieure n'osa s'obstiner plus longtemps, et le 1er Novembre, le gardien des Frères fut envoyé au monastère français par l'ordre de Monseigneur pour y prendre ces dames et quelques autres anglaises.

Dans ces entrefaites, plusieurs jeunes personnes qui avaient entendu parler de la fondation du monastère de Gravelines, quittèrent le Royaume-Uni de la Grande-Bretagne et d'Irlande pour se faire recevoir religieuses. Elles débarquèrent à Gravelines et à Calais, et se dirigèrent sur Saint-Omer où on les admit dans la maison que les Clarisses de l'établissement projeté occupaient momentanément.

On était insensiblement arrivé à l'ouverture du mois de Décembre. Mary Goudge exerçait en toute autorité l'office de supérieure, et les sœurs Darrell et Towler, la charge d'assistantes. A partir de ce moment la bonne sœur Ward, qui avait terminé son œuvre, s'était retirée dans les rangs des humbles sœurs de la maison. Au reste la pieuse fille ne demandait rien de plus : Il lui suffisait de savoir que la mission dont elle s'était si noblement acquittée, avait été agréable à Dieu qui avait couronné son œuvre d'un plein succès. Son nom n'en devait pas moins survivre à sa mort et rester entouré d'une auréole de gloire inséparable de son titre de fondatrice. Elle ne resta pas avec ces dames : elle eut l'idée de fonder encore ailleurs qu'à Gravelines d'autres maisons religieuses. Elle réalisa plusieurs de ses projets ; et ses faits et gestes eurent tant de retentissement que plusieurs papes ne dédaignèrent pas de la citer (1).

(1) Notices d'Edward Petre, citées, p. 108.

1608-1613.

Mary Goudge, 1ʳᵉ abbesse.

> Heureux ceux qui, mettant leur joie à s'occuper de Dieu, se dégagent de tous les embarras du siècle.
> Imit. de J.-C. liv. 3, ch. I, v. 1.
> Je laisserai une mémoire éternelle à ceux qui doivent venir après moi.
> Liv. de la Sagesse, ch. 8, v. 13.

Pendant l'octave de la Noël, « Christmas », le jour de la fête des Innocents, 28 Décembre 1608, Mgr Jacques Blaze, évêque, se rendit à la maison des Pauvres Clarisses anglaises de Saint-Omer, et, dans une cérémonie solennelle qui eut lieu à la chapelle de la communauté, il élut abbesse du couvent de Gravelines, sœur Mary Goudge dite en religion sœur Marie-de-Saint-Etienne. Le choix était heureux.

Mary Goudge, raconte une chronique (1) fut, dès son enfance, choisie de Dieu pour lui être consacrée. A l'âge de quatre ou cinq ans, elle s'appliqua à la vertu et montra un profond mépris pour les plaisirs et les vanités du monde. Plus tard ses parents firent des instances pour qu'elle fréquentât les bals et les autres lieux de divertissements ; mais ils ne purent jamais l'y faire consentir ; de sorte qu'ils lui retirèrent leur affection et la confièrent à sa grand'mère, fervente catholique, qui l'aimait tendrement, et qui lui laissa la liberté de suivre ses pieuses inclinations.

La jeune fille se mit à étudier le latin, s'adonna à la pratique de l'oraison mentale ; et, sous la conduite de l'Esprit-Saint, le meilleur des maîtres, elle parvint à un haut degré de perfection intérieure. Elle se levait la nuit pour prier et assistait à la messe avec la plus candide piété ; toutes ses délices consistaient dans la pratique des actes de religion :

(1) La chronique déposée aux archives du couvent de Gravelines.

elle catéchisait et instruisait les domestiques de la maison. Il s'élevait parfois quelque différent entre eux ; alors Mary cherchait à les réconcilier par ses exhortations ; et si sa juvénile éloquence ne pouvait y réussir, elle faisait tant par ses larmes, que ses serviteurs se rendaient à ce que ses paroles n'avaient pu obtenir ; s'attirant ainsi l'amour et l'estime de tous ceux qui l'entouraient.

Mary distribuait si convenablement les heures de la journée que sa vie ressemblait à celle d'une religieuse. Dirigée par un Père de la Société de Jésus qui avait pour sa personne une haute estime, elle arriva par son secours à une connaissance profonde des choses intérieures. La pieuse fille s'appliquait sérieusement à l'étude du latin, et en peu de temps, elle parvint à l'écrire et à le parler correctement. Elle était d'un caractère soumis, doux, aimant et serviable envers tous et notamment à l'égard de son aïeule, dont elle satisfaisait les moindres désirs. Quoique cette dame l'aimât tendrement et connût son penchant pour la vie retirée et dévote, elle lui proposa de se marier ; cela déplut à Mary qui eut à soutenir les instances réitérées de ses amies et de sa grand'mère. Néanmoins, la jeune personne demeura inébranlable ; et sa résolution de rester vierge, s'accroissant encore à la lecture de la vie de Sainte Claire, elle se sentit le plus vif désir d'entrer dans son ordre, de vivre et de mourir comme cette bienheureuse mère qu'en 1255, le Pape Alexandre IV proposait à la vénération des fidèles par sa bulle de canonisation, deux ans après la mort de la Séraphique fille d'Assise, en la proclamant Claire entre toutes les clartés, lumière resplendissante du temple de Dieu, princesse des pauvres, duchesse des humbles, maîtresse des vierges, abbesse des pénitents (1). Mary découvrit son dessein à son Père spirituel qui l'approuva, quoique la faible santé de sa pénitente lui fit craindre que la règle de

(1) Introduction à l'histoire de Sainte Elisabeth de Hongrie, etc., par M. le comte de Montalembert.

sainte Claire ne fût trop austère. Cependant l'aïeule de Mary continuait à la presser de se marier; elle lui donna un jour une somme considérable et l'envoya à Londres afin qu'elle pût se procurer des vêtements élégants et d'un nouveau goût. Mary accepta cet argent; mais elle en fit un autre usage; elle prit place sur un navire prêt à faire voile pour le continent.

Pendant ce voyage plusieurs difficultés se présentèrent; mais la généreuse fille les surmonta avec un courage incroyable. Le latin lui fut très utile; elle arriva à Bruxelles où se trouvaient quantité d'Anglais, prêtres et séculiers, qui la dissuadèrent de se faire Clarisse; mais elle ne se laissa pas ébranler, et apprenant qu'il y avait à Saint-Omer un couvent de cet ordre et que Mgr Jean de Vernois, évêque de cette ville, était en ce moment à Bruxelles, Mary se rendit près de Sa Grandeur avec une compagne du nom d'Ann Holward, et se jetant aux pieds de l'évêque, elle le pria humblement de lui accorder sa protection et de leur obtenir l'entrée de cette sainte maison. Le digne prélat les reçut gracieusement, les admit à sa table, et s'entretint en latin avec Mary de l'état de la religion en Angleterre. Quelques jours après, il les mena à Saint-Omer, et obtint de l'abbesse des Clarisses l'admission des deux anglaises dans son monastère. Ce fut le 18 février 1596 qu'elles entrèrent en religion. Mary Goudge avait dix-neuf ans; sa compagne, vingt-sept.

Mary passa l'année de son noviciat avec grand profit pour son ame et l'édification de la communauté. L'année étant écoulée, la jeune novice fit sa profession et vécut onze années entières dans la pratique de la vertu et dans une ferveur admirable. Sa conversation et sa conduite étaient selon le témoignage de ses compagnes, plus angéliques qu'humaines. Effectivement sœur Mary observait avec fidélité la règle du silence; ne parlant que dans la stricte nécessité et d'un ton de voix doux et bas. Son maintien était plein de modestie et de douceur ; sa seule vue inspirait aux autres le recueillement et la dévotion. Sans cesse elle s'occupait intérieurement de quelque mystère de Notre-Seigneur et honorait surtout les plaies et le précieux sang du Sauveur. La majeure partie de son temps se passait à peindre, et cette occupation contribuait à augmenter ses sentiments de piété. En récréation, personne n'était ni plus gai ni plus aimable ; elle se conduisait avec une simplicité et une condescendance charmantes pour chacune de ses sœurs ; évitant toute parole, toute action qui eussent pu les froisser ou les contrister. Elle faisait adroitement naître des différentes circonstances, le sujet de quelques réflexions pieuses ou instructives, d'une façon si aimable et si récréative que chaque religieuse en était extrêmement satisfaite.

Quoique fort détachée des choses terrestres, la sœur Goudge était néanmoins très habile à remplir les emplois qui lui étaient imposés par la sainte obéissance ; elle s'en acquittait avec une ferveur et une diligence accomplies. Mary se montrait même également indifférente pour les emplois, de manière que l'on ne savait à quoi elle avait de l'inclination, et, si parfois on lui en voyait choisir, c'étaient les plus humiliants et les plus pénibles. D'ailleurs cette digne sœur se montrait aussi obéissante aux religieuses qui avaient sur elle de l'autorité, qu'à la mère abbesse elle-même.

Son amour pour la sainte pauvreté se manifestait constamment. Mary éprouvait une satisfaction particulière lorsqu'elle portait les vêtements les plus humbles, les plus incommodes ; les estimant encore trop bons pour sa personne. Sa mortification était grande ; elle saisissait comme un trésor toutes les occasions de la pratiquer ; mettant sa plus douce jouissance dans le mépris et dans l'abjection. Elle était si ponctuelle à toutes les observances qu'on ne pouvait la trouver en défaut même dans les moindres choses. Sa supérieure l'éprouvait, la reprenait avec sévérité et lui imposait des pénitences pour des fautes qu'elle n'avait pas commises ; et toujours elle les recevait sans observation avec autant d'humilité que de douceur.

Sœur Goudge avait été élevée fort délicatement ; de sorte que la nourriture apprêtée avec de l'huile, lui était contraire et même l'incommodait ; mais elle ne fit jamais connaître sa répugnance. Quand la bonne sœur était malade, elle conservait sa gaîté et ne montrait pas la moindre inquiétude soit pour la vie ou la mort, soit pour la santé ou la maladie ; remettant tout avec une entière indifférence entre les mains de Dieu.

Douée de tant de perfections et de vertus, sœur Mary Goudge était aussi digne que capable de remplir la charge abbatiale de la maison des Pauvres Clarisses anglaises que l'on allait fonder à Gravelines. Pénétrée de son mandat, elle se donna, dès le jour de son élection, toutes les peines du monde pour bien former les premières religieuses; sachant, comme le dit Sainte Claire, qu'elles doivent servir de modèle à celles qui suivront.

Le jour de Sainte Agathe, 5 Février 1609, Helen Burton nommée en religion Claire-de-Saint-Etienne, et Frances Courtes dite Françoise-de-Saint-Thomas, reçurent la vêture comme sœurs converses, des mains du gardien de Saint-Omer par ordre de Monseigneur ; avec ces dames se trouvaient Marie-de-Saint-Bernard, née Helen Parker, l'ancienne amie et compagne de Mary Ward ; Françoise-de-Saint-Jean, née Timothy Walleston, et Elisabeth Tildesley, dite Claire-Marie-Anne, qui faisaient leur noviciat.

En conformité des statuts de l'ordre, chaque religieuse de chœur avait à fournir une dot au couvent; mais comme Mmes Goudge, Towler, Darrell, Campion et Antoinette-de-Saint-Jean, étaient pour le moment sans fortune, sir Gage s'obligea à verser, à toute réquisition, 500 livres sterling pour les parts contributives des trois premières de ces dames.

Cinq mois se passèrent encore dans les exercices de piété, dans les diverses études indispensables et dans les préparatifs de tout genre.

Le jour du départ approchait. Au mois de Juillet, deux sœurs converses se rendirent à Gravelines pour visiter le monastère en cours de construction et préparer les logements. Déjà cette ville se trouvait dans la circonscription du diocèse de Saint-Omer. Il n'y existait encore qu'un ordre religieux : C'était celui des Sœurs noires qui n'enseignaient pas ; mais qui soignaient les malades en vertu d'une convention faite avec le magistrat le 12 septembre 1490 (1).

Le lendemain de la fête de l'Exaltation de la Sainte Croix, 15 Septembre 1607, les quatre religieuses de chœur, les deux sœurs converses et dix jeunes personnes auxquelles on avait donné l'habit d'écolières, quittèrent Saint-Omer pour se rendre à Gravelines où elles arrivèrent le lendemain sous la conduite de leur vénérable abbesse Mary.

Le nouvel établissement avait été consacré sous la dénomination de Couvent de Nazareth des Pauvres Clarisses anglaises.

En y arrivant les naïves religieuses furent désappointées au dernier point : le monastère était dans un état pitoyable; les murs en étaient construits de terre glaise et les toits couverts en paille ; les fondations fléchissaient sur plusieurs points ; les lieux d'habitation manquaient de lits, de tabourets, de tables. Les constructions inachevées se composaient du réfectoire, du dortoir et du chœur. Prévoyant l'embarras de ces dames, M le gouverneur Philippe de Guernonval leur offrit de loger momentanément dans la maison qui joignait le monastère. On leur y disposa de

(1) Histoire manuscrite de feu M. Waguet.

bons lits ; mais les écolières, moins heureuses, furent obligées de se coucher sur de la paille qui jonchait le plancher d'un grenier. Pendant les quelques semaines que cela dura, la règle du couvent ne put guère être observée. Les religieuses et les novices employèrent alors leurs loisirs à aider les ouvriers occupés aux travaux. L'abbesse y prit une part très active ; et, sans égard pour sa constitution délicate, elle embrassa les plus durs ouvrages et s'y faisait remarquer par son activité et son adresse.

Enfin dans les derniers jours d'Octobre, la maison étant devenue habitable, plusieurs personnes de la ville furent admises à la visiter. On la trouva excessivement pauvre et les cellules inspirèrent la compassion. Il n'y avait de différence en rien entre les dames de chœur et les autres sœurs ainsi que les novices ; car les religieuses, pour l'édification des séculières, avaient à donner l'exemple de la pauvreté, du recueillement et de la mortification.

Ici se présentent une observation statistique et un acte de dévouement. On raconte que la rue conduisant du monastère à l'église, était si malpropre que, dans les temps pluvieux, les pauvres religieuses ne parvenaient au saint lieu que couvertes d'eau et de boue. Les écolières de la maison qui ne pouvaient s'occuper continuellement de leurs études, proposèrent de paver le passage. On leur donna des grès, on leur adjoignit des ouvriers et le travail eut lieu. « Ce qu'elles firent, dit la chronique, avec des peines infinies ». Le pavement des voies publiques n'était pas, au reste, généralement adopté encore, et la grand'place de Gravelines n'avait été pavée qu'en 1607. En 1609, il restait à faire toutes les rues de la ville (1).

Au mois de Décembre le cloître était rentré dans l'ordre et le calme. Les choses les plus urgentes se trouvaient achevées, et bientôt le couvent ne laissa plus rien à désirer

(1) Manuscrit cité de feu M. Waguet.

sous le rapport des devoirs de piété, de l'instruction des religieuses, du zèle de chacune d'elles. L'abbesse prêchait d'exemple. « C'était une femme dont la science spirituelle n'était pas gagnée en elle par l'étude, mais par l'infusion du Saint-Esprit », comme le disait un des Pères de la maison. Au reste toutes ces dames étaient parfaites, et la considération dont elles jouissaient en ville, faisait l'éloge le plus complet de leur communauté.

La sainte abbesse les exerça d'abord au silence que les nombreux travaux de la maison naissante semblaient devoir rendre moins strict, et elle veillait à ce que cette règle fût rigoureusement observée. Hors de la récréation les religieuses ne devaient parler que pour des sujets absolument nécessaires et prévus, en peu de mots et d'une voix basse ; toutes étaient exactes à faire les signes qu'on leur enseignait tant pour la nuit que pour le jour. La demi-heure qui suivait le dîner était un temps de rigoureux mutisme où chacune devait se retirer à sa cellule jusqu'à ce que la cloche annonçât le travail commun. Là, plusieurs sœurs se trouvant réunies observaient si bien le silence que l'on eût pensé ne voir qu'une seule personne dans l'ouvroir. A cette réunion on lisait les prières accoutumées ou celles qu'indiquait la mère abbesse. Jamais aucune ne distrayait ses sœurs en leur parlant des nouvelles qu'elle avait sues du dehors ; et si quelqu'une était demandée au parloir, il ne lui était pas permis de raconter ce qu'elle y avait appris ; et, quoiqu'on l'eût chargée de quelque message pour une autre religieuse, elle ne pouvait s'en acquitter sans une permission particulière.

Outre le silence de la voix, elles observaient aussi un grand calme en agissant et étaient parvenues à pratiquer ce point de règle si parfaitement que l'on n'entendait nul bruit dans le monastère, et qu'à l'heure du midi tout y était plongé dans une glaciale et morne tranquillité. Après la lecture de l'Evangile, les religieuses ne devaient point sor-

— 22 —

tir des cellules ; et cela leur était si fortement recommandé que l'abbesse disait qu'à la suite de ce temps de méditation, les sœurs devaient rester impassibles même dans le cas où elles se croiraient menacées d'un danger imminent. En un mot, dans toutes leurs actions soit du jour, soit de la nuit, en tous temps et dans toutes les saisons, elles avaient une pratique si véritable du silence qu'aucune distraction n'était donnée aux malades en quelque endroit de la maison qu'elles se trouvassent.

Depuis son arrivée à Gravelines, Mme Goudge avait le plus vif désir d'obtenir de l'évêque diocésain l'autorisation de soumettre le monastère de Nazareth à la juridiction des Frères mineurs de l'ordre de Saint-François, communément connus sous le nom de Récollets. Avant la fin de l'année l'abbesse en écrivit à Monseigneur qui y consentit d'autant plus volontiers qu'il avait été lui-même autrefois Frère mineur.

Pourtant il crut de son devoir de lui donner à ce sujet quelques sages conseils ; mais la révérende mère n'eut pas l'inspiration de les suivre et sollicita avec instance une autorisation formelle qu'elle obtint aussitôt sans difficulté.

Nulle chose n'était négligée par cette infatigable mère. Le 23 Janvier 1610, elle tint la main à ce que l'on réalisât devant le magistrat la vente qu'avait faite verbalement à la communauté d'une maison avec terrain, le sieur François Morage, bailli de cette ville (1).

Au printemps, on continua les travaux de construction et un mur de clôture en briques, élevé du côté oriental du monastère, déroba enfin les religieuses à la vue du peuple.

Le Père Norton, prêtre séculier, devint à cette époque le chapelain de la communauté. Il disait journellement la

(1) Ce contrat n'est pas cité dans l'acte de cession de 1838. Pourtant les archives du monastère possèdent une note écrite sur la couverture d'un ancien dossier qui contenait le titre de l'acquisition faite par les Clarisses le 23 Janvier 1610.

messe conventuelle et administrait la sainte communion aux religieuses une fois la semaine ainsi que les jours de fêtes ; il tenait des conférences et enseignait en outre aux novices le latin et le chant que toutes les Clarisses étaient astreintes à connaître ; de son côté la mère abbesse leur donnait des répétitions et des instructions religieuses. Le chapelain ne confessait pas ; ce soin était confié à deux Pères de la Société de Jésus.

Vers le même temps, sœurs Ann Brooke et Ann Holward sortirent de la maison de Saint-Omer par ordre de l'évêque et avec la permission du Provincial, et entrèrent au couvent de Gravelines. Elles arrivèrent dans le carrosse de M. le gouverneur de Guernonval, qui avait eu la politesse de le leur envoyer. La première portait en religion le nom d'Anne-de-Saint-Jean, et la seconde celui d'Anne-de-Saint-François. L'arrivée de ces dames était la suite d'un échange : les sœurs Campion et Antoinette-de-Saint-Jean avaient quitté le monastère de Nazareth pour rentrer dans celui de Saint-Omer. La sœur Broock était une excellente acquisition : cousine germaine de Mme Goudge, elle n'était guère pour le mérite au-dessous de l'abbesse, et se distinguait par une vertu singulière, une charité et une compassion que l'on regardait comme extraordinaires.

Il se trouvait à l'abbaye de Gravelines huit jeunes personnes ayant toutes les conditions d'aptitude nécessaires pour être religieuses ; c'étaient les novices Parker, Walleston, Tildesley, Susanna Gage dite sœur Colette-de-Saint-André ; Dorothy Knightly, nouvellement nommée Agnès-de-Saint-Jean, et trois autres dont la plus jeune, comme sœur Gage, n'avait que 18 ans. L'année de leur probation étant expirée, ces humbles filles firent leur profession le 3 Novembre. Il y eut une émouvante solennité ; mais faute de chapelle dans le couvent, la cérémonie dut avoir lieu à l'église paroissiale. Après qu'on leur eût coupé les cheveux, elles prirent le voile et reçurent la vêture des mains du

Gardien de Saint-Omer, délégué par l'évêque, en présence de plusieurs Anglais et des Pères Jésuites qui s'étaient rendus expressément à Gravelines.

Bien que les Clarisses eussent fait vœu de pauvreté et se soumissent à des mortifications incessantes, elles n'en étaient pas moins par trop mal logées. Leur maison à peine bâtie, petite et incommode, tombait en ruines. Un accident était à craindre, surtout en hiver où les coups de vent, les ouragans ébranlaient les faibles murs des bâtiments. Il fallut donc songer positivement à une reconstruction ; mais par malheur, toutes les épargnes de la communauté étaient épuisées !

Pour se tirer d'embarras, l'abbesse ne vit pas de meilleur moyen que d'en informer le gouverneur de la ville ; elle le pria, par la voie du syndic du monastère, de lui prêter une somme de 400 livres sterling dont elle garantirait le remboursement au moyen d'une délégation sur une personne de Bourbourg ; laquelle devait au couvent un capital du double d'importance provenant des dots des premières religieuses. L'affaire ne souffrit aucune difficulté ; le gouverneur accorda à Mme Goudge les fonds qu'elle voulait. Ceci se passait pendant l'hiver de 1610 à 1611.

L'argent vint à propos : la diligente supérieure put acquitter le complément des dépenses de construction en briques du mur d'enceinte qui venait d'être achevé du côté oriental du jardin où l'on avait pris le soin d'indiquer le millésime de 1610 (1). D'ailleurs la Providence semblait veiller tout spécialement sur la pieuse communauté. A la fête de la Sainte-Croix 3 Mai 1611, deux novices prirent l'habit. L'une d'elles était Frances Havers nommée en religion sœur Françoise-de-Saint-Dominique. La dot de ces religieuses

(1) Cette date y est très visible. Les chiffres sont faits en briques rouges entre briques jaunes. Ils sont précédés d'un cœur et suivis d'une croix aussi de briques rouges. Un peu au nord se trouve en face de la rue de Dunkerque, une niche où est placée la Vierge Marie tenant l'Enfant Jésus.

augmenta les finances de l'abbaye ; et, en cette occurrence, il était fâcheux qu'on ne pût faire rentrer les cent livres sterling placées entre les mains de marchands de Bruxelles, ainsi que le complément de la créance de Bourbourg, par la raison que les placements en avaient été faits à terme.

La mère abbesse se mit instantanément en mesure d'acquérir un terrain adjacent à celui qu'occupait le monastère, afin de donner plus d'étendue à l'établissement. Un « sieur Robert Colle, maître cordonnier entretenu des archiducs en la garnison de Gravelines » lui vendit le sien le 9 Août de cette même année 1611 par contrat qui fut passé devant le magistrat et que l'on enregistra au greffe comme d'usage. Dans le même temps M. de Guernonval fit donation entre vifs à l'abbaye d'un terrain contigu avec les petites maisons y existantes (1). En vue des nouvelles constructions et comme la saison était favorable, les religieuses et les novices qui en avaient le loisir, s'employèrent à démolir les maisonnettes, à enlever, nettoyer et ranger les briques et les tuiles dont il était encore possible de tirer parti.

Des entrepreneurs d'édifices furent appelés et l'on passa marché. Un Père Capucin, habile dessinateur, fournit le plan de la chapelle. Mais au moment où l'on se disposait à commencer les travaux, il ne restait presque pas d'argent en caisse ; celui qui provenait de l'emprunt, avait été absorbé par le prix d'achat de terrain, les frais du contrat et le coût des premiers matériaux. Il n'y avait plus de disponible que les dots des deux religieuses dernièrement reçues. L'abbesse proposa, en délibération capitulaire, de créer des rentes. La proposition, mise aux voix, fut adoptée par les sœurs et les novices de la communauté. L'évêque,

---

(1) Cet acte n'existe pas dans les archives du monastère et n'est pas cité dans le contrat de cession de 1838. Néanmoins comme la chronique anglaise déposée au couvent, cite formellement la donation, nous la tenons pour vraie, en considérant le titre comme adhiré.

qui en eut connaissance, blâma cette mesure extrême, où il voyait du danger, sans mettre, cependant, aucun obstacle à la conclusion de l'affaire.

Au moyen de cette mesure on ne tarda pas à jeter les fondements de la chapelle, et le 4 Mai 1612, sir Gage, dont deux filles étaient au couvent, l'une comme religieuse, l'autre comme pensionnaire, en aurait posé la première pierre, mais étant malade, l'honneur en fut réservé à Master Wilson, l'un de ses amis.

Le 3 Juillet, lendemain de la fête de la Visitation de la Vierge, eut lieu une autre solennité. On reçut religieuse à l'âge de 27 ans Miss Margaret Ratlyffe, femme pleine de moyens, mais quelque peu remuante. On lui donna le nom de sœur Marguerite-de-Saint-Paul.

On construisait alors l'infirmerie, le réfectoire et les cellules ; les travaux de la chapelle avançaient beaucoup. Au commencement du mois d'Août, l'église fut pavée, couverte et blanchie, et le 12 du même mois, le jour de la fête de Sainte Claire, le recteur de Saint-Omer inaugura la chapelle et y dit la première messe. Après l'office, il témoigna son étonnement et sa joie de ce que les Clarisses avaient fait en un si court espace de temps et avec le peu de ressources dont elles pouvaient disposer ; puis il ajouta que c'était sans doute l'ouvrage de Dieu et non pas celui des hommes. « Certainly it was, dit la chronique, the work of God and no humaine industry ».

Malgré la dot de la sœur Ratlyffe, de nouvelles difficultés ne tardèrent pas à surgir ; l'argent manquait encore une fois et l'on se vit obligé d'arrêter les travaux ! Ils étaient assez avancés, et diverses pierres placées dans les murs indiquaient en plusieurs endroits le millésime de 1612. Au mois de Septembre on habita le réfectoire et le dortoir dont les cellules furent un peu mieux appropriées et plus nombreuses que dans l'ancien bâtiment.

Vers la fin de la première quinzaine d'Octobre le Provincial des frères mineurs se rendit à Gravelines sur l'invitation de l'abbesse, afin de présider l'élection des officières. Toutes les voix « common voices » se portèrent sur Mme Goudge qui fut ainsi maintenue à la prélature. On élit pour vicaire et discrète ou conseillère, sœur Ann Brooke; première portière et discrète, sœur Gage dite Colette-de-Saint-André; deuxième portière et discrète, sœur Françoise-de-Saint-Jean Walleston; sacristine et discrète, Agnès-de-Saint-Jean Knightly; dépositaire « dispensier » sœur Françoise-de-Saint-Dominique Havers; mère infirmière et discrète, sœur Claire-Marie-Anne Tildesley; et discrètes seulement, sœurs Claire-de-Saint-Jean Towler, Ann Holward et Darrell. La mère abbesse se réserva momentanément les emplois de maîtresse de novices et de chœur. C'était un bonheur pour la communauté de conserver Mme Goudge comme supérieure : femme d'esprit, elle était seule à même de retirer la congrégation des embarras financiers où elle se trouvait plongée.

Déjà sir Gage qui avait pris l'engagement de faire avancer les travaux, s'était vainement adressé en Angleterre à M. Smith et autres, ses beaux-fils, pour avoir des fonds. Tous de concert lui en avaient refusé. Il ne restait donc plus qu'un seul moyen de se créer des ressources; l'abbesse le trouva, en faisant un appel à la générosité des catholiques d'Angleterre; leur peignant sous les couleurs les plus sombres, la triste situation de la communauté. Mme Goudge adressa sa pétition à ses amies qui la couvrirent de signatures et la présentèrent à tous les catholiques anglais de leur connaissance. Cette tentative produisit un résultat fabuleux; et, vers le mois de Mars 1613, la supérieure était nantie de sommes importantes qui lui permirent de faire continuer les travaux du monastère et en première ligne ceux de la chapelle.

Dans leurs moments de loisir les bonnes sœurs se faisaient les manœuvres des maçons et des charpentiers. Plusieurs d'entre elles étaient fort capables et avaient considérablement profité des leçons qu'elles avaient prises lors des constructions élevées deux et trois ans auparavant; et, pour faire comprendre l'économie qui régnait dans l'abbaye, on y employa pendant très longtemps le chaume provenant des toitures des bâtiments démolis, pour chauffer le four où l'on cuisait le pain de la maison.

A l'approche de l'été une religieuse tomba malade et perdit le jugement et la vue. Les soins qu'on lui prodigua, lui firent, toutefois, recouvrer la raison; mais elle resta aveugle. L'abbesse et toutes les Clarisses pensèrent alors à faire une neuvaine à son intention, en l'honneur de la sainte Vierge, à la nativité de Notre-Dame, 8 Septembre; neuvaine à laquelle la pauvre infirme assistait. La supérieure la fit asseoir un jour à sa place, et se rendit à l'autre bout du chœur implorer Dieu pour la malade devant le Saint-Sacrement. Tandis qu'elle priait, l'aveugle vit la grille s'ouvrir et apparaître une femme habillée en blanc conduisant un petit enfant qui s'approcha d'elle. Celle-ci s'évanouit sur-le-champ; mais reprenant ses esprits, elle se leva et alla à la rencontre de l'abbesse en s'écriant avec joie : Je vois! je vois, madame.... Une guérison si subite fut regardée comme un miracle, « Which sudden cure was judged by all to be an absolute miracle ».

En ce temps, les religieuses et les novices suivaient en tous points les statuts imposés par leur abbesse. On a vu comment cette digne mère faisait observer le silence de la voix aussi bien que celui des actions. Il faut actuellement retracer ce qu'elle faisait pour conserver l'esprit de pauvreté et la loi de l'obéissance.

La pauvreté étant le principal trésor et le plus fort pilier de la congrégation, l'abbesse, en vraie fille de Saint François et de Sainte Claire, l'établit d'abord dans la nourriture. Le pain des Clarisses était noir et la bière très faible au dîner, leur potage comme la nourriture en général était apprêté fort maigrement; leurs mets consistaient en herbes et en racines préparées avec peu ou pas de beurre ; rarement elles mangeaient du poisson frais et seulement lorsqu'on leur en envoyait ; elles se contentaient d'acheter de la morue à bas prix, souvent si mauvaise qu'on ne pouvait la manger qu'en l'assaisonnant de fortes herbes. Les religieuses apportaient dans toute leur conduite cet esprit de mortification et de pauvreté également profitable à l'ame et au corps. Aux collations du soir on donnait de la forte bière, quelquefois du pain blanc avec des raisins, des pommes, des noix ou d'autres friandises semblables, mais seulement en quantité suffisante pour aider à manger le pain. Lorsque quelqu'un envoyait du vin aux religieuses, on le partageait à la collation et l'on suppléait à ce qui manquait avec de la bière. Le temps de la collation était court.

Les Clarisses, excepté celles qui étaient chargées de travaux pénibles et laborieux, jeûnaient jusqu'au dîner. Les mets leur étaient indifférents ; elles n'examinaient pas si ce qu'on leur présentait, était bon ou mauvais, si tel ou tel manger était préférable ou si tel autre était bien préparé ; elles recevaient tout avec humilité et avec gratitude. Toutefois celles qui avaient une indisposition pouvaient en liberté recourir à l'abbesse dont elles obtenaient au besoin des dispenses, On faisait habituellement des portions ; et si pour quelque motif particulier, on envoyait un plat commun, elles ne devaient avoir nulle préférence, mais prendre le morceau qui s'offrait de leur côté, et si elles le pouvaient faire sans affectation, on les astreignait à choisir le moindre afin de ne pas laisser à leurs sœurs quelque chose de pis qu'à elles-mêmes ; pratiquant en ceci, comme dans les autres observances, la mortification la plus rigoureuse.

Les vêtements étaient d'une étoffe grossière d'une nuance plus ou moins foncée. Les robes étaient étroites ; chaque religieuse en avait deux ; l'une pour l'hiver doublée de quelque vieille étoffe, l'autre légère pour l'été. Quand on revêtait les novices, elles recevaient une vieille robe et une neuve; jamais on n'en donnait deux neuves à la fois. C'était avec peine que chacune des religieuses reconnaissait ses propres habits; on les changeait à chaque instant, ainsi que les voiles, les manteaux, les livres, etc. L'abbesse ordonnait quelquefois à plusieurs religieuses de changer leurs vêtements sans leur en dire la raison. La sœur chargée de la roberie, distribuait à son choix les effets sans qu'aucune exprimât la moindre objection; ne faisant pas attention si l'habit était ou trop long ou trop court, trop large ou trop étroit. Ces changements arrivaient si souvent qu'ils ne paraissaient pas étranges. L'abbesse le commandait ainsi, sachant qu'il n'y a point de vice qui se glisse si subtilement et qui détruise plus la charité, la vie de l'âme, que l'esprit de propriété. Elle disait qu'une religieuse ne doit pas examiner ce qui lui manque; mais ce qu'elle a de superflu; elle exhortait constamment ses enfants à l'amour de ce qui est vil et pauvre, à être libres de toute superfluité, comme aussi à ne s'attacher à rien de ce dont elles faisaient usage par nécessité. On observait le même détachement dans l'usage du linge qui était mis en commun et gardé par une sœur; et les jours où celle-ci devait en faire la distribution dans les cellules, quoique son devoir fût de donner les plus grands mouchoirs aux plus grandes religieuses, elle n'était pas si exacte que, par la permission de la Divine Providence, il n'arrivât que les objets les plus amples ne fussent remis aux plus petites, et les plus petits aux plus grandes. Jamais aucune n'en faisait la remarque.

L'abbesse exigeait une obéissance passive dans tout ce que faisaient ses religieuses; ne voulant pas qu'elles recherchassent ce qui leur paraissait mieux ou plus avantageux, mais que l'on s'attachât uniquement à accomplir les choses de la manière qu'on l'enseignait. L'obéissance était parmi les Clarisses ce qu'est l'œil pour le corps. Elles n'employaient aucun autre moyen que ce que leur dictait l'obéissance, en ce qui concernait leur bien spirituel ou temporel. On les éprouvait fréquemment dans cette vertu en les changeant d'emplois ; elles quittaient tout au premier signe, laissant leur ouvrage imparfait pour en entreprendre un autre sans consulter leur goût ou leurs répugnances ; elles s'appliquaient résolument à ce qui était ordonné ; sachant qu'en cela se trouve la vraie perfection. Aucune ne se montrait d'une opinion contraire quand l'abbesse ou la mère vicaire ordonnait ; et lorsqu'en certaine circonstance les religieuses s'apercevaient que la supérieure n'approuvait pas telle ou telle raison, elles se soumettaient aussitôt à sa décision et l'accomplissaient de bon cœur. Aussi la communauté de Nazareth pouvait-elle être nommée la maison de l'obéissance par excellence. Leur assujétissement à cette vertu était si sévère qu'elles ne pouvaient se rendre service les unes aux autres ; mais il leur était loisible de se témoigner leur mutuelle affection en évitant de se froisser, en se montrant d'une conversation douce, aimable, pleine de condescendance ; en se prévenant par des actes d'humilité et de mortification.

La vie austère et pauvre du couvent n'effrayait pas les jeunes personnes qui s'y présentaient et n'arrêta jamais une vocation. Leur noviciat se passait en ce temps d'admirable piété comme une chose très naturelle dans la stricte observance de tout ce que prescrivaient les constitutions de l'ordre. Elles attendaient avec le plus vif empressement et dans la plus grande joie le jour, le bienheureux jour où elles prendraient le voile de religieuses en renonçant au monde. Aussi ce fut dans ces généreuses dispositions que le 7 octobre de cette année 1613, sept novices reçurent la vêture.

La cérémonie fut présidée par le Provincial en présence de plusieurs personnes de la ville. Après cette pieuse solennité, le Révérend Père, accompagné d'un nombreux cortége de notables, conduisit les jeunes religieuses chez le respectable gouverneur qu'une indisposition retenait au logis. Il les reçut avec la plus gracieuse urbanité et félicita chacune d'elles dans des termes aussi bienveillants que paternels. Quand ces dames revinrent, on les arrêta sur la place où l'on avait élevé une estrade en leur honneur. Là, des enfants habillés en blanc les complimentèrent, exécutèrent des morceaux de musique et les reconduisirent au couvent. Certains Gravelinois, d'un rigorisme peut-être outré, blâmèrent cette petite représentation en plein vent, qui ne convenait nullement, disaient-ils, à la simplicité ni à l'humilité des religieuses. Cependant le Provincial et plusieurs de ses amis, restèrent convaincus qu'ils avaient pu, sans nul inconvénient, procurer à leurs jeunes protégées, dont la moins âgée n'avait que dix-sept ans, le très innocent plaisir d'un divertissement dans le dernier jour de liberté qu'elles eussent avant d'être cloîtrées à jamais. Quoiqu'il en soit, le fait, qui n'avait pas eu de précédent, ne se renouvela à aucune époque.

Parmi les sœurs qui venaient de prendre le voile, on remarquait Philip Alcock, sous le nom de Philippe-Marie, et Catharina Keynes dite Catherine-de-Sainte-Claire, jeunes personnes qui annonçaient par leur vocation et une instruction peu commune, le plus brillant avenir.

On était loin de se douter lors de la Sainte Cérémonie du 7 Octobre, que la communauté était menacée d'affreux malheurs. L'épidémie régnante dans la ville de Gravelines, en ce temps encore connue par son insalubrité, fit invasion chez les religieuses d'une manière saisissante. La maladie attaqua d'abord sœur Ann Brook qui mourut le 24 du même mois, vivement regrettée de ses campagnes, car elle était le miroir de toutes les vertus et l'ange tutélaire des malades comme directrice de l'infirmerie. Femme capable, elle avait été élevée un an avant sa mort aux fonctions de vicaire. On attribua immédiatement sa charge à la sœur Françoise-de-Saint-Jean Walleston, non moins capable ni moins digne que la regrettable défunte.

On creusa une fosse dans le cloître ; et, quand vint le jour de l'inhumation, on y plaça sur une simple planche la pauvre sœur Brook, le visage tourné vers le Ciel. Puis après les prières de l'église prononcées par le prêtre, on jeta au-dessus du corps quelques pelletées de terre que l'on recouvrit de la dalle tumulaire. Cet usage conforme au vœu de pauvreté, avait été établi par la règle du couvent pour toutes les Clarisses sans distinction : déjà alors, un emplacement était réservé dans l'un des cloîtres de la maison pour les religieuses de chœur et un second moins spacieux pour les sœurs converses.

Le fléau étendit ses ravages et l'on vit successivement s'aliter sœur Marie-de-Saint-Etienne, abbesse ; Elisabeth Darrell, l'une des cinq fondatrices, et Ann Holward, naguère venue de Saint-Omer avec la sœur Ann Brook.

Mme Goudge eut la prévision de sa fin prochaine. Dès les premiers jours de sa maladie, la très vénérable abbesse appela près de son lit ses enfants désolées et les remercia avec cette tendresse et cette effusion de cœur qui inspiraient chacune de ses paroles, d'avoir régulièrement suivi ses préceptes sans murmure et sans opposition. Elle ajoutait que, grace à la pratique de toutes les vertus qui avaient rendu sa maison florissante, il lui semblait que, voulant récompenser ses travaux auxquels ses filles obéissantes lui avaient si noblement prêté leur concours, le Seigneur allait bientôt l'appeler aux pieds de Sa Majesté divine. La cellule de cette bénigne mère était si étroite qu'elle ne pouvait recevoir que trois ou quatre de ses enfants à la fois. Elle les exhortait tour-à-tour à l'esprit de leur état et à la stricte observance de ce qui, sous sa direction, avait été établi au couvent ; les suppliait de conserver entre elles une inviolable union et de s'aimer mutuellement; puis reprenant avec un ton plein de confiance, la vénérable abbesse leur promettait que, si réellement elle était digne d'obtenir la faveur de jouir de la vue de Dieu, elle serait toujours une véritable mère non-seulement pour les religieuses et les novices présentes, mais aussi pour celles qui leur succèderaient; qu'elle prierait leur bienheureux Père Saint François et leur bienheureuse mère Sainte Claire de les considérer pour leurs véritables enfants et de leur donner la bénédiction qu'ils donnent ordinairement aux vrais et stricts observateurs de leur Saint Ordre; assurant qu'elle pouvait répondre pour toutes celles qu'elle avait reçues et dont les défauts étaient plutôt des faiblesses qu'un manque de désir d'arriver à la perfection de leur état.

Un jour, ayant dans sa cellule ses principales officières, l'auguste malade leur dit qu'elle donnait sa voix pour la réception de ses excellentes filles Jane Alcock et Mary Haywood qui n'avaient encore que sept mois de noviciat, et que, si la Providence ne lui permettait pas de les voir prendre l'habit sur la terre, elle pourrait les contempler du haut du ciel avec la permission de Dieu Tout-Puissant.

La maladie de Mme Goudge faisait de jour en jour d'effrayants progrès; elle s'affaiblissait à vue d'œil. Le 23 Novembre toute la communauté était en larmes; la révérende et très chérie mère abbesse était enfin à l'agonie. Après avoir reçu dans la même journée les Sacrements de Notre Mère la Sainte-Eglise, elle rendit son ame à Dieu.

La première impression de cette mort atterra les religieuses; elles comprenaient l'immensité de la perte d'une mère si parfaite, la privation d'un si grand bien. Durant plusieurs heures ces saintes filles restèrent plongées dans la plus profonde affliction; mais rappelées par la voix de Dieu vers les malades et les travaux de la maison, elles se résignèrent à leur sort et se soumirent à la volonté de la Divine Providence. La défunte leur avait laissé au cœur une douce consolation : Ces paroles prononcées par elle sur sa couche funèbre « Si Dieu m'en fait la grace, le monastère de Gravelines sera toujours l'objet constant de mon attention » retentissaient délicieusement à leurs oreilles et relevaient à jamais leur courage.

Le même jour, 23 Novembre, mourut aussi la sœur Darrell, à peine âgée de 27 ans. On la cita longtemps comme un parfait modèle d'humilité et de patience, parce qu'elle avait vécu depuis son entrée en religion, en 1605, dans la plus virginale pureté de cœur et la crainte de Dieu. La sainteté de sa vie laissa au monastère d'excellents souvenirs.

La première impression de douleurs n'était pas encore passée, qu'une quatrième tombe s'entr'ouvrit pour recevoir la dépouille mortelle de la sœur Holward, à l'âge de 44 ans. Depuis le jour de sa sainte profession, en 1596, cette digne femme n'avait cessé de donner plusieurs exemples de vertus et particulièrement d'une humilité et d'une piété bien constantes. Sa mort fut indiquée à l'obituaire sous la date du 26 novembre.

La défunte abbesse avait ordonné dans les derniers temps de sa vie de faire un nécrologe à l'usage de son couvent. La révérende mère était loin de soupçonner qu'elle serait l'une des premières à y être inscrites. On y lit la relation suivante : Sa vie fut plus angélique qu'humaine. Elle servit Dieu aussi fidèlement chez les Pauvres Clarisses de Saint-Omer où elle avait fait profession en 1596, que dans l'abbaye de Gravelines. Appelée par la sainte obéissance à fonder la nouvelle maison, elle se soumit humblement à prendre la charge d'abbesse qu'elle exerça avec autant de dignité, que de prudence, d'humilité et de charité ; supportant avec un courage et une constance admirables les nombreux obstacles et les difficultés qui s'offrirent sous ses pas pour la défense de la sainte pauvreté et l'organisation du monastère. Avec l'assistance de la grace divine, elle fonda et maintint avec beaucoup de vertu et de sagesse, l'exacte observance des préceptes sacrés.

Lorsque tous ces évènements furent passés, la communauté, comme un témoignage de sa reconnaissance, résolut de consacrer à la mémoire de la regrettable sœur Marie-de-Saint-Etienne, une inscription tumulaire mi-latine, mi-française. On l'exécuta; mais l'ouvrier y commit maladroitement deux graves erreurs dont l'une dans l'orthographe du nom, et l'autre dans la date du décès : elle était ainsi conçue :

D. O. M.

Hic requiecit corpus œdm. piissimæ et venerabilis matris, a Dominicæ d. Mariæ Coch, nobilis angliæ heroïnæ, primæ hujus Cœnobii abbatissæ, fundatricis et auctricis præcipuæ. Obiit virtute singulari et sanctimonia prœdita 21 novemb. anno Dom. 1613.

Laquelle a gouverné avec grande prudence et sainteté de vie l'espace de cinq ans et rendit heureusement son ame à son époux céleste le 21e jour de Novembre, la 36e année de son âge et la 17e après sa profession.

La partie latine de cette pierre se traduit ainsi :

Au Dieu très bon, très grand.

Ici repose le corps de la très pieuse et vénérable mère dame Marie Coch (Goudge) anglaise de noble origine, première abbesse de ce couvent dont elle fut la fondatrice et la principale protectrice. Elle mourut pleine de vertu et de sainteté le 21 (23) Novembre l'an du Seigneur 1613.

Pendant la prélature de la sœur Marie-de-Saint-Etienne, dix-huit novices prirent le voile noir au monastère de Nazareth.

1613-1615.

Susanna Gage, 2ᵉ abbesse.

> La vie sans tache est une longue vie... Consommée en peu de jours, elle a rempli une longue carrière.
> Livre de la Sagesse, ch. 4, v. 9 et 13.
> Elle a apparu sur la terre comme la rose du printemps, comme le lis qui croit sur le bord des eaux.
> L'Ecclésiastique, ch. 50, v. 8.

Le 15 Décembre 1613, Susanna Gage dite sœur Colette-de-Saint-André, fut élue canoniquement abbesse du monastère de Nazareth, à l'âge de vingt-et-un ans et demi. Elle dut cette honorable distinction à son mérite personnel et aux preuves de capacité qu'elle avait données depuis l'année 1610, époque de son entrée en religion sous la fondatrice Mary Goudge. Cependant à cause de son jeune âge, elle eut une extrême appréhension d'accepter la prélature.

Sous son gouvernement quatre novices firent leur sainte profession. Ce fut en 1614. Le 12 avril, c'étaient les deux jeunes personnes, Jane Alcock et Mary Haywood, auxquelles la défunte abbesse avait donné sa voix dans son lit de mort. Puis le 7 octobre vint le tour de deux autres professes, dont l'une était Mary Taylor nommée sœur Marie-de-Saint-François, appelée à s'élever un jour aux plus hautes dignités dans l'ordre sacré des Pauvres Clarisses. Elle avait alors dix-sept ans.

Les travaux de construction de l'abbaye furent achevés du temps de sœur Colette-de-Saint-André : Elle, aussi, éprouva d'inconcevables embarras financiers dont elle se tira avec honneur. Au moyen de l'achèvement des travaux, une ruellette qui traversait jadis le terrain de l'établissement de l'est à l'ouest et servait de voie publique, disparut tout-à-fait. La maison conventuelle se trouvait bornée du sud par des propriétés particulières ; de l'est par la rue

Mennegarde (aujourd'hui rue Napoléon et précédemment d'Orléans); du nord par la rue des Cuvilliers (aujourd'hui rue de la Paix), et de l'ouest par la rue qui venait de prendre le nom de rue des Clarisses (1).

Le costume des sœurs étaient définitivement adopté. Il se composait d'une robe de bure couleur marron à manches demi larges ; d'un manteau de même couleur et de même étoffe ; d'un voile noir long en étamine claire ; d'un cordon blanc pendant jusqu'au bas et sur le devant de la robe ; d'un bandeau de toile blanche sur le front ; d'un mouchoir sur le cou et d'une mentonnière avec guimpe de toile blanche. Elles avaient les pieds nus posés sur des sandales soutenues par des courroies en cuir. Chacune d'elles avait un chapelet au côté. Le costume de l'abbesse n'était ni plus beau ni plus riche. Sa seule distinction consistait dans l'anneau d'argent qu'elle portait à l'un des doigts.

Nonobstant son jeune âge, Mme Gage acquit l'estime et l'affection de ses consœurs. Aussi était-elle douée d'une conversation extraordinairement douce, d'une charité et d'une humilité profondes. Tous les jours, elle donnait des témoignages d'une confiance absolue dans la Divine Providence et dans la bonté infinie de Dieu. Par malheur, les fatigues incessantes de son ministère, la faiblesse de sa constitution, les mortifications et les jeûnes du monastère, le lever à minuit pour chanter au chœur matines et laudes jusqu'à deux heures du matin ; puis un second lever quelques instants avant le jour pour chanter primes, portèrent une grave atteinte à sa santé.

Sir Gage, son père, en fut singulièrement impressionné.

La vie d'abnégation et d'austérités qui avait remplacé ce confort dont Madame la supérieure était entourée sous le toit paternel, avait insensiblement épuisé ses forces. Obligée d'abandonner la direction du couvent aux soins de sa vi-

(1). Manuscrit cité de feu M. Waguet.

caire, elle entra à l'infirmerie pour n'en plus sortir vivante. Néanmoins elle tint sévèrement la main à la stricte observance de la règle comme l'avait établie la précédente abbesse.

Elevée dans l'amour de la pauvreté évangélique, des humiliations et des austérités de la pénitence ; chaste et timorée dès son enfance comme la bienheureuse Colette, de Corbie, réformatrice de l'ordre de sainte Claire, qui florissait de 1403 à 1447 et dont elle avait adopté le nom à son entrée en religion, elle avait bien des vues d'améliorations qu'elle ne put pas accomplir à l'exemple de sa chère sainte qui vécut très âgée. Quoiqu'il en soit sa maison était le sujet de l'admiration générale dans le monde catholique, et les vertus de celles qui l'habitaient, étaient dans la ville une source constante d'édification (1).

Patiente dans sa maladie, la vénérable et très chère mère Colette-de-Saint-André, donna de nombreux exemples de résignation à la volonté divine. Elle eut encore le courage, à la sollicitation de ses filles bien-aimées, de laisser faire son portrait. Le peintre la représenta au moment où elle se trouvait agenouillée sur son prie-Dieu, devant le Christ en croix.

La dernière heure de son exil sur cette terre sonna enfin. Dans ce moment suprême, entourée de ses consœurs, la digne abbesse reçut avec calme les derniers sacrements de la sainte Eglise catholique ; puis elle s'éteignit paisiblement dans le sein du Seigneur le 7 mai 1615 !

C'était un ange de plus au ciel.

La communauté resta plongée dans la douleur pendant plusieurs jours, de se voir séparée d'une mère à la fois si jeune et si révérende ; mais comme la volonté de Dieu venait de s'accomplir, aucune bouche n'exhala de murmure.

---

(1) Edward Petre, p. 82 des : Notices of the english colleges et convents, etc., citées.

Toutes, religieuses et novices, ne surent que prier pour le prompt repos de l'ame de la défunte.

Sœur Colette-de-Saint-André n'avait pas atteint sa vingt-troisième année ; elle ne comptait qu'un an quatre mois et vingt-trois jours depuis sa bénédiction abbatiale.

Dès la mort de ce pauvre ange, sir Gage retira sa plus jeune fille du couvent. Il l'emmena en Angleterre où il passa le reste de ses jours, en pensant souvent à la bonne Susanna que Dieu lui avait sitôt enlevée !

On ne l'oubliait pas non plus à Gravelines : On y rappelait sans cesse ses vertus exemplaires et ses hautes qualités. Il était resté un précieux souvenir au monastère parmi les religieuses : Le portrait de leur très digne mère Gage vers laquelle chacune d'elles élevait chaque jour les yeux en invoquant sa protection près du Seigneur Tout-Puissant. Son père, aussi, y laissa de bons et durables souvenirs. Ses libéralités qu'on ne put jamais oublier, l'avaient classé au rang des plus généreux bienfaiteurs du monastère de Nazareth.

1615-1654.

Elisabeth Tildesley, 3ᵉ abbesse.

> J'ai étendu mes rameaux comme le térébinthe, et mes rameaux sont des rameaux d'honneur et de grace.
> L'Ecclésiastique, ch. 24, v. 22.
>
> Plusieurs d'entre les femmes ont brillé par leur vertu ; mais toi tu les as toutes surpassées.
> Proverbes. ch. 31, v. 29.

Elisabeth Tildesley, nommée sœur Claire-Marie-Anne, âgée de 29 ans, professe depuis le 3 Novembre 1610, élue abbesse à la fin du mois de Mai 1615, prit possession de son office à la satisfaction de ses co-religieuses qui reconnaissaient en elle une intelligence hors ligne et les qualités désirables pour gouverner dignement la maison de Nazareth. Elevée à la savante école de la benoîte fondatrice Mary Goudge, sœur Tildesley en avait conservé toutes les bonnes traditions, et elle parvenait à la première charge du monastère à une époque où le catholicisme brillait sur le monde d'un nouvel et majestueux éclat. Les chances d'une magnifique carrière se présentaient sous ses pas. Elle n'avait qu'à vouloir et à persévérer dans la voie qui lui était tracée.

Quelque temps après, Elisabeth Thwaytes, pieuse et intelligente novice, prononça ses vœux sous le nom de sœur Clara-Coletta. La cérémonie, qui eut lieu le 1ᵉʳ Juin, devint le premier jalon de cette longue série de saintes professions qui s'accomplirent sous le gouvernement de l'abbesse Tildesley.

La nouvelle élue prenait les rênes de l'administration dans d'admirables conditions : le couvent avait éteint ses dettes et se trouvait avoir en caisse des réserves pour toutes les éventualités possibles de l'avenir. Outre cela, il était dû à la communauté un capital de 600 pounds ou livres sterling, qui représentait une somme de 15,000 livres tournois.

Les Clarisses s'occupaient alors d'une manière assez active de l'éducation de jeunes demoiselles qui leur étaient envoyées d'Angleterre pour être élevées et instruites dans la religion catholique de leurs pères. Ces dames admettaient aussi dans leur pensionnat des jeunes filles de négociants flamands et français pour leur apprendre la langue anglaise et leur donner en même temps une instruction convenable; ce à quoi elles étaient autorisées et même obligées d'après les statuts généraux de l'ordre de sainte Claire donnés par saint François d'Assise (1212 à 1226) et approuvés par le Pape Innocent IV (1241 à 1254). Sous la direction de la mère Claire-Marie-Anne, les Clarisses ne tardèrent pas à donner à leur institution un très heureux développement. Ce fut un bien pour la ville de Gravelines et le pays environnant qui manquaient de maisons d'éducation de cette nature. Ces dames réalisaient de considérables bénéfices; ce qui joint aux ressources dont elles pouvaient disposer, leur permit d'acquérir des terrains contigus au monastère. Or, le 19 Novembre 1615, le sieur François Moraige, bailli, et le gentilhomme Charles Lanssel, tous les deux résidants à Gravelines, firent vente aux Clarisses. Le 24 Octobre 1617, demoiselle Antoinette Moraige veuve du sieur Edouard Lheureux de cette ville, consentit également en leur faveur une cession de terrain. Finalement le sieur Thomas Janssoone, marchand anglais, demeurant à Gravelines, vendit à la communauté une grange avec son fonds, sous la date du 3 Juin 1619.

Entre-temps quatorze demoiselles avaient pris le voile. En 1616, on en compta quatre dont la plus jeune n'avait que 20 ans. Parmi elles figurait miss Elisabeth Taylor, sous le nom de sœur Elisabeth-de-Saint-André. En 1617 et 1818, on reçut à la profession sept novices dont les plus jeunes n'avaient que 20 ans. Enfin le 6 mars 1619, trois autres reçurent la vêture. Elles étaient bien jeunes ; l'une n'avait que 16 ans, la seconde, 18, et la dernière, 19. C'était le premier exemple de saintes professions dans le couvent à des âges aussi tendres ; la précocité de raison et une remarquable vocation, seules, pouvaient les motiver. Au reste, il ne fallait pas de dispense : La profession dans tous ordres religieux tant des hommes que des femmes, était permise à seize ans accomplis, conformément au concile de Trente (1).

Au milieu des nombreuses occupations et des fatigues de tout genre que nécessitait l'administration de la maison, l'abbesse se montrait constamment digne, paisible et pleine de courage. Elle ne cessait un seul instant de donner des exemples extraordinaires des plus éminentes vertus et d'une sainteté accomplie ; unissant, de la sorte, une prudence admirable, une grande humilité, à une bonté, à une charité touchante envers ses co-religieuses et les élèves, ainsi qu'à l'égard des autres personnes qui l'approchaient. Sous une direction aussi habile, la prospérité du monastère acquérait des proportions inouïes jusque-là ; et sa réputation méritée s'étendant au loin, les enfants de famille y arrivaient tous les jours. C'est ainsi que, dans la même année 1619, cinq demoiselles furent encore admises à prendre le voile, au mois de Juillet et au mois de Décembre.

Le nombre des professes s'était tellement accru qu'en 1618, il fut résolu qu'une succursale serait créée à Aire. Mais avant tout, voulant perpétuer le souvenir de la réunion simultanée de trente-deux religieuses et dix-huit novices au couvent de Gravelines, l'abbesse eut la pensée de faire peindre un tableau où seraient figurées par des cœurs

(1) Cession XXVe, 3 Décembre 1563, ch. 15.

ses cinquante pieuses filles en y faisant ajouter le sien. En tête du tableau on signala le millésime de 1618 ; au milieu, on dessina un grand cœur représentant celui de Jésus surmonté des initiales J. H. S. et autour duquel on distribua les cinquante-et-un petits cœurs tous joints avec une chaîne, et portant tantôt une petite croix, tantôt deux, trois et quatre, et les initiales des noms de chaque professe ou novice, à l'exception de celui de l'abbesse, qui, placé le premier du côté gauche, ne reçut pas de lettres, mais une croix plus grande que les autres. Le tableau peint sur bois des deux côtés, représentait au revers le Saint-Sacrement et deux anges adorateurs, en commémoration de la dévotion de sainte Claire envers le Très Saint-Sacrement de l'autel.

La maison d'Aire fut fondée l'année suivante (1619) et prit le nom de Monastère de l'Immaculée Conception de la Vierge « Monastery of the Immaculate Conception of our beloved Lady » (1). A cet effet onze religieuses, Dorothy Knightly, Catharina Bently, Grace Penengton, Mildred Alcook, Margaret et Elisabeth Crisp, Frances Philipson, Mary Goolding, Elisabeth, Dorothy et Ann Radelyffe, partirent de Gravelines ayant pour abbesse Catharina Keynes, et comme vicaire, Helen Parker ; deux femmes d'une supériorité d'intelligence incontestable.

L'amour de la vie monastique faisait d'incessants progrès. Un chroniqueur disait, en parlant du couvent des filles anglaises situé à Saint-Omer grosse rue (rue Royale), que cette congrégation « estoit remplie de jeunes filles angloises...; lesquelles vivoyent soubs quelque forme de vie monastique, s'exerçans en toutes sortes d'austérité et maceration de corps, combien qu'elles fussent de corps délicates et belles en perfection comme angloises. Puis s'estant ainsi exercées, la plus part se retiroient en monastère si-

---

(1) M. Edward Petre fixe par erreur une date postérieure dans ses Notices of the english colleges et convents, etc., citées.

gnament dans celui de Gravilinghe, qui est rempli de ces filles, la plus part de riches et nobles maisons. » (1). Effectivement, après un certain apprentissage, plusieurs d'entre elles s'étaient présentées au couvent de Gravelines comme novices, dans ces dernières années, et une infinité d'autres se disposaient à s'y rendre.

Le nécrologe du couvent de Nazareth constata ensuite les admissions comme religieuses : — En 1620, de sept demoiselles dont les deux moins âgées n'avaient que 16 ans ; dans ce nombre se trouvaient deux sœurs, Rose et Elisabeth Evelinge, dont la dernière, sous le nom de sœur Catherine-Madelaine, devait un jour s'élever à la plus haute dignité dans son ordre. — En mai 1621, de deux jeunes personnes ; en juin, d'Elisabeth Alcocke nommée en religion sœur Ursule-Françoise. Enfin le 22 Août, de la nièce de Milord Georges Montague, Ann Browne, qui avait adopté le nom d'Anne-de-Saint-Louis, et de quatre autres demoiselles parmi lesquelles en étaient comprises une de 16 ans et Mary Evelinge, dont les sœurs avaient pris le voile l'année précédente. — Le 8 Septembre 1622, d'Elisabeth Berington dite sœur Elisabeth-Madelaine et de deux autres jeunes personnes. Le même jour prirent aussi le voile deux demoiselles irlandaises : Elienor Dillon, sous le nom de sœur Marie-de-Saint-Joseph, et Cecily Dillon, sous celui de Cécile-de-Saint-François. — En 1623, on ne donna la vêture qu'à une seule novice. — Finalement le 28 Mai 1624, trois jeunes personnes prononcèrent leurs vœux ; l'une d'elles était Margaret Bedingfield dite sœur Marguerite-Ignace, qui annonçait de brillantes et solides dispositions.

Il est digne de remarque que, depuis la désastreuse année 1613, on n'avait eu à déplorer dans la maison de Gravelines qu'une seule mort : celle de la sœur Christine-

(1) M. Derheims, histoire civile, politique, militaire, religieuse, morale et physique de la ville de Saint-Omer, etc. Saint-Omer, 1843, p. 596.

de-Saint-Jean, née Mary Brumfild, professe de 1610, qui avait succombé à l'âge de 37 ans en Octobre 1616.

Au commencement de 1625 le monastère de Nazareth possédait encore une fois un nombre si considérable de religieuses que l'abbesse Tildesley eut la pensée d'établir une succursale à Dunkerque. Après s'être pourvue du consentement de Mgr Antoine Dehennin, évêque du diocèse d'Ypres dans le ressort duquel Dunkerque était compris, l'éminente supérieure présenta au magistrat de cette ville, une requête signée d'elle et des principales officières, tendante à obtenir la permission d'y venir demeurer et bâtir une maison, sans qu'il en coutât rien à l'échevinage. Une lettre d'intercession de la gouvernante des Pays-Bas, Isabelle-Claire-Eugénie, alors veuve, était jointe à la requête; et, par ce moyen qui tranchait la difficulté, la prévoyante Claire-Marie-Anne reçut tout de suite l'autorisation demandée (1). La résolution du magistrat de la ville de Dunkerque, prise le 27 Août, était ainsi conçue : « Sur tout délibéré les bailly, bourgmaistre et eschevins inclinant favorablement à l'intention desdites dames suppliantes, leur ont permis et accordé, promettent et accordent par cette, tant qu'en eux est, qu'elles puissent s'établir du côté du septentrion ou d'orient, vers la place au marché au poisson dans l'enclos de ladite ville, et ce à leurs coustes et dépends et sans aucune charge de la généralité ni des suppots que dessus »

Dès qu'elle fut nantie de cette autorisation Mme Tildesley fit l'achat d'une propriété à Dunkerque où l'on s'empressa de mettre à l'œuvre une foule d'ouvriers.

La prochaine sortie de plusieurs sœurs du couvent de Nazareth et la mort de deux autres qui avaient fait leurs vœux en 1616 et en 1617, permirent dans la même année 1625, de donner la vêture à quatre novices qui la reçu-

---

(1) Faulconnier. Description historique de Dunkerque, volume 1er, Bruges, 1730, p. 129.

rent : deux irlandaises le 6 Mai, et deux anglaises le 13 Juin et le 25 Décembre. La cérémonie eut lieu ce jour-ci pour une personne de 16 ans, Eugénia Jerningham qui avait pris le voile sous le nom de Claire-Eugénie. On comptait cinquante-quatre professes, quatre novices et plusieurs autres personnes au monastère. Peu de temps après on fit le choix des religieuses destinées à ouvrir la nouvelle maison, où sans recevoir de novices, ces dames se disposaient uniquement à créer un pensionnat. L'élection désigna Ellenor Dillon, comme supérieure ; et bien qu'elle ne fût religieuse que depuis moins de quatre ans et qu'elle en eût à peine vingt-six, elle n'en excellait pas moins dans toutes les vertus et les graces du Seigneur.

Aux premiers jours du printemps de l'année suivante (1626), Ellenor Dillon quitta Gravelines pour fonder définitivement à Dunkerque, le nouvel établissement sous le nom de « Convent of Bethleem of english Poor Clares » couvent de Béthléem des Pauvres Clarisses anglaises. Elle arriva le même jour 6 Mai, à sa destination avec quatre autres irlandaises appelées Martha Chevers, Alse Nugent, Mary Dowdel et Cecily Dillon (1), sa parente, qui se distinguait par d'éminentes qualités. Ces dames étaient accompagnées de leur mère Claire-Marie-Anne qui voulut bien prendre elle-même le soin d'installer convenablement ses jeunes consœurs. C'était un jour de triomphe et de béatitude pour l'abbesse ; mais ce bonheur n'eut pas de durée, comme dans toutes les conditions possibles de ce monde où les choses ne sont que fugitives et instantanées, selon les immuables décrets de la Providence de Dieu.

Par le départ de cinq sœurs pour Dunkerque, on fut à même de recevoir en cette année 1626, les vœux de quatre novices, dont trois le 29 Juin, et la dernière le 12 Août. Une des premières portait un nom illustre : celui d'Elisa-

(1) Nécrologe du monastère de Gravelines, p. 8 et 9.

beth Salisbury, dont la sainte carrière devait s'achever loin de ces lieux. Une autre demoiselle, son amie, avait pris le voile le même jour sous le nom de Louise-Claire: C'était Luysia Taylor qui, elle, brillait par l'éclat de son esprit et de sa sublime piété à laquelle la justice divine réservait une noble récompense en la dotant de la prélature dans la maison de Gravelines où elle venait de se consacrer de cœur à son époux céleste, à l'âge de 16 ans.

Les Clarisses étaient à peine sorties des embarras d'installation du nouvel établissement, qu'une petite révolution éclata dans la maison-mère par la faute de l'aumônier. Il avait destitué sans motif Mme Tildesley, de ses fonctions d'abbesse, et avait fait élire en sa place, sœur Margaret Ratlyffe. Cette action arbitraire suscita de graves mécontentements dans la communauté. Les religieuses se divisèrent en deux camps dont le Père confesseur entretenait clandestinement les haines et la mésintelligence en flattant les unes outre-mesure et en vexant les autres sans raison. Le bonheur avait cessé de régner dans cet asile. Cependant rien ne transpirait au dehors; et les religieuses opprimées étaient menacées de souffrir longtemps, sans un évènement fortuit qui vint y mettre fin.

Un jour, pendant que les religieuses étaient à primes, le feu prit au grenier du couvent; et, en moins de rien, le grenier, trois dortoirs, le réfectoire et le noviciat furent consumés. Grace à la protection divine, aucune de ces dames ni de leurs élèves ne périt dans ce désastreux sinistre. On attribua ce malheur à la maladresse d'une sœur qui, en passant avec une chandelle, avait laissé tomber des étincelles; mais il avait, dit la chronique du couvent, une autre cause dans la colère de Dieu. Le syndic et diverses personnes avaient remarqué pendant les trois jours qui avaient précédé l'incendie, une colonne de feu suspendue au-dessus du monastère; et ce que personne ne savait, c'est que, comme un avertissement certain, un témoignage protecteur du Ciel, l'infortunée abbesse Claire-Marie-Anne avait vu apparaître le Saint-Esprit sous la forme d'une colombe lorsqu'un soir elle était en prières dans le cloître.

Le fallacieux aumônier vint offrir ses services à ces dames et les consola beaucoup. Il les fit sortir de l'abbaye où elles ne rentrèrent que le soir pour aller dans une maison voisine. Le gouverneur de la ville vint les visiter aussi et fut étrangement surpris quand plusieurs d'entre elles lui firent part des changements fâcheux qui avaient eu lieu quelques mois auparavant. Il en témoigna son mécontentement et demanda à ces dames pourquoi elles n'avaient pas informé Mgr. Paul Baudot, évêque de St-Omer, des tracasseries que l'aumônier leur avait fait subir injustement. Les religieuses lui racontèrent alors comment les choses s'étaient passées. S'adressant aussitôt à la nouvelle abbesse Marguerite-de-Saint-Paul, il lui dit avec humeur : « Madame, mes services sont à vos ordres; » et se tournant en souriant vers Mme. Tildesley, il ajouta : « et mon cœur est à vous. »

A quelques jours de là, le Provincial des Jésuites anglais de Watten envoya le gardien de Saint-Omer visiter les Clarisses du couvent de Nazareth et les trouva extrêmement mécontentes et affligées. Toutes comprenaient enfin l'illégalité de leur position et désiraient en sortir sans plus tarder. Il leur offrit de procéder à une nouvelle élection. Elles acceptèrent avec joie cette proposition et rétablirent le jour même l'ancienne abbesse dans ses prérogatives ; mais la prudence recommandait d'user de sévérité : il fallait à tout prix éviter le retour de pareilles scènes scandaleuses. Dans cette vue, le Provincial se rendit lui-même au couvent et ordonna au religieux, auteur des désordres, d'aller s'enfermer au collège anglais de Douai ; puis, pour rétablir complètement la paix dans la communauté agitée, il envoya en fondation à Dunkerque Margaret Ratlyffe dite sœur Marguerite-de-Saint-Paul et dix autres religieuses qui avaient fait plus ou moins d'opposition dans cette affaire. Elles partirent en compagnie de Frères mineurs le 16 Janvier 1627. La charitable et compatissante abbesse, malgré ses nombreux griefs, n'oublia pas ses consœurs dans leur exil ; elle leur faisait tenir des provisions toutes les semaines.

Quelques jours après, Mary Taylor, dite sœur Marie-de-Saint-François, qui remplissait les fonctions de maîtresse des novices depuis sept ans, fut élue et reconnue solennellement vicaire de la révérende abbesse au monastère de Gravelines.

Les ravages que l'incendie avait causés au couvent l'année précédente, avaient été presque entièrement réparés. Dieu, dans sa divine providence, avait inspiré la pensée à des ames charitables d'aider les Clarisses à rétablir leur maison. La nouvelle de ce désastre s'était répandue au loin ; et quand le Pape Urbain VIII la connut, il transmit « à l'abbesse Claire-Marie-Anne et aux autres religieuses du monastère de l'ordre de sainte Claire de Gravelines », un bref de consolation ; bref touchant de paroles et de pensées, plein de cœur et de sentiments de compassion pour leurs malheurs et de sympathie pour le courage que ces saintes femmes avaient déployé à toutes les époques.

Voici la traduction de ce curieux monument :

Le Pape Urbain VIII.

Chères filles en Jésus-Christ, salut et bénédiction apostoliques. Vierges que la main du Tout-Puissant a sauvées du naufrage général de l'Eglise anglicane et que le souffle de l'Esprit-Saint a poussées dans le port de la religion catholique, il est du devoir du Souverain Pontife de vous protéger et de vous honorer de ses louanges.

O vous donc qui avez cherché sur le rivage de la Belgique un chemin vers la céleste patrie, recevez maintenant non moins les éloges que les consolations, dues à votre piété et à votre courage.

Epouses du Tout-Puissant, chantez au Seigneur des cantiques de louanges. C'est lui qui, effectivement, a fait descendre du Ciel dans vos esprits la courageuse résolution d'une navigation salutaire, et qui a préservé de la contagion de l'hérésie pestilentielle, en la plaçant dans un pâturage séparé, cette partie si belle du troupeau du Seigneur, que le prince des ténèbres semblait avoir destinée pour être de très riches victimes de l'inexorable enfer.

Graces à vous, notre époque est féconde en exemples de vertu féminine qu'elle compare aux siècles passés et qu'elle oppose aux siècles futurs.

Avoir méprisé les menaces et les dangers, avoir renoncé aux délices de la maison paternelle, avoir regardé comme votre patrie celle-là seulement où règne la foi orthodoxe ; tels sont les principes et les éléments de votre gloire. En effet, à travers les sentiers sacrés de la loi divine, vous marchiez volontairement vers une vie austère; vous vous étudiez à exercer une pauvreté religieuse, à acquérir une angélique pureté de mœurs.

Le parfum de tant de vertus, qui s'exhale des lis de la virginité dans le jardin où vous êtes enfermées, réjouit considérablement le cœur du Pontife. Mais, hélas! quel triste spectacle a offert aux yeux de notre esprit, ce cruel incendie qui a embrasé votre saint asile, ainsi que nous l'avons appris tout récemment! Toutefois votre conservation dans le déplorable désastre de vos biens, ne nous a pas peu consolé, car l'on rapporte que la flamme n'a exercé ses ravages que sur les murs, et il semble que les cohortes de vos anges gardiens soient accourues pour en arrêter les progrès, afin d'empêcher que les épouses chéries de Dieu, souffrissent la moindre atteinte du feu.

O glorieuses femmes, pour que tous les éléments fussent témoins de vos triomphes, les menaces de la terre, les tempêtes de la mer, le feu de l'incendie, se sont opposés à votre salut; mais en vain. Les ruines fumantes de vos

— 52 —

cellules seront les monuments de votre mémorable constance.

Réjouissez-vous donc dans le Seigneur et rendez graces à notre Dieu qui, au milieu des tourbillons inoffensifs de la fournaise de Babylone, a inspiré aux trois enfants (1) un hymne triomphal.

Lui-même, en vous arrachant aux délices de votre patrie, semble aussi vouloir vous écarter des dangers du feu éternel et vous accorder partout les faveurs de sa grace divine.

Pour nous, jamais nous ne souffrirons que le patronage de notre amour pastoral vous fasse défaut, à vous que la sollicitude pontificale a jugées dignes de l'exhortation de ces lettres apostoliques, et nous répandons de tout cœur notre bénédiction sur vous.

Donné à Rome à Sainte-Marie-Majeure sous le sceau du Pêcheur, le 22 Mai 1627, quatrième année de notre Pontificat. Signé : Joannes Ciampolus et scellé (2).

Le style fleuri de sa Sainteté ne doit pas étonner ; Mafféo Barberini, connu sous le nom d'Urbain VIII, était un poète très distingué et l'un des hommes les plus instruits de son siècle. Il aimait les belles-lettres, accueillait les savants, et il connaissait si bien le grec qu'on l'appelait l'abeille attique.

Le bref du Souverain-Pontife fit sensation à Gravelines. Beaucoup d'ames pieuses en furent attendries et se déterminèrent à venir encore en aide aux Pauvres Clarisses de Nazareth, par de nouveaux dons pécuniaires, afin de les mettre à même d'achever les travaux de reconstructions qui restaient à faire au couvent. Ce fut une chose remarquable au dix-septième siècle, en France comme en Flandre,

---

(1) Sa Sainteté fait ici allusion à Sçadrac, Mesçac et Habed-Nego, jetés dans la fournaise ardente par ordre de Nebucadnézar, roi de Babylone. Le livre de Daniel le prophète, chapitre III, versets 21 à 26.

(2) Le texte original se trouve à la fin de cet ouvrage.

que l'élan fécond d'amour envers les pauvres, les églises, les congrégations religieuses, etc. Aussi est-ce à juste titre que ce siècle a reçu le surnom « d'ère de la charité sécularisée. »

Un orage grondait dans le lointain ! Le turbulent religieux que l'on avait séquestré au collége anglais de Douai, s'en était évadé : il avait formé, dit le chroniqueur, un nouveau projet aussi méchant que le premier. Un jour il eut la hardiesse de se présenter au couvent de Gravelines et de demander à l'abbesse de fournir aux frais d'un voyage qu'il désirait faire en Angleterre. Espérant en être débarrassée à jamais, cette clémente mère lui donna 120 livres (5 pounds); et dès qu'il eut cette somme, il se mit en route pour aller trouver le commissaire, membre du clergé investi de pouvoirs presque illimités. Arrivé là, l'ex aumônier lui raconta une histoire à sa manière et n'omit pas d'ajouter que les Jésuites anglais, non contents d'avoir déposé l'abbesse de son choix, avaient envoyé cette sœur à Dunkerque avec les officières qui lui avaient été adjointes. Le commissaire, trompé par les paroles astucieuses de l'abbé, laissa éclater son mécontentement et écrivit sur-le-champ aux religieuses de Gravelines pour leur annoncer qu'il se disposait à venir rétablir les choses comme l'aumônier les avait réglées, et installer des Frères mineurs au monastère. Cette nouvelle les plongea dans la consternation, parce que le commissaire avait sur elles une pleine autorité. Dans leur anxiété, elles eurent recours au Provincial pour le supplier de leur continuer sa protection; mais celui-ci n'ignorant pas l'étendue des pouvoirs du commissaire, conseilla à ces dames, pour mettre fin au conflit, d'en appeler au cardinal député aux causes des réguliers et au nonce apostolique résidant dans le pays.

Les religieuses, aidées du gouverneur de Gravelines et de l'évêque de Saint-Omer, firent cet appel, et bien leur en prit, car elles reçurent du cardinal un ordre qui enjoignait aux Frères délégués par le commissaire de se retirer du couvent des Pauvres Clarisses Anglaises, de les laisser suivre en paix leurs premières institutions, et d'empêcher le retour à Gravelines des sœurs qui en avaient été renvoyées. Peu de temps après, le nonce apostolique rendit un décret sous la date du 23 Février 1628. Il rétablissait le monastère de Nazareth sous l'obéissance de l'évêque de Saint-Omer. En présence des commandements précis de ces deux hauts dignitaires de l'Eglise, les Récollets se virent obligés de fléchir et se retirèrent de Gravelines. A l'instant même le Pontife diocésain, Pierre Paunet, s'occupa des améliorations qu'il y avait à faire au couvent, releva le moral des fidèles religieuses et les assura de sa bienveillante protection. Il prit même la précaution d'éloigner davantage la sœur Marguerite-de-Saint-Paul en la faisant entrer au couvent de l'Immaculée Conception d'Aire, où elle fut condamnée à passer ses jours.

C'est ainsi qu'après deux ans de préoccupations, d'inquiétudes et de souffrances continuelles, la maison-mère recouvra la sérénité de ses premiers jours et fleurit plus que jamais (1).

La succursale d'Aire était en voie de prospérité. Outre les seize nonnes que le monastère de Gravelines lui avait fournies, y compris Marguerite-de-Saint-Paul, la maison de Nazareth lui envoya encore Elisabeth, Rose et Mary Evelinge, Mary Perkins, Mary Pickford et Elisabeth Kerton.

Dans le cours de l'année 1627, Marie-de-Saint-Joseph, supérieure du couvent de Béthléem, avait reçu l'ordre de passer en la même qualité à Nieuport où elle était arrivée avec les quatre irlandaises professes qui l'avaient accompagnée en 1626 pour fonder la succursale de Dunkerque. Deux ans plus tard, en 1629, toutes cinq, après avoir tenté vainement d'établir une maison, quittèrent Nieuport pour

---

(1) La chronique manuscrite du couvent s'arrête vers cette époque.

se rendre en Irlande où la révérende mère Marie-de-Saint-Joseph prit la direction d'une communauté de Pauvres Clarisses, et sœur Cecily Dillon, celle d'une autre ; circonstances très honorables qui prouvaient de nouveau que l'éducation donnée aux religieuses dans le monastère de Gravelines, ne laissait rien à désirer. On y faisait évidemment de fortes études dont il devait résulter un bien immense et pour la religion et pour la société en général, par l'entrée dans le monde des pensionnaires séculières.

Malgré leur éloignement de Gravelines, les Récollets n'avaient pas cessé de porter leurs vues sur le monastère de Nazareth. De temps à autre ils chagrinaient sourdement les Pauvres Clarisses qui, voulant enfin mettre un terme à ce déplorable état de choses, adressèrent une requête à sa Sainteté pour en obtenir la confirmation de l'ordre du cardinal et du décret du nonce apostolique, de 1628, qui rétablissaient le couvent de Gravelines sous la juridiction et l'obéissance de l'évêque de Saint-Omer. Toute cette affaire ayant été examinée, le Pape Urbain VIII délivra à Rome un bref confirmatif sous l'anneau du pêcheur, le 31 Mai 1631, dans la huitième année de son Pontificat, bref qui, signé de son secrétaire M. A. Maraldus, parvint à Mme. Tildesley par l'intermédiaire de l'évêque diocésain.

A partir de l'année 1631, il ne se présente pendant onze ans aucun fait de quelque importance, si ce n'est en cette année, l'établissement à Gravelines d'un couvent de Pères Récollets français en vertu d'un accord avec le magistrat du 4 Mai de l'année précédente. Ces religieux visitaient les malades et les pestiférés en temps de maladies contagieuses et autres, les confessaient et les consolaient dans leurs adversités, assistaient le pasteur et le vicaire de l'église paroissiale, et enseignaient les humanités moyennant récompense par la ville (1). Après cette citation, il faut

---

(1) Manuscrit cité du feu M. Waguet.

avoir recours au nécrologe de la maison de Nazareth pour remplir ce long espace de temps et relier entre eux les anneaux de la chaîne des évènements historiques.

La sage et laborieuse abbesse Tildesley avait reçu à la sainte profession huit novices en 1629 et 1630. Parmi elles se trouvait une demoiselle de 23 ans, Ursula Gifford, dite sœur Ursule-Colette, jeune personne douée d'une douceur angélique et d'une piété remarquable. On donna ensuite la vêture à vingt-deux novices qui sont ainsi classées : en 1632 et 1633, quatre, dont l'une était Winefride Giffard, sous le nom de sœur Génifrède-Claire, religieuse de la première distinction ; — neuf, de 1634 à 1639 ; — en 1640 : une le 23 du mois de Mars et trois à la date du 12 Août, savoir : Ann Blundell dite sœur Claire-Colette ; Ann Bedingfield nommée sœur Anne-Bonaventure, et Mary Roockwood, sous le nom de sœur Marie-Colette ; femmes de 16 à 17 ans, douées d'une vocation et de qualités supérieures. Puis le 8 Septembre, trois encore, au nombre desquelles on comptait Miss Helen Bradgshage dite sœur Marie-Ignace, en qui se développait déjà une ineffable perfection. Enfin le 3 Mai 1643, deux novices prirent le voile : sœurs Dorothy et Elisabeth Clifton, jeunes personnes très pieuses, d'une famille catholique restée attachée à la foi de ses pères.

Dans ce laps de temps on eut à regretter la mort de dix-huit religieuses : — à Gravelines, de 1629 à 1641, de douze professes, dont l'une enlevée en 1639, était sœur Thomas-de-Saint-Jean née Timothy Walleston, à l'âge de 55 ans; reçue en 1610, elle avait toujours vécu dans la plus régulière et la plus stricte observance des règles du couvent dont elle faisait l'édification. — A Aire, de 1637 à 1639, de six professes, dont l'une était Helen Parker, à l'âge de 58 ans. On disait de cette religieuse, connue sous le nom de sœur Marie-de-Saint-Bernard, qu'elle avait rempli ses fonctions de vicaire du monastère de l'Immaculée Conception pendant vingt ans, avec une vertu exemplaire et une extrême piété.

Rien ne fut plus digne de clore la série des années que nous venons de traverser, que la cérémonie pour laquelle on faisait en 1642 de remarquables préparatifs au couvent de Nazareth. La vénérable Margaret Towler, la plus ancienne religieuse de la maison, approchait du terme de la cinquantième année depuis son entrée en religion dans l'année 1592. Au jour déterminé, la chère mère qui comptait 69 ans d'âge, fit son jubilé en présence des religieuses et des novices de l'abbaye, de nombreux ecclésiastiques et de personnes notables désireuses d'assister à une cérémonie aussi intéressante qu'inconnue jusque-là dans le pays.

A l'occasion de cette sainte cérémonie, on exhuma d'anciens souvenirs et il fut question de l'excellente sœur Mary Ward, fondatrice du monastère de Gravelines, que la plupart des vieilles religieuses avaient connue. L'abbesse raconta que, lorsque Mme. Goudge et ses compagnes eurent quitté Saint-Omer en 1609 pour se rendre à Gravelines, Mary Ward reçut leurs adieux. Déjà elle avait formé le projet de créer un autre établissement de religieuses non cloîtrées, liées par certains vœux, et dont la principale occupation serait d'instruire de jeunes demoiselles ; ce qu'elle avait résolu d'après l'avis du Père Roger Lee et d'autres Jésuites. Enfin sœur Mary ouvrit son institution à Saint-Omer, en compagnie de plusieurs dames, vers la fin de la même année. Les Jésuites secondèrent puissamment leurs efforts et mirent tout en usage pour faire prospérer l'établissement. Il résulta de cette intervention qu'elles furent nommées Jésuitesses et quelquefois aussi Wardistes. Différents griefs, cependant, s'étaient élevés contre cette nouvelle institution qui comptait soixante membres, et quoique plusieurs des religieuses allassent à Rome, dans l'espoir d'obtenir l'approbation du Pape, elles ne purent réussir. Leur état de non cloîtrées ouvrait la porte à des abus, et diverses plaintes furent exprimées en 1622 sur la conduite équivoque de quelques-unes de ces dames. La supérieure Mary Ward crut alors devoir veiller plus scrupuleusement que par le passé; mais comme la communauté avait reçu un grave échec, le pensionnat ne fit que languir, et, en 1629, toutes ces dames quittèrent Saint-Omer et allèrent à Liége. Leur séjour n'y fut que de courte durée parce qu'elles n'y rencontrèrent pas de dispositions favorables; elles se dirigèrent sur Munich et s'y fixèrent. Leur institution qui avait fait assez de bruit dans le monde catholique, fut examinée par le Pape Urbain VIII, condamnée et supprimée le 13 Janvier 1630; de sorte que, dans la suite, les Wardistes ne purent continuer que comme une congrégation particulière sous des vœux simples. Dans ce nouvel état de choses, elles réussirent et obtinrent d'admirables succès; deux affiliations furent établies en Angleterre, l'une à Hammersmith et l'autre à la barre à York (1).

Depuis trois ou quatre ans, la vénérable abbesse Tildesley nourrissait la pensée de fonder une nouvelle maison afin d'y déverser l'exubérance des religieuses du monastère de Gravelines. Des informations avaient été prises de toutes parts; il s'agissait de trouver un endroit convenable de manière à établir la fondation avec l'assurance de succès, d'acquérir une propriété dans de bonnes conditions d'hygiène, de faire un choix heureux des sœurs qui s'émigreraient pour former la nouvelle colonie. La ville qui séait le mieux aux vues de sœur Claire-Marie-Anne, était Rouen en France; mais, par malheur, la France était, en ce moment, en guerre avec l'Espagne, et les relations devenaient de jour en jour plus difficiles.

(1) Edward Petre, notices citées, p. 98 et 99. Dans le même ouvrage il dit: L'institution des Vierges anglaises « english Virgin » fut de nouveau approuvée par le Pape Benoît XIV (de 1740 à 1758). Le Saint Père déclare formellement qu'elles ne font pas partie de l'institut des Jésuitesses dont la suppression avait été prononcée par Urbain VIII. Sa Sainteté ajoute que sa bulle aura son effet, défend à qui que ce soit de dire que les Jésuitesses supprimées avaient été rétablies par la bulle de Clément et déclare que les Vierges anglaises reconnues par Clément et lui-même ne pourront en aucune manière reconnaitre Mary Ward pour avoir été leur fondatrice.

Au printemps de l'année 1644, la révérende supérieure se trouva arrêtée soudainement dans son œuvre. L'ennemi était aux portes de Gravelines et interceptait toutes les communications. Le canon qui grondait autour de la ville et sur les remparts, porta l'effroi dans le cœur des timides religieuses et des jeunes élèves de leur pensionnat. Le calme le plus parfait dont ces dames avaient goûté les douceurs pendant dix-sept ans, fut ainsi suspendu sans transition. Le siége que l'armée française venait de poser devant la place de Gravelines, le 16 Juin 1644, jeta la perturbation dans l'abbaye pendant quarante-trois jours qu'il dura. Toutes les études cessèrent et l'on vit nuit et jour les saintes sœurs en prières. Dieu leur tint compte de ce témoignage de confiance dans la Providence : il leur procura l'honneur de la visite de Mgr. Gaston duc d'Orléans, généralissime des troupes françaises. C'était à l'occasion du Te Deum qu'en actions de grace de la prise de la ville sur les Flamands et les Espagnols, on dut chanter dans l'église des Clarisses, à cause du mauvais état de l'église paroissiale qui avait souffert du bombardement de la place (1).

Deux articles de l'acte de capitulation signé le 28 Juillet pour la reddition de la ville, causèrent le plus sensible plaisir aux saintes filles du monastère quand le Prince leur en parla. Ces articles, dont le premier est très curieux, étaient ainsi libellés : « 1° La liberté de conscience ne sera pas permise dedans ladicte ville, banlieue et baillage d'icelle, ains (mais) la foi catholique, apostolique et romaine seule maintenue et conservée, et le roi sera suplyé de n'y establir aucun gouverneur, officiers et soldats d'autre religion. 2° Tous les ecclésiastiques, séculiers et réguliers, religieux et religieuses, cloistres, hospitaux de quelque estat, condition, dignité, ordre ou fonction que ce soit,

---

(1) Hector Piers, Notices historiques sur... Gravelines. Saint-Omer, 1833, p. 106, — plusieurs autres auteurs — et l'histoire manuscrite de Gravelines par feu M. Waguet.

sans en excepter aucun, soient maintenus en la possession paisible de tous leurs états, dignitez, rentes, priviléges, franchises, libertez, exemptions, seigneuries, jurisdiction, bénéfices, offices, fonctions, administrations et usages quelconques, sans exception, et comme tous les ont, cidevant et jusqu'à présent, tenus, possédez et usez, sans qu'à aucun d'iceux soit fait aucun obstacle, dommage ou empeschement ni qu'il soit rien innové dans l'église Saint-Willebrod où réside la sainte image miraculeuse de Nostre Dame dite de Foy ; laquelle demeurera en son mesme lieu sans aucun changement (1) ».

Quand tout fut rentré dans l'ordre, les religieuses reprirent leurs travaux journaliers avec un nouveau dévouement ; partageant leur temps entre l'instruction des écolières et leurs devoirs de piété. La première pensée de l'abbesse fut de s'occuper de la réalisation de son projet d'établissement à Rouen ; la chance de réussite prochaine était d'autant plus certaine maintenant que la ville de Gravelines se trouvait sous la domination française. La protection qu'elle sollicita du duc d'Orléans ne lui fit pas défaut. Dans les délais les plus courts, la permission de fondation demandée lui fut expédiée de Versailles.

Le départ ne souffrit aucune difficulté. Treize sœurs prirent immédiatement la route de Rouen, ayant à leur tête Mme. Mary Taylor, connue sous le nom de Marie-de-Saint-François, en qualité d'abbesse, et, comme vicaire, Margaret Bedingfield dite sœur Marguerite-Ignace ; religieuses qui brillaient au premier rang de l'élite des dames du couvent de Nazareth, et sur la capacité desquelles la très respectable mère Tildesley pouvait se fier dans toutes les circonstances. Parmi les émigrantes il y avait encore deux religieuses d'une aptitude exceptionnelle, sœur Winefride Chiffard et sœur Helen Bradgshage, qui, elles aussi, pou-

(1) Archives de la mairie de Gravelines.

vaient aspirer aux plus hautes dignités. Les autres s'appelaient Ann Prow, Elisabeth Rayner, Magdelen Browne, Ann Perkins, Ann Yeates, Margaret Sternhold, Elisabeth Salisbury, Elisabeth Hone, Mary Peterston, Elisabeth Martin et Ellenor Bradgshage.

La nouvelle maison reçut le nom de Couvent de Jésus-Marie-Joseph des Pauvres Clarisses anglaises de Rouen, ou, comme disaient ces dames, Convent of Jesus-Mary-Joseph of English Poor Clares, of Rouen, Normandy. Le monastère ne fut parfaitement organisé qu'en 1648. Alors comme plus tard les religieuses de cette maison reçurent des encouragements flatteurs des habitants et des témoignages de générosité du roi Charles II, de milord Georges Montague comte de Northampton, de son Eminence lord Petre, de milord Thomas Arundel comte d'Arundel et de Surrey, maréchal d'Angleterre, et de plusieurs autres personnages. Mais ce ne fut que deux ans après, en 1650, qu'elles furent légalement reconnues, comme le constatent les lettres-patentes délivrées par le roi Louis XIV (1). L'institution marchait à souhait, et dans le nombre des personnes de distinction qui la visitèrent en 1651, on cita le roi Charles II, qui venait d'être vaincu à la bataille de Worcester, par Cromwell, le bourreau de son père.

Mme. Tildesley regretta amèrement sœur Marie-de-Saint-François qui, comme vicaire, était sa meilleure amie et la confidente de ses pensées depuis dix-huit ans, lorsqu'elles se séparèrent en 1644. Leur attachement était, au reste, antérieur à cette époque : il remontait au temps de leur jeunesse ; et, selon leur expression « at the year of our Lord » à l'année de Notre-Seigneur 1613, date de l'admission au couvent de Miss Taylor, en qualité de novice. L'intérêt de la religion avait voulu leur séparation ; elles la supportèrent avec résignation pour l'amour de Jésus-

---

(1) Voir les notices of the english colleges et convents, etc., d'Edward Petre, citées p. 88.

Christ. Leur entrevue fut la dernière sur cette terre d'exil ; elles le prévoyaient et se donnèrent rendez-vous dans la céleste patrie.

Le monastère de Nazareth était arrivé au plus haut degré de gloire et de prospérité, grace au dévouement, au zèle, à l'ardeur sans bornes et de tous les instants de la digne mère Claire-Marie-Anne. L'Esprit-Saint veillait sur son illustre personne, et bientôt elle allait recevoir de son divin époux la récompense de ses angéliques vertus. Dans la même année, la cour de Rome, sur la recommandation de Mgr. Christophe Defrance, évêque de Saint-Omer, lui conféra, suivant le bref du Pape Innocent X, le titre de mère supérieure de tous les cloîtres anglais et irlandais de l'ordre sacré des Pauvres Clarisses ; mission bien délicate qu'elle était à même d'accomplir, mais dans laquelle le bon Dieu lui réservait une multitude d'épreuves pénibles qui devaient prématurément affaiblir ses forces physiques.

Pendant les deux ans qui suivirent cette mémorable année 1644, il n'y eut aucune mutation dans le personnel du couvent de Nazareth.

Du 3 Novembre 1646 au mois d'Avril 1652, neuf novices reçurent la vêture des mains de la mère Tildesley. Les religieuses les plus distinguées parmi elles, étaient Frances Roockwood, qui, en 1646, avait prononcé ses vœux sous le nom de sœur Claire-Françoise ; Elisabeth Anderton qui, sous le nom de Génifrède-Françoise, avait reçu la vêture en 1647, et Mary Anderton dite sœur Marie-Euphrosie, qui avait fait ses vœux en 1648. Entre temps, Elisabeth Thwaytes, professe depuis 1615, fut solennellement élue vicaire comme ayant le plus de droits à cette haute dignité.

Vers 1647, la sœur Ann Browne qui, souvent, était venue visiter la maison de Béthléem ; Mary Clark, professe de 1633 ; Ann Anderton et Frances Roockwood, professes de 1646, quittèrent Gravelines et s'en allèrent à la communauté de Dunkerque. Les dames qui l'habitaient, n'étaient pas cloîtrées ; elles tenaient une école sous les ordres d'une directrice. En 1652, ces religieuses voulant observer la règle de la clôture, comme à la maison-mère, élurent pour première abbesse sœur Ann Browne, de l'agrément de la supérieure de Gravelines et de l'évêque d'Ypres (1). Mme. Browne devait cette charge à ses belles qualités ; on avait reconnu qu'elle était douée d'une très éminente charité, d'une ferme confiance dans la divine Providence et d'une profonde humilité.

Le monastère de Nazareth fournit encore plus tard à la communauté de Dunkerque quatre autres religieuses. Elles se nommaient Elisabeth Berington, Ann Blundell, Mary Roockwood et Elisabeth Clifton.

L'obituaire du couvent ne constata dans la période de 1646 à 1652, que deux décès de religieuses cloîtrées à Gravelines : ils avaient eu lieu en 1650 ; mais quatre autres sœurs, qui en étaient autrefois sorties, décédèrent à Aire et à Rouen. La perte la plus regrettable fut celle de Mme Catharina Keynes, qui mourut abbesse du monastère de l'Immaculée Conception d'Aire, le 20 Novembre 1646, à l'âge de 57 ans, après trente-trois années de profession. On se plaisait à rappeler que cette bonne mère avait dignement vécu dans l'observance de la sainte règle de l'ordre et avait administré sa communauté depuis la fondation, avec une sagesse exemplaire dont les religieuses n'avaient eu qu'à se féliciter. Douée d'une haute piété, d'une douceur et d'une humilité accomplies, elle avait montré une adorable patience surtout dans les nombreuses infirmités dont elle eut à supporter le poids à la fin de sa vie. A la mort de cette respectable femme, on déféra l'office d'abbesse à la sœur Elisabeth Evelinge, ancienne professe de Gravelines, qui, jusque-là, avait rempli les fonctions de

---

(1) M. Edward Petre, à l'occasion de tout ce passage, a fait confusion p. 84 et 85 de ses notices citées plus haut.

maîtresse des novices au couvent d'Aire, avec une habileté peu commune.

Gravelines, qui était devenu le boulevard de la France et dont le roi catholique n'avait cessé d'envier la possession depuis que le duc d'Orléans s'en était emparé, Gravelines subissait un nouveau siége en 1652. Il dura soixante-neuf jours du 11 Mars au 18 Mai (1). De là surgirent quelques moments de cruelle anxiété pour les Clarisses et leurs élèves jusqu'au jour où les Espagnols firent leur entrée dans la ville.

———

Après le grand évènement de 1652, il y eut pendant plus d'une année comme un temps d'arrêt en toutes choses dans le monastère de Nazareth, dont les annales ne rappellent que les faits suivants : Le 1er Décembre 1652, mort d'une religieuse ; le 25 du même mois, vêture donnée à une novice âgée de 28 ans, Alice Marcer dite sœur Claire-Joseph ; dernière cérémonie de ce genre dont l'honorable abbesse eut à s'occuper ; le 25 Avril 1653, mort d'une religieuse, et le 9 Janvier suivant, celle d'une autre.

L'impitoyable mort, armée de sa terrible faulx, attendait une nouvelle proie sur le seuil de l'infirmerie. Il semblait qu'un voile funèbre était étendu sur la maison. Les voix affaiblies des sœurs se faisaient à peine entendre et tous les visages portaient l'empreinte de la plus profonde tristesse. Un funeste pressentiment régnait dans les cœurs et l'on se sentait à la veille de subir une perte douloureuse : l'abbesse était malade et alitée !

Déjà Mme. Tildesley avait supporté avec un courage surhumain des infirmités de toute nature et de longues maladies ; toujours elle en était sortie victorieuse, grace à son inébranlable énergie qui lui avait heureusement fait sur-

(1) Auteurs contemporains et autres.

monter ses maux comme elle avait surmonté les calamités et les afflictions qu'avait fait naître sa haute dignité de mère supérieure des couvents de son ordre sacré. Au milieu du chaos des inextricables affaires qui abondaient autour d'elle ; au milieu de tous ses chagrins et de ses souffrances corporelles, l'excellente abbesse portait la tête haute, pleine de confiance dans la divine bonté. Son cœur élevé vers le ciel, implorait nuit et jour le secours de l'Eternel pour elle et ses consœurs. Atteinte de sa dernière maladie qui fut très violente, elle se résigna à son sort sans manquer un seul jour à ses devoirs de piété et de dévotion, et fit constamment preuve, à l'exemple de sainte Claire, d'une patience, d'une humilité, d'une douceur extraordinaires. Elle causait parfois ; et, dans ces moments d'épanchements de cœur, elle rappelait avec plaisir que, sous son règne, quatre-vingt-douze novices avaient reçu la vêture, et racontait à ce sujet des souvenirs des plus amusants pour ses compagnes. Mais une chose dont elle ne parlait pas, c'était le trésor d'argent que son économie avait su accumuler ; c'étaient les titres de rentes placées au nom de son abbaye ; c'étaient les belles et généreuses actions de sa vie.

A l'heure suprême où, devant rendre enfin son âme heureuse dans les bras de son créateur, cette auguste mère entourée de ses enfants éplorées, affligées et priant Dieu, souriait encore à chacune d'elles avec un air de bienveillance admirable.

Pendant plusieurs jours, le cloître retentit des sanglots déchirants des orphelines d'une si digne femme. Elle n'était plus de ce monde où sa puissance intellectuelle avait brillé tant d'années ! Mais elle y laissait d'ineffaçables souvenirs de vertus, et le couvent avait aussi le précieux avantage de posséder le portrait de cette révérende mère, retraçant un épisode de sa spirituelle existence par l'apparition du Saint-Esprit.

Mme Elisabeth Tildesley mourut le 17 Février 1654.

On lui consacra une pierre tombale où se lisaient les lignes suivantes :

« Quam hic viator despicis et calcas magni nominis est, tot virginum mater, sed et ipsa virgo, soror Clara Mariana Tildesley submissa mente sed animo erecta, quæ malis premi potuit at non opprimi. Prudens in agendis in benefactis profusa in omnes fuit benevolentia singulari illa cœnobia angliæ hibernæque gentis in hoc ordine matrem agnoscunt et amant. Obiit annos nata 68, professa 44, in prœlatura 39. Vis et tu quisquis hæc legis fœliciter mori semper morere ut melius vivas. Bene vive ut melius moriaris ovalis vita mors ita. Hæc mente pertracta et beatus vives vita peracta. »

Cette inscription exprimait ces sublimes pensées : « Passant, celle que tu regardes et qu'ici tu foules aux pieds, la sœur Claire-Marie-Anne Tildesley porte un grand nom. Elle fut mère de beaucoup de vierges; vierge elle-même, humble, mais courageuse, elle a pu être affaissée par le malheur ; abattue, jamais. Prudente dans ses actions, prodigue de ses bienfaits, elle fut envers toutes d'une bonté remarquable. Les couvents anglais et ceux même de la nation irlandaise de cet ordre, la reconnaissent et l'aiment comme leur mère. Elle mourut à l'âge de 68 ans, la 44me année de sa profession, de sa prélature la 39me. O toi qui lis ceci, qui que tu sois, veux-tu mourir heureusement ? Meurs toujours afin de mieux vivre. Vis bien pour mieux mourir. La vie heureuse, la mort de même. Rappelle-toi ceci, et ta vie écoulée tu vivras heureux. »

1654-1667.

Luysia Taylor, 4ᵉ abbesse.

> Damas n'est plus une ville, mais un monceau de ruines.
> Isaïe, ch. 47, v. 1.
> L'opulence et la gloire sont à moi; le bien durable est la justice.
> Proverbes, ch. 8, v. 18.
> Je célèbrerai mon Dieu tant que je respirerai.
> Psaume 105, v. 33.

Mᵐᵉ Luysia Taylor, connue en religion sous le nom de sœur Louise-Claire, fut élue abbesse à la fin du mois de Février 1654, à l'âge de 44 ans. Elle avait exercé en dernier lieu la charge de maîtresse des novices, et, à diverses époques, celle de portière.

La gracieuse mère Taylor qui, sous l'abbesse Tildesley, avait pris le voile en 1626, dans la maison de Gravelines d'où elle n'était jamais sortie, témoignait d'une confiance illimitée en Dieu ainsi qu'en Notre-Dame bien-aimée. On remarquait également sa grande dévotion pour les ames du purgatoire. Elevée dans le monde fashionable, maintenue au couvent dans les principes de la meilleure éducation, elle arrivait au pouvoir non-seulement avec le langage, le ton et les manières d'une femme de qualité; mais aussi avec la profonde humilité de l'ame sincèrement chrétienne. Toutes les sympathies lui restèrent acquises.

Lorsque la sœur Louise-Claire prit possession de la prélature, elle trouva l'abbaye dans une situation excessivement prospère; mais, par une fatalité inouïe, les premiers mois de son administration furent marqués par une terrible catastrophe. Le 28 Mai, vers onze heures du matin, le feu prit au magasin à poudres du château, et l'explosion qui s'ensuivit, causa dans la ville et aux fortifications de considérables dommages. (1) Le château fut détruit de fond en comble ; l'église paroissiale qui déjà était dans le plus mauvais état, l'hôtel de l'échevinage et une infinité de maisons furent entièrement ruinés ou incendiés. Le monastère des Clarisses, séparé seulement du château par la place royale, n'éprouva, comme par miracle, que peu de dégâts comparativement aux horribles désastres dont la cité venait d'être frappée ; et, grace à la protection du Très-Haut qui veillait sur la pieuse communauté, aucune des religieuses, des novices ni des demoiselles du pensionnat, ne fut instantanément victime de ce malheur.

On raconte ainsi ce fait extraordinaire en parlant du couvent des Clarisses : « Soixante religieuses étaient occupées, au moment de l'explosion, aux travaux que leurs statuts prescrivaient. La sœur Louise-Claire, leur abbesse, avait la réputation d'une sainte dans la communauté ; et en cette circonstance, il sembla que Dieu fît un miracle en sa faveur, puisqu'environ un quart d'heure avant l'explosion, par un pressentiment singulier, elle vint au grand parloir et fit prier le Père confesseur de venir causer avec elle, sans, cependant, avoir rien de très important à lui dire. Quelques minutes après qu'il fut arrivé, l'explosion se fit entendre. La grille du parloir s'ébranla et se déplaça sans les toucher ni l'un ni l'autre. Le logement du Père confesseur, qui dépendait du couvent, fut détruit ; et sans nul doute que, si l'abbesse ne l'eût fait appeler, il eût péri victime de cet évènement comme bien d'autres. Ils attribuèrent leur préservation à la puissance divine, à laquelle ils s'empressèrent de rendre graces. Quant aux religieuses qui étaient toutes séparément occupées, les unes furent renversées d'un côté, d'autres furent trouvées terrifiées par la peur, mais sans accident. » (2)

(1) Piers, notices historiques sur Gravelines, Saint-Omer, 1833, p. 106.
(2) Manuscrit cité du feu M. Waguet.

Le logement seul de l'aumônier fut anéanti. L'église, les autres bâtiments et les murs de clôture du jardin restèrent debout, mais considérablement endommagés. Il en était autrement autour du monastère ; un spectacle affreux s'offrit aux regards des religieuses quand elles sortirent de leur maison. En effet, on ne voyait çà et là sur la voie publique et sous les décombres, que des morts et des mourants, des familles en pleurs appelant par des cris déchirants quelques-uns des leurs qui avaient disparu.

On reçut dans la nuit des secours de Saint-Omer et l'on y fit même ensuite une quête dont le produit fut versé à Gravelines pour la réparation de l'église paroissiale (1)

Au milieu de cette grande infortune, le cœur de l'abbesse ne resta pas insensible. Charitable par nature, elle vola avec ses filles au secours de tous les pauvres et répandit parmi eux l'argent qui manquait aux besoins de leur existence si inopinément brisée. Puis vint un temps où elle put y pourvoir encore avec bonheur en employant une foule des plus malheureux au déblaiement des projectiles tombés sur le couvent, ainsi qu'aux travaux de reconstruction de l'habitation de l'aumônier et des réparations des autres bâtiments. Rien n'était négligé par cette ingénieuse mère ; et, moins d'un mois après cet évènement, deux novices dont l'année de probation était révolue, prononçaient leurs vœux le 13 juin.

Dès le jour du sinistre, on conseilla à plusieurs Clarisses qui avaient assez souffert, de quitter Gravelines pour se rétablir la santé ; les autres restèrent un mois campées, pour ainsi dire, dans les logements les moins dégradés du monastère dont les vitres avaient été brisées et les murs lésardés. La mère Elisabeth Thwaytes, vicaire, et trois autres professes, sur le conseil de l'évêque, partirent pour Saint-Omer où on leur offrit un refuge au couvent des Péni-

(1) Ouvrages indiqués de MM. Piers et Waguet.

tentes Capucines. Dans l'intervalle de leur séjour en cette ville, la sœur Catherina Carrelton, connue en religion sous le nom de Catherine-Joseph, tomba malade et mourut le 26 Juillet du saisissement qu'elle avait éprouvé de l'explosion du magasin du château, ou, comme le disaient ces dames, « upon the sad accident of ruin of our convent by the blowing up of the magazine, » selon le nécrologe où tous ces faits sont consignés (1). Sœur Carrelton n'était âgée que de 46 ans ! Dieu sait si ce ne fut pas la même cause qui occasiona la mort de trois religieuses de Gravelines le 16 Août 1655, le 20 et le 27 Juin 1656. Il est vrai de dire que, dans ce nombre, se trouvait la jubilaire Towler, âgée de 82 ans ; mais qu'à cet âge, aussi, il faut peu de chose pour faire mourir, comme cela se vérifia à l'égard de cette vénérable sœur, à qui sept jours d'une fièvre violente suffirent pour causer la mort. Modèle de toutes les perfections, elle emporta l'estime de ses co-religieuses, après soixante-trois ans de profession ; la treizième année depuis son jubilé.

Entre-temps on avait appris la nouvelle que quatre anciennes religieuses issues du couvent de Nazareth, étaient mortes à Aire, du 28 Mars au 4 Octobre 1654, quand la contagion y régnait. L'une d'elles était Margaret Ratlyffe, l'abbesse usurpatrice de l'année 1626, envoyée par punition en 1627 au monastère de Dunkerque ; et, plus tard, en 1629, à celui d'Aire où elle venait de mourir à 69 ans, le 26 Août 1654, après avoir expié sa faute pendant de longues années. On écrivait d'Aire à l'abbesse de Gravelines : « Notre vénérable chère sœur Marguerite-de-Saint-Paul a quitté heureusement cette vie, nous laissant de beaux exemples de la plus parfaite pratique de toutes les vertus. Dès son admission dans notre monastère de l'Immaculée Conception, elle montra une dévotion extraordinaire et fut très assidue à s'occuper des travaux les plus abjects ; recher-

(1) Folio 91 du nécrologe.

chant ainsi constamment dans l'humilité, l'abnégation de sa personne pour l'amour de son céleste époux Jésus. Sœur Marguerite a bien mérité du ciel ; toutefois, de crainte que son ame ne soit privée de la béatitude à cause de quelque imprévoyance, nous implorons humblement vos prières. » (1)

Le 7 Juillet 1656 et le 6 Avril suivant, Dieu appela encore à lui deux autres anciennes religieuses de Gravelines : l'une était morte à Rouen, et l'autre à Aire.

La ruine de l'église paroissiale de Gravelines en 1644, avait forcé presque tous les habitants à suivre les offices du monastère des religieuses Clarisses. Le désastre de 1654 ayant complété la destruction du monument, l'administration échevinale se résolut à le faire reconstruire ; et ce ne fut guère qu'en 1657, à l'achèvement des travaux, que l'église du couvent cessa d'être fréquentée par les fidèles de la paroisse.

Depuis longtemps les travaux de restauration de l'abbaye étaient terminés. La main-d'œuvre et les livraisons avaient été successivement acquittées, et le trésor du couvent était loin d'être épuisé. Ces dames avaient alors d'autres vues : elles se disposaient à faire le placement de leurs capitaux en acquisitions de biens fonciers ruraux qui pussent servir les jours de récréation de but de promenades aux élèves, en même temps qu'elles avaient la pensée de se créer un revenu certain pour l'avenir. Elles en trouvèrent enfin l'occasion. Le 19 Juillet 1657, les Clarisses acquirent devant le bourgmestre, les échevins et ceurhers de la ville et de la châtellenie de Bourbourg, de Don Mauro Mac-Mahon,

---

(1) Dans ses notices of the english colleges and convents, citées, M. Edward PÈTRE avance, p. 86 et 87, que Margaret Ratlyffe fut abbesse du monastère d'Aire à partir de 1629. C'est une grave erreur. Catharina Keynes fut abbesse de 1619, date de la prise de possession de ce couvent, à 1646, époque de sa mort. Ses fonctions furent attribuées alors à Elisabeth Evelinge qui resta abbesse jusqu'à sa mort en 1668. A cette année la sœur Ratlyffe n'était plus de ce monde depuis quatorze ans. Ce qui prouve que M. Pètre n'a pas toujours écrit sur des documents authentiques.

maréchal-de-camp, entretenu au service du roi d'Espagne, les parts indivises qu'il possédait dans la ferme du Mallenbourg, située à Bourbourg, (1) de la contenance de 82 mesures (2) de terres. Le 30 Mai 1659, les héritiers Clabeau vendirent aux religieuses environ 27 mesures et demie (3) de terres courantes, en labour et en pré, situées dans l'ammanie de Saint-Georges, dépendante de la châtellenie de Bourbourg. Le 30 Juin 1662, Don Pedro Gerardin, Sergent-major (4) réformé d'un régiment au service du roi d'Espagne, et demoiselle Marie Mac-Mahon, sa femme, cédèrent aux Clarisses, les portions restantes de la ferme mentionnée plus haut. Finalement elles acquirent des héritiers Top, par contrat passé le 17 Novembre 1665, à Mannequebeur, paroisse de Saint-Folquin, 15 mesures et trois quartiers (5) environ de terres à labour dans la paroisse de Saint-Omer-Cappel, et de plus une pièce de 7 à 8 mesures au même lieu.

En 1658, la France était encore en guerre avec l'Espagne. Louis XIV ne pardonnait pas au roi catholique de s'être emparé de Gravelines et se disposait à prendre une glorieuse revanche. Un corps d'armée fut lancé dans cette direction; et dès le 3 Juillet, le marquis de la Ferté fit canonner Gravelines. L'attaque des Français, comme la défense des Espagnols, fut vive, longue et acharnée. Pendant ce temps, les Pauvres Clarisses éprouvèrent d'affreuses

---

(1) Ce ne fut qu'en 1791, que l'on détacha de Bourbourg le territoire environnant pour en faire une commune sous le nom de Bourbourg-Campagne.

(2) 36 hectares 11 ares 28 centiares.

(3) 11 hectares 89 ares 08 centiares.

(4) La charge de Sergent-major répondait au grade de Gros-major de nos jours. Cet officier supérieur prenait rang entre le capitaine et le lieutenant-colonel. Voir au surplus le mausolée des Du Hamel, dans l'église de Gravelines, reproduit p. 47 de l'annuaire statistique du département du Nord. Lille, 1841, et même page du tome I, Lille, 1843, de la commission historique du département du nord.

(5) 6 hectares 69 ares 19 centiares.

inquiétudes et de mortelles craintes. Les boulets des batteries françaises jaillissaient de toutes parts sur la ville consternée ; les cris des combattants jetaient l'effroi dans l'ame des habitants ; le son lugubre des tambours et des trompettes, annonçait nuit et jour le mouvement des troupes ; puis succédait quelquefois à cet épouvantable fracas un silence de mort qui glaçait tous les cœurs. Les gens pauvres éplorés accouraient à toutes les heures au couvent pour mendier le pain qui leur manquait. Les classes étaient suspendues et les religieuses livrées à elles-mêmes adressaient sans cesse à Dieu de ferventes prières pour qu'il voulût bien adoucir les maux et les malheurs qui menaçaient les habitants. Le siége durait depuis trente jours, quand Gravelines ouvrit ses portes le 30 Août. (1)

Quelque temps après, l'aumônier des Clarisses vint à mourir, et dans le cours de la même année, Master William Warren, jeune ecclésiastique de 27 ans, avantageusement connu et comme prédicateur et par sa brillante instruction, fut attaché à la maison de Nazareth, en qualité de confesseur. Il était natif de Cantorbery.

Dans ces entrefaites, un évènement majeur s'était passé chez les Clarisses de Dunkerque. Le lendemain de la célèbre bataille des Dunes, gagnée par les Français sur les Espagnols, Dunkerque avait été livré aux Anglais (26 Juin). A la suite de ce changement de domination, les Clarisses avaient été inquiétées à l'occasion du serment qu'elles avaient à prêter ; et à l'exemple du curé de Saint-Eloi, le vénérable Jacques Vandercruyce, qui s'était retiré à Bergues, la communauté des Clarisses avait été obligée de quitter la ville et s'en était allée à Gand où les avaient recueillies les religieuses bénédictines anglaises ; mais à peine étaient-elles parties, qu'invitées à revenir, elles étaient retournées à Dunkerque, et avaient repris leur ancien éta-

(1) Auteurs contemporains et autres.

blissement sous la direction, comme par le passé, de Mme. Browne, abbesse. (1)

Depuis le jour de son inauguration, Mme. Luysia Taylor avait eu la pensée de soumettre les statuts et les constitutions de sa communauté, à l'approbation de Mgr. Christophe Defrance, évêque de Saint-Omer, lorsqu'en 1656, le siége épiscopale devint vacant par la mort de son Eminence. L'abbesse se résolut alors à attendre ; mais vers la fin de 1660, voyant que l'élection du successeur du défunt prélat se faisait toujours espérer, elle adressa son cahier de statuts et de constitutions à MM. les vicaires-généraux de l'évêché. Il en fut fait examen ; et bientôt la respectable mère Taylor en reçut la confirmation de ces hauts dignitaires sous la date du 13 Avril 1661. L'abbesse ne s'en contenta pas, et portant ses vues plus loin, elle transmit le même cahier au Saint Père le Pape Alexandre VII, qui y donna son approbation pleine et entière par bref délivré à Rome sous son scel et dans la huitième année de son pontificat, le 10 Mars 1663. Après la nomination de Mgr. Lancelot-Ladislas Jonard, à l'évêché de Saint-Omer, Mme. Taylor crut devoir obtenir également de lui la sanction des règles de sa maison. Voici la lettre qu'elle en reçut de Saint-Omer le 1er. Août 1664 :

« Révérende mère abbesse et très chères filles de Jésus Christ. Jay leu, et examiné vos statuts et constitutions, et les ayant meurement considéré, je les ay approuvé et confirmé selon que voires par l'act signé de ma main, ceste confirmation quidem n'estoit nécessaire puisque celle des

(1) M. Edward Pètre raconte cet évènement p. 85 de ses notices citées, mais il se trompe en indiquant l'année 1656, au lieu de 1658. Voir les mémoires de messire Roger de Rabutin, tome II, Paris 1696, p. 136. Description hist. de Dunkerque, par Pierre Faulconnier, 2e volume, Bruges, 1730, p. 22 à 34, et autres auteurs.

vicaires généraux faicte durant la vacance de ce siége (1), confirmé par Nostre St Père le Pape Alexandre septiesme debvoit suffir ; mais pour tesmoigner l'affection que je vous porte et faire paroistre le zèle que j'ay pour le bien de vostre maison tant spirituel que temporel, j'ay bien voulu satisfaire à vostre désir, ce que je feray tousiours en ce qui poura toucher le salut de vos ames, l'accroissement des vertus et votre plus grande perfection, à quoij vous ne cesses d'aspirer, c'est pourquoij je ne vous excite point à l'observance actuele de vos dits statuts, et constitutions, parce que je me confie tant en vostre ferveur, et piété que ne manqueres de le faire, et je ne doubte point, que nostre bon Dieu, qui vous a fait veoir la vraije lumière parmij les ténèbres et retirées des périlz de ce monde, vous en donnera la grace ; ce que je souhaitte du meilleur du cœur, vous assurant de la part de Dieu que moyennant les petits exercices, et travaux de ceste vie, qui est de peu de durée, vous aures une récompense au ciel, qui ne finira jamais, ce qui parmy les austérités de votre ordre doit servir de grande consolation, et vous faire aijmer vostre vocation, et accomplir avec allégresse d'esprit la rigeur de la reigle en tous ses points ; et espérant que me feres participant de vos saintes prieres, et mérites, je me signe, R^{de} mère abbesse, et très chères filles vostre très affectionné en nostre seigneur. Lancelot évesque de St-Omer. »

Le mois d'Octobre 1662 avait été signalé par une imposante cérémonie, le jubilé semi séculaire de la sœur Philip Alcock, entrée au couvent en 1612 et reçue professe l'année suivante. Ce fut un jour de joie et de bonheur dans la sainte maison de Gravelines, et pour la sœur qui en était l'objet, et pour ses co-religieuses qui étaient en admiration devant sa vénérable personne.

Le mois d'Octobre 1663 fut marqué par une semblable solennité au monastère de Nazareth, toujours si calme et

---

(1) 1656 à 1662.

si silencieux. Sœur Margaret Croock renouvelait ses vœux après cinquante ans d'une honorable profession.

Du 14 Juillet 1658 à la fin de Septembre 1666, la maison-mère avait perdu seize religieuses, dont la plus âgée était la jubilaire Margaret Croock, qui mourut le 24 Mars 1664 à l'âge de 73 ans, laissant le deuil dans tous les cœurs. Venait ensuite la sœur de l'abbesse, Elisabeth Taylor, qui s'éteignait le 1er Avril suivant à 70 ans d'âge, après cinquante ans de profession, sans avoir néanmoins accompli la cérémonie du jubilé. Dans cette série de décès, avait figuré une femme de mérite qui, en se renfermant dans le cercle rigoureux d'une rare modestie, n'en avait pas moins rendu de signalés services à la communauté ; car après avoir exercé plusieurs offices, principalement celui de maîtresse des novices et même la charge de supérieure pendant une longue maladie de l'abbesse Luysia Taylor, elle se retirait chaque fois dans les rangs des simples religieuses, où il ne fallait plus pratiquer que les lois de l'obéissance. C'était sœur Catherine-Claire que la mort avait prématurément enlevée à l'âge de 50 ans, le 8 Janvier 1662. Admise en 1635 à la sainte profession, sœur Catherine-Claire avait tu son nom patronimique en se faisant inscrire au nécrologe sous les noms de Catherine-Victor. Comme elle était un modèle de vertus, elle voulut laisser ignorer à jamais sa naissance probablement illustre, comme on en avait déjà eu tant d'exemples chez les Clarisses.

Récapitulation faite, dix-neuf religieuses étaient mortes à Gravelines depuis l'année 1655 au mois de Septembre 1666. Le nombre des professes avait dépassé ce chiffre ; vingt-et-une novices avaient prononcé leurs vœux. Toutes faisaient preuve d'une vocation et d'une instruction très grandes ; mais la religieuse la plus distinguée parmi elles, était, sans contredit, Henrietta-Maria Cannell, âgée de 20 ans, reçue en religion sous le nom de Marie-de-l'Assomption, le 6 Juillet 1665. On citait ensuite comme ayant de remarquables dispositions, sœur Elisabeth Lewis, qui avait prononcé ses vœux le 25 Mars 1655, sous le nom d'Ignace-Joseph, ainsi que Mary Plaisington qui avait pris le voile le 3 Mai 1663, sous celui de Marie-Joseph. Les plus jeunes d'entre ces professes, Ann Clifton, reçue le 3 Mai 1663, et Alice Blundell, admise le 6 Juillet 1665, avaient 16 ans. La plus vieille, Mary Allote, vêtue le 4 Octobre 1658, avait 69 ans ; elle était, au reste, dans la maison depuis trente-neuf ans comme sœur converse.

Vers cette époque, la respectable abbesse de Gravelines, cédant aux sollicitations de ses filles chéries, consentit à laisser faire son portrait. On la représenta avec une tête de mort dans les mains ; ce qui rappelait sa charitable dévotion envers les ames du purgatoire, au soulagement desquelles elle adressait très fréquemment au bon Dieu de ferventes prières.

Ce fut sous le gouvernement de Mme Taylor que le monastère adopta la réforme de Sainte Colette et ses constitutions. Jusque-là les Clarisses n'étaient pas cloîtrées. Le cancel de la chapelle fut séparé du chœur par une haute grille en fer qui ne s'ouvrait que pour arranger l'autel sous les ordres de l'abbesse. L'aumônier avait son logement contigu au couvent. Il arrivait à l'autel ou à la chaire de vérité, en traversant la sacristie. Les religieuses le voyaient du chœur pendant les offices et les sermons ; mais il entendait les confessions sans voir les pénitentes qui se trouvaient derrière un rideau de grosse étoffe, placé entre deux grillages en gros fils d'archal. Dès lors aussi la communion se donna dans une galerie de l'étage, à l'extrémité du chœur, et jamais le Père confesseur ni aucune autre personne ne communiqua avec les religieuses et les novices. On pratiqua dans les murs, en haut et au rez-de-chaussée, des ouvertures à treillis de fer à mailles rapprochées qui ne permettaient que de se voir et de se parler. Pourtant on avait prévu les cas de maladies, de sainte administration et d'inhumation ; et l'on permit que l'aumônier et le médecin pussent arriver près des malades et des mourantes.

D'après les constitutions définitivement adoptées, telle était la formule que prononçait en anglais une religieuse Clarisse quand elle prenait l'habit : « Au nom du Père et du Fils et du Saint-Esprit, ainsi soit-il. Moi sœur... fais le vœu à Dieu très puissant, à la glorieuse vierge Marie, à notre bienheureux Père Saint François, à notre bienheureuse mère Sainte Claire, à tous les bienheureux saints et à vous révérende mère abbesse ainsi qu'à toutes celles qui succèderont dans votre place, d'observer tous les jours de ma vie la règle et la forme de la vie des Pauvres sœurs de Sainte Claire, données par Saint François à Sainte Claire et confirmées par notre Saint Père le Pape Innocent IV ; de vivre dans l'obéissance, sans propriété et dans la chasteté ; comme aussi d'observer la clôture selon l'ordonnance de la règle précitée. » Alors l'abbesse, après avoir reçu la novice dans l'ordre, lui promettait une vie éternelle si elle observait ce qu'elle avait juré.

Désormais une religieuse ne pouvait plus être élue abbesse avant l'âge de 30 ans accomplis, et vicaire, discrète ou autre officière, avant celui de 25, excepté dans quelques cas rares.

Comme Mme Luysia Taylor ne voulait pas exposer ses filles à s'écarter des constitutions du monastère, qui n'existaient qu'à l'état de manuscrit dans un seul cahier, elle témoigna à l'Evêque le vif désir de les livrer à l'impression afin d'en posséder un nombre suffisant d'exemplaires pour l'usage des religieuses et des novices. Mg^r Ladislas n'y fit aucun obstacle ; il approuva le projet et écrivit même à cette occasion une longue et flatteuse lettre sous la date du 22 Janvier 1665, à la mère abbesse et aux religieuses de l'ordre de Sainte-Claire à Gravelines, « vivant en compagnie de Jésus, Marie, Joseph, dans la maison de Nazareth, véritable école de vertu. » La même année, Thomas Geubels

(1) imprima à Saint-Omer, un petit livre in-18 de 383 pages, offrant ce titre : « The first rule of the glorious Virgin S. Clare » ; et celui-ci à la page 172 : « Constitutions and declarations made upon the rule of the Poore religious Woemen of our H. Mother S. Clare », dont on attribua la préface au savant Père Warren, confesseur du couvent.

L'une des plus intéressantes cérémonies qui eurent lieu dans les dernières années du règne de Mme Luysia Taylor, ce fut celle du jubilé que fit au monastère de Gravelines, en l'année 1665, la vénérable vicaire Elisabeth Thwaytes, dite sœur Clara-Coletta, novice du mois de Février 1615.

Dans le cours de l'année suivante (1666), sœur Mary Plaisington fut solennellement reçue vicaire. C'était le prix de ses vertus et des services qu'elle avait rendus comme maîtresse des novices et des élèves. Rigide dans la ponctuelle observance de la sainte règle, insatiable dans ses désirs de la perfection, pleine d'assiduité à la prière, continuellement humble et soumise, cette bonne sœur était d'une vie irréprochable et servait d'exemple dans le monastère.

Le couvent de Nazareth jouissait alors d'une merveilleuse renommée. Il contenait cinquante religieuses qui vivaient fort austèrement et qui étaient en grande vénération pour leur vie très exemplaire (2), selon la notoriété publique. Dieu récompensa les vertus que l'on pratiquait dans la maison, en déversant sur elle le bonheur, et la peste qui fit invasion dans Gravelines en 1666 (3), ne fit aucune victime au monastère.

(1) Son père ou son aïeul Pierre Geubels était aussi imprimeur à Saint-Omer. Plusieurs livres flamands sont sortis de ses presses. Voir les bulletins du Comité Flamand de France, de 1857, p. 40.

(2) De Rocoles. Les entretiens du Luxembourg sur un voyage fait depuis peu en Flandre. Paris, 1666, p. 63.

(3) Relation du progrès et décadence de la ville et chastellenie de Bourbourg, p. 190 des Mémoires de la Société Dunkerquoise, etc., 1856, publiés en 1857.

Du mois de Mars 1658 au mois de Janvier 1667, treize anciennes religieuses du couvent de Nazareth étaient mortes dans les monastères d'Aire, de Dunkerque et de Rouen. On citait avec éloge une seconde sœur de la supérieure de Gravelines, la très vénérable abbesse de Rouen, Mary Taylor, morte à 62 ans, le 8 Décembre 1658. Les religieuses du couvent de Jésus-Marie-Joseph avaient mandé à la maison-mère : « Dès le principe, sœur Marie-de-St-François s'est faite personnellement notre fondatrice pour toutes choses. Elle se chargea, comme vous le savez, de l'administration temporelle de notre instruction religieuse. Ce sublime dévouement ruina sa santé, et malgré ses longues et douloureuses maladies qu'elle supporta avec une admirable patience, cette digne supérieure ne cessa de nous inspirer l'amour des vraies et solides vertus. Les souffrances des dernières années de sa vie furent horribles; ses entrailles se consumèrent et son corps se dessécha à tel point que sa personne ressemblait à un squelette vivant. »

On parlait aussi avec avantage de la mère vicaire Madelaine-de-Saint-Augustin, née Catharina Bentley, reçue professe en 1610, morte à Aire le 1er Juillet 1659, à 68 ans, ayant donné des témoignages de ses vertus dans toutes les circonstances et à toutes les époques. Enfin on citait l'aimable sœur Elisabeth Salisbury, morte à Rouen le 20 Septembre 1661, à 64 ans, et dont la profession avait eu lieu en 1626 dans le même temps que celle de son amie Luysia Taylor, abbesse actuelle du couvent de Nazareth.

Moins de quatre ans après, on apprenait que Mme Ann Browne, abbesse de la communauté de Béthléem, était morte à Dunkerque dans la 62e année de son âge. Ses co-religieuses écrivirent à la supérieure de la maison de Gravelines : « Le dimanche des Rameaux, 29 Mars 1665, notre révérende et chère abbesse a quitté cette vie dont elle a reçu, nous l'espérons, la palme de la victoire. Pendant les treize années que cette excellente sœur nous a gouvernées, elle a eu à souffrir plusieurs maladies et de cruelles infirmités. Sans cesse elle a particulièrement fait preuve d'une admirable patience. Elle a supporté surtout sa dernière maladie, qui fut longue et douloureuse, avec une angélique résignation. Mme Browne avait toujours été si bienveillante envers ses enfants qu'elle laissa à chacune les meilleurs souvenirs. Aussi était-ce avec bonheur quand leurs yeux pouvaient contempler le portrait de cette adorable mère, dont on avait pris le soin de doter le monastère lorsqu'elle était sur son lit de mort ; elle s'y trouvait représentée la tête et les mains entourées de couronnes de roses (1).

L'année suivante la succursale de Dunkerque subissait une nouvelle perte. Elisabeth Berington, vicaire, mourait le 12 Mai 1666, à l'âge de 68 ans, regrettée de toute sa communauté au sein de laquelle elle avait vécu aussi exemplairement que dans la maison de Gravelines. On disait de cette digne sœur qu'elle s'était acquittée de sa charge, et parfois dans des moments très difficiles, avec autant d'humilité que de prudence et de zèle.

Enfin pour clore la série de ces anciennes illustrations religieuses qui s'éteignaient successivement, il reste à ajouter le nom d'Ann Blundeel qui, après avoir été admise au couvent de Béthléem comme simple religieuse en 1653, y avait exercé treize ans l'office de vicaire, et avait enfin été élue abbesse en 1665 à la mort de Mme Browne. Elle était décédée le 26 Janvier 1667, assez jeune (43 ans), laissant les plus doux souvenirs de sa charité, de son humilité et de son zèle pour la gloire de Dieu et le bien de son couvent.

A la mort de Mme Mary Taylor, abbesse de la communauté de Rouen, la sœur Margaret Bedingfield, comme elle ancienne religieuse de Gravelines, lui avait succédé à la fin de Décembre 1658, dans la supériorité du monastère

---

(1) On représente quelquefois Sainte Claire couronnée de fleurs.

de Jésus-Marie-Joseph. Une autre professe de la maison-mère, Winefride Giffard, avait été nommée vicaire en remplacement de celle-ci.

En 1655, la sœur Mary Roockwood avait quitté Gravelines pour se rendre à la succursale de Dunkerque où elle avait été admise comme maîtresse des novices. A la mort de Mme Ann Blundell, au mois de Janvier 1667, on lui conféra la dignité d'abbesse du couvent de Béthléem qui lui revenait à juste titre. Sa sœur Frances Roockwood, aussi professe de Gravelines, fut promue vers le même temps à l'office de vicaire.

A l'ouverture de l'été de 1667, il se préparait un double évènement des plus douloureux. Mme Taylor, à part quelques cas exceptionnels, avait supporté près de quatorze ans, avec une rare facilité et une admirable résignation pour le bien de la religion et de toutes ses filles, le poids de la charge d'abbesse du monastère de Gravelines et même de celle de supérieure de tous les couvents de son ordre. Au mois d'Août 1667, elle fut subitement prise d'un malaise général qui la rendit incapable de s'occuper d'administration. Le 17, une fièvre violente accompagnée de douleurs aiguës, se déclara et se maintint avec une persistance effrayante. Elle comprit sa position et supporta sa maladie avec une patience magnanime, en se conformant à la volonté de Dieu. Les sœurs Plaisington et Thwaytes prirent immédiatement les rênes de l'administration en leur qualité de vicaires de l'abbesse Luysia.

Dans ce triste moment la respectable mère Philip Alcock, intime amie de l'abbesse dont elle possédait la vénération, manquait près de son lit et se trouvait elle-même fort malade. La sœur Alcock, âgée de 71 ans et jubilaire de l'année 1652, jouissait de la plus haute estime dans la maison : elle était comme l'arche sainte où l'on se retrempait à l'esprit qui avait si heureusement inspiré dans son œuvre la sainte fondatrice de l'ordre des Pauvres Clarisses. Par la pratique des vertus convenables à sa sainte vocation, sœur Philip était considérée comme une véritable enfant de Sainte Claire.

Cette religieuse était la dernière des trois sœurs Alcock qui avaient fait leur profession au couvent de Nazareth. Mildred admise à 17 ans passés, le même jour qu'elle, le 7 Octobre 1613, sous le règne de l'abbesse Mary Goudge, était passée au monastère d'Aire en 1619, où elle était morte le 4 Décembre 1652, à 57 ans. On l'avait citée longtemps parce qu'elle avait une grande douceur dans la conversation et qu'elle était toujours agréable dans ses relations. L'autre sœur, Elisabeth, avait été reçue religieuse du temps de l'abbesse Tildesley, le 3 Mai 1621 à l'âge de 33 ans environ, après avoir été neuf années professe du tiers-ordre de Saint François. Elle était morte à 70 ans, le 1er Septembre 1658, laissant le souvenir des services qu'elle avait rendus à la communauté d'abord comme sœur laïque, puis en qualité de religieuse de chœur. Ces trois dames étaient les petites-filles de feu M. Gage, l'un des principaux fondateurs du monastère de Gravelines, et en avaient été dotées lors de leur entrée en religion (1). Elles étaient conséquemment les nièces de la si intéressante abbesse Susanna Gage, morte à la fleur de l'âge en 1615. Une seule survivait : l'auguste septuagénaire Philip qui arrivait elle-même à la fin de sa carrière.

Depuis 1625, la digne mère Luysia Taylor n'avait pas cessé un seul jour de s'éclairer des conseils de cette vénérable compagne ; et, tout-à-coup, ne plus la voir, ne plus l'entendre, était pour son cœur affectueux un supplice insupportable. Ce sentiment était partagé par sa vieille amie, et toutes deux étaient loin de s'attendre à une simultanéité de leurs décès dans un temps très rapproché !

(1) Nécrologies des fos 22, 24 et 61 de l'obituaire du couvent.

Au commencement du dixième jour de maladie, le 27 Août, la très-révérende abbesse avait le râle de l'agonie; et avec la tranquillité du juste elle expirait à sept heures (1) du matin, au milieu des larmes et des prières de ses enfants affligées. Elle était dans la 58e année de son âge et la 43e de sa sainte profession.

Sœur Alcock s'éteignait une heure après (2), ignorant la perte qu'elle venait de faire de sa bien-aimée abbesse!... Le bon Dieu s'était réservé de les réunir sur les degrés du trône de la Jérusalem céleste où les accompagnaient les voix de celles qu'elles laissaient accablées d'affliction sur la terre.

Dans cette néfaste journée, un prêtre au visage austère s'était tenu à genoux au chevet des lits des malades et avait recueilli successivement le dernier soupir de chacune d'elles. Ce prêtre, déjà si aimé dans la maison, était le vénérable confesseur William Warren.

En annonçant la mort de Mme. Luysia Taylor, les religieuses disaient : Cette digne mère nous a donné l'exemple de toutes les vertus. Nous n'oublierons jamais sa profonde humilité, sa persévérante affabilité dans la conversation et sa tendre charité envers nous comme à l'égard de tous les humains. Nous ressentons sa perte d'une manière inexprimable ; et, pour le prompt repos de son ame, nous demandons humblement vos prières et vos suffrages.

Mme. Taylor qui avait fait prendre le voile noir à vingt-trois novices, avait régné treize ans et six mois.

(1) Obituaire du couvent f° 79.
(2) Obituaire du couvent, f° 22.

1667-1697.

Ann Bedingfield, 5ᵉ abbesse.

> Le Seigneur dirigera ses conseils et ses instructions.
> *L'ecclésiastique, ch. 59, v. 10.*
>
> J'ai grandi comme un bel olivier dans la campagne et comme le platane dans un grand chemin sur le bord de l'eau.
> *L'ecclésiastique, ch. 24, v. 19.*

La cloche du monastère avait à peine annoncé à la ville la perte douloureuse que les Pauvres Clarisses venaient d'essuyer, que tous les regards signalaient comme prochaine abbesse Ann Bedingfield, femme d'une grande distinction, qui, depuis son entrée en religion au mois d'Août 1640, avait fait ses preuves d'une manière irréprochable. En effet, sœur Anne-Bonaventure recevait bientôt la juste récompense de ses œuvres et de son mérite. Elle fut élue abbesse en Septembre 1667 et reconnue supérieure des couvents anglais et irlandais de l'ordre de Sainte-Claire. Née en 1623, elle avait 44 ans lors de son élévation à la prélature et arrivait ainsi au pouvoir dans la force de l'âge et avec une expérience consommée. L'auguste mère se faisait remarquer par une confiance illimitée en Dieu, par sa soumission à la volonté divine et sa dévotion toute particulière envers la Vierge Marie. Son humilité, sa charité à l'égard du prochain et des pauvres, son affabilité et sa douceur étaient des vertus et des qualités qui, par ses bonnes dispositions, devaient grandir encore avec le temps.

Mᵐᵉ. Bedingfield fut la première abbesse dont l'élection eut lieu selon la nouvelle règle indiquée au chapitre sept des constitutions des Pauvres Clarisses approuvées par le Souverain-Pontife en 1663.

A compter de 1667, voici comment on procéda :

Trois jours après la mort ou la démission de la première dignitaire, la mère vicaire faisait connaître cette circonstance à l'évêque et le priait de venir présider l'élection d'une nouvelle abbesse, soit par lui-même, soit par un délégué. Les religieuses professes de chœur élisaient deux témoins ou assistants en les choisissant de préférence parmi les ecclésiastiques. Le jour de l'élection on célébrait la messe du Saint-Esprit à laquelle les religieuses communiaient. L'évêque ou son délégué faisait une exhortation aux religieuses assemblées à la grille du chœur; puis chacune d'elles s'avançait et jetait dans une urne un billet sur lequel était écrit le nom de celle qu'elle voulait élire : la formule en était ainsi conçue : « J choose for our reverend mother abbess sister... » Toutes ayant déposé leur billet, l'évêque ou son délégué les dépliait et les montrait aux deux assistants. Celle qui réunissait plus de la moitié des suffrages était reconnue pour abbesse et confirmée sur-le-champ par le prélat ou son représentant au nom du Père et du Fils et du Saint-Esprit ; puis les religieuses chantaient le Te Deum et embrassaient leur nouvelle mère, la reconnaissant ainsi pour leur vraie et légitime abbesse et supérieure. L'élection des vicaires, des discrètes et des autres officières, se faisait de la même manière que pour les abbesses ; mais sans billets et à la pluralité des voix. Elles n'étaient pas nommées à vie et l'élection se renouvelait tous les trois ans.

Peu de temps après la nomination de l'abbesse Anne-Bonaventure, on s'occupa des préparatifs de la cérémonie de la vêture que l'on avait à donner à deux novices entrées au couvent l'année précédente. L'une d'elles était milady Warner née Trever. Elevée et vivant au milieu des grandeurs et du luxe, mariée richement et noblement en Angleterre, ayant des parents excellents et un mari parfait; resplendissante de jeunesse, de santé, de grace et de beauté ; entourée des adulations, des hommages et des respects de la foule; jouissant, en un mot, de tous les biens de la terre, milady Warner éprouvait, cependant, sous une apparence de bonheur, un vide affreux dans son existence. Une préoccupation aussi douloureuse qu'incessante, mais qu'elle savait habilement dissimuler aux yeux du monde, la tourmentait sans relâche. La cause en était dans sa religion ; la religion protestante dans laquelle elle avait été élevée et qui ne répondait plus aux besoins de son ame.

Un jour son cœur déborda, et ne sachant contenir ses élans, l'élégante femme renonça à la vie tumultueuse des salons et vécut isolée dans un appartement de son hôtel, où elle n'admettait plus que son mari et sa famille. Sa conversion suivit de près. Alors miss Elisabeth Warner, la sœur de son époux, se prenant d'admiration à la vue des sublimes et pieuses aspirations de sa belle-sœur, imita son exemple ; et de protestante qu'elle était, elle se fit publiquement catholique. Dès ce moment les jeunes néophytes ne se séparèrent plus. Elles utilisaient leurs loisirs à de pieux entretiens, à des lectures édifiantes où elles puisèrent l'idée d'une vie plus austère encore que celle qu'elles s'étaient imposée dans l'isolement du monde.

De son côté lord Warner, qui s'était converti en même temps que sa femme, se livrait avec passion à de profondes études. Il lisait les Ecritures Saintes, les Pères de l'Eglise, les Vies des Saints; il suivait les cours de théologie, il assistait à tous les sermons, aux conférences des prédicateurs; enfin il ne trouvait d'aliments à ses goûts que dans la société des ecclésiastiques et des plus fervents catholiques. Aux heures des repas il se réunissait à la famille et prenait plaisir à la fortifier dans la foi par d'attachants récits et des instructions religieuses qui avaient un attrait irrésistible pour milady Warner et sa sympathique compagne.

En 1666, ces dames quittèrent la Grande-Bretagne et vinrent se présenter au monastère de Nazareth des Pauvres Clarisses anglaises de Gravelines, en exprimant le vœu d'entrer en religion. C'était un parti pris ; et malgré les justes objections de l'abbesse Taylor à la résolution de milady Warner, les nobles émigrantes lui résistèrent en des termes si suppliants et si vrais, qu'il fallut les admettre au couvent et les inscrire au nombre des novices. Evidemment de brûlants désirs de la perfection ravageaient leurs cœurs et il était manifeste que Dieu avait ses desseins particuliers sur leurs personnes. Elles étaient de bonne foi et leur vocation était sincère : elles furent admirables pendant toute l'année de probation. Au reste il était impossible d'empêcher milady Warner de suivre ses inclinations : Sainte Claire, la mère et la fondatrice de l'ordre des « Pauvres Dames » n'excluait aucun état de sa communauté. Filles, femmes mariées, veuves, y étaient admises sans distinction.

Le 1er Novembre 1667, milady Warner, sous le nom de Claire-de-Jésus, et miss Elisabeth Warner, sous celui de Marie-Claire, prononcèrent solennellement leurs vœux devant la communauté édifiée de leur constante piété. Comme Sainte Elisabeth, fille du roi André de Hongrie et douairière de Louis VI, duc de Thuringe, que l'on considérait au treizième siècle comme une seconde Sainte Claire, la noble dame anglaise dut s'écrier avec une joie ravissante après avoir renoncé au monde : « Le Seigneur a exaucé ma prière ; voici que toutes les richesses et tous les biens du monde, que j'aimais jadis, ne sont plus que comme de la boue à mes yeux... Je n'aime plus rien, plus aucune créature, je n'aime plus que mon créateur (1). »

Lord John Warner, qui n'attendait que la prise de voile de sa femme, se fit Jésuite et prononça ses vœux vers la même époque (2).

(1) Histoire d'Elisabeth de Hongrie par M. de Montalembert, ch. 23.
(2) Edward Petre, p. 83 des Notices of the english colleges et convents.

La vie austère du couvent, ses extases ascétiques renouvelées chaque jour, altérèrent insensiblement la santé de sœur Claire-de-Jésus. Avant la fin de la quatrième année de profession, cette digne religieuse entrait à l'infirmerie! Pieuse et résignée jusqu'au dernier moment, elle vit approcher la mort avec cette douce sérénité de l'ame pure qui ne goûte plus que l'amour de Dieu.

Le lendemain la secrétaire de l'abbaye inscrivait au nécrologe entre autres choses commémoratives, les réflexions suivantes : « Notre chère sœur bien-aimée Claire-de-Jésus nous a donné un rare et éclatant exemple d'humilité et de mépris extraordinaire du monde. Dès sa conversion à la foi catholique, du rang le plus élevé, elle est descendue à la voix de son divin maître, à la position la plus pauvre et la plus humble, avec une résolution aussi généreuse qu'héroïque sans précédent ; et quoique nous ayons lieu de croire qu'elle reçoit maintenant la récompense promise à ceux qui abandonnent tout pour l'amour de Dieu, nous ne laissons pas d'implorer le secours charitable de vos prières pour le prompt repos de son ame. »

Plus tard lord Warner, sous le costume religieux, vint visiter le monastère de Nazareth où reposaient les restes mortels de sa sainte épouse ; et, dans l'une des entrevues qu'il eut avec Elisabeth Warner, sa sœur, il lui laissa le soin de s'entendre avec la vénérable abbesse Bedingfield pour consacrer une pierre tombale à la mémoire de la défunte.

L'inscription fut ainsi conçue :

Jesu Maria Clara, sta viator debita que lacrymarum tributa huic persolve funeri, jacet hic sepulta. Clara de Jesu, nomen illam haud vulgarem indicat. Nobilis ac illustris Hanmerorum domus suam esse progeniem jactat, latuit aliquantisper hœc stella errorum tenebris offuscata ; sed ut post eam orbem orbe splendidiore decoraret. Nupsit per illustri Domino Warniro Baronetto ; sed cum nihil nisi cœlum spiraret, cœlestes affectavit thalamos sicque consentiente atque approbante optimo conjuge toro maritali parentum et charissimorum pignorum amplexibus post habitis de mundo esse desiit ut de Jesu fieret. Hoc monasterium suæ virtutis theatrum esse voluit, ubi suave Christi jugum ad finem usque vitæ portans; omni perfectionis genere multis nominibus Clara Vixit. Obiit anno Domini 1670 26 Januario, æta 33.

Quand on posa la pierre sépulcrale, on y remarquait l'espace de trois lignes laissé en blanc, sans doute dans la pensée d'y inscrire un jour une autre mention nécrologique!

Cette épitaphe, à la fois si poétique et si touchante, exprimait en ces termes les principaux traits de la vie de l'honorable baronne anglaise :

Jésus-Marie-Claire se trouve ici ensevelie. Arrête passant et paie à ce tombeau un juste tribut de larmes. Claire-de-Jésus, ce nom indique une femme plus qu'ordinaire ! La noble et illustre maison des Hanmer peut se glorifier de lui avoir donné naissance. Quelque temps cette étoile assombrie par les ténèbres de l'erreur se cacha ; mais ce fut pour jeter ensuite sur le monde un éclat d'autant plus radieux. Elle épousa le très illustre lord baron Warner ; néanmoins comme elle ne soupirait qu'après le ciel, son cœur n'aima que les noces célestes ; c'est ainsi que du consentement et avec l'approbation de son excellent mari, se dérobant au lit conjugal, aux embrassements de ses parents et à ses affections les plus chères, elle quitta le monde pour se donner à Jésus dans ce monastère dont elle a voulu faire le théâtre de sa vertu, portant ici jusqu'à la fin de ses jours, le joug suave du Christ; héritière de grands noms, Claire vécut dans toutes sortes de perfections. Elle mourut l'an du Seigneur 1670, le 26 Janvier, à l'âge de 33 ans.

Depuis l'entrée en fonctions de Mme. Bedingfield, la vêture avait été donnée dans la maison de Gravelines, indépendamment des dames Warner, à trois novices destinées à y rester religieuses; et l'on n'avait eu à déplorer que la mort de la sœur Claire-de-Jésus, de trois autres religieuses décédées à Gravelines et d'une cinquième à Aire. Celle-ci était Mme. Elisabeth Evelinge, abbesse du monastère de l'Immaculée Conception depuis vingt-deux ans. On avait écrit de cette dernière ville : « Notre révérende mère s'est endormie pieusement dans le Seigneur à l'âge de 72 ans, le 23 Septembre 1668. Elle nous a donné l'exemple des vertus les plus accomplies dans l'exercice de ses charges et nous a gouvernées avec une ineffable douceur à la satisfaction de chacune de ses enfants, malgré ses longues infirmités ; et ce que l'on admirait notamment en sa personne, c'était son indulgence pour les autres, autant que son austérité pour elle-même. »

Moins de deux mois après la mort de la regrettable baronne Warner, l'abbesse du couvent de Nazareth reçut de Rouen une triste nouvelle : celle de la mort de sa parente Margaret Bedingfield dans la soixante-sixième année de son âge, et la quarante-sixième de sa sainte profession. Un second courrier lui apporta une note nécrologique dans laquelle on lisait les lignes suivantes : « Notre vénérable et chère mère Margaret Bedingfield, abbesse de notre couvent de Jésus-Marie-Joseph, depuis 1658, est morte le 6 mars 1670 !... Sa compassion et sa charité envers le prochain étaient si parfaites que l'on peut dire de sa personne comme du saint homme Job, que la miséricorde croissait avec elle depuis son enfance. Elle était continuellement attentive à faire le bien à ses co-religieuses, consolant celles qu'elle savait dans l'affliction en les résignant à la volonté de Dieu; ce dont elle nous donna un rare exemple en sa propre personne dans toutes les situations de la vie. Elle s'efforçait à supporter si bien ses peines que l'on ne saurait citer aucune circonstance où elle eût fait le moindre murmure dans ses souffrances qu'elle recevait comme venant de la main de Dieu. Toujours elle avait à la bouche ces paroles : « Fiat voluntas tua », que votre volonté soit faite.

On peut en dire autant de son humilité et de son mépris d'elle-même ainsi que de son complet détachement des choses de ce monde. En un mot toutes les vertus ont été pratiquées par elle d'une manière si accomplie que nous avons la ferme espérance de son bonheur présent; et, s'il lui reste encore quelque faute à expier, nous demandons humblement l'assistance de vos prières. »

Un pareil éloge fut agréable à l'abbesse de Gravelines. Il adoucit, en quelque sorte, la poignante douleur que lui avait causée la nouvelle de la mort de cette vieille parente qui, pour elle, avait été une seconde mère. Il n'est pas, au reste, sur la terre d'éternels plaisirs, d'éternelles douleurs. Le mont Thabor est voisin du Calvaire, a dit Notre-Seigneur Jésus-Christ; tous les jours cette sainte parole reçoit son application, et ce que Mme. Ann Bedingfield avait encore de chagrin dans le cœur, fit bientôt place à d'heureuses impressions que la communauté ne devait pas tarder à partager. Voici dans quelles circonstances la chose arriva.

Le 2 Décembre 1662, Louis XIV était venu à la hâte visiter Gravelines, du temps de Mme. Luysia Taylor, défunte abbesse. Le Roi très-chrétien y revint le 1er Juin 1670, accompagné de la Reine, du Dauphin et de la cour. Il y retourna aussi le 2 Mai 1671, mais en compagnie seulement de quelques officiers de sa maison. Au voyage de 1670, Mme Ann Bedingfield saisit l'occasion de faire présenter à Sa Majesté un placet aux fins d'en obtenir une pension au profit de la communauté dont les besoins commençaient à se faire éprouver. La demande fut couronnée d'un plein succès: Louis XIV accorda au monastère de Nazareth une pension de 1,200 livres par an sur le trésor royal. Au dernier voyage, la vénérable abbesse adressa une nouvelle pétition au Roi dans l'espérance d'en recevoir un complément. Cette fois encore elle réussit: Sa Majesté alloua au couvent une pension de 280 livres payable annuellement des deniers de sa cassette royale. A la suite de ces deux circonstances, les Clarisses, heureuses et reconnaissantes de la munificence du Souverain, rendirent à Dieu des actions de graces. Les saintes et généreuses aspirations de ces dames leur portèrent bonheur. Elles étaient pour lors en instance auprès du gouvernement afin qu'il consentît à leur accorder la faveur du franc-port de leurs lettres et de celles qui viendraient de l'Angleterre, de l'Irlande, de l'Ecosse, des autorités civiles et ecclésiastiques, ainsi que des couvents de l'ordre établis sur le continent. La fortune leur souriait : l'abbesse ne tarda pas à recevoir l'ordonnance de dispense pleine et entière de paiement de tous ports et affranchissements de lettres en destination ou expédiées du couvent des Pauvres Clarisses anglaises de Nazareth.

Le monarque qui tenait beaucoup à la conservation de la ville de Gravelines, la garantissait par de nouvelles et imposantes fortifications dont les travaux étaient dirigés par le célèbre Vauban. La sécurité de Gravelines était désormais assurée : Dunkerque était devenu le boulevard de la France. La protection royale qui planait sur Gravelines et sur le monastère de Nazareth en particulier, excitait l'admiration publique. La communauté religieuse en acquit un nouveau lustre ; le pensionnat, un immense développement. Avec le temps ce fut un honneur pour les familles d'y faire admettre leurs enfants, et une demoiselle entrée dans le monde était toujours heureuse de pouvoir dire qu'elle avait fait son éducation chez les Clarisses. Par ses bonnes qualités la vigilante abbesse sut maintenir la chance favorable qui lui souriait. Cette précieuse mère savait avec tant de grace se concilier l'estime, le respect et l'affection des externes et des pensionnaires, aussi bien que des religieuses, elle témoignait à toutes une tendresse si extraordinaire, que ses élèves et ses disciples en conservaient à jamais le plus tendre souvenir.

Quelques jours après la mort de Mme. Margaret Bedingfield, abbesse du monastère de Rouen, Winefride Giffard fut élue à cette dignité sur la recommandation de la supérieure du monastère de Gravelines. Quand la nouvelle y parvint, la communauté entière en fut dans l'enchantement ; sœur Winefride était une professe de la maison de Nazareth, dont l'élévation à la prélature faisait honneur aux vénérables mères qui l'avaient dirigée dans ses jeunes années. Alors seulement âgée de 53 ans, elle était d'une santé si robuste qu'elle semblait devoir résister longtemps aux fatigues et aux afflictions attachées à sa charge, et ses coreligieuses qui savaient apprécier son noble caractère, en éprouvaient un si grand bonheur que le couvent de Jésus-Marie-Joseph retentissait de cantiques d'allégresse. En raison de ses vertus et de sa capacité, sœur Helen Bradgshagh, également professe de Gravelines, fut nommée vicaire en remplacement de la sœur Giffard.

Des quinze religieuses parties de Gravelines pour fonder le monastère de Rouen, onze n'étaient plus de ce monde ! De 1671 à 1674, il en mourut encore trois. Parmi elles on citait Helen Bradgshagh, vicaire, décédée le 28 Décembre 1673, à l'âge de 55 ans. On disait de cette admirable mère : « Sœur Helen se montra infatigable en ce qui regardait le service de la sainte religion pour son avancement personnel et celui des autres dans la voie de la perfection. Pieuse au suprême degré, elle fut douce et humble dans ses paroles et très charitable envers toutes ; mais ce qui donna le plus de lustre à ses vertus, c'était sa haute estime pour la sainte observance de la règle, sa fidélité à la pratiquer, sa résignation à la volonté divine qui se fit notamment remarquer dans sa dernière maladie. » La famille des Bradgshagh était éminemment catholique. Lorsqu'Helen entra au monastère de Gravelines comme novice en 1639, Elisabeth, sa cousine, professe du 9 Août 1630, venait de mourir (17 Février 1639), et Ann, son autre cousine, professe du 19 du même mois, vivait encore. Elle ne mourut que le 28 Septembre 1666. Helen prononça ses vœux le 8 Septembre 1640 en même temps que sa sœur

Ellenor. Quatre ans plus tard on les envoya en vertu de la sainte obéissance au monastère de Rouen où celle-ci vint à mourir le 12 Août 1650.

Le couvent d'Aire qui, de 1610 à 1621, avait reçu vingt religieuses sortant de la maison de Gravelines, n'en possédait plus qu'une en 1671 : on la nommait sœur Elisabeth Kerton. Elle mourut simple religieuse dans son monastère de l'Immaculée Conception le 29 Avril de cette même année.

Le couvent de Dunkerque qui, depuis 1666, n'avait eu à pleurer la mort d'aucune de ses religieuses sorties de la maison-mère, fit, en 1676, une perte sensible en la personne de Mary Roockwood, abbesse du monastère de Béthléem. Sa mort eut lieu le 24 Juin, à l'âge de 52 ans ; trente-sept années après son entrée en religion. Mme Ann Bedingfield reçut une missive qui, en lui apprenant ce triste évènement, contenait une note nécrologique où on lisait ces lignes : « Notre révérende et chère abbesse Mary Roockwood exerça dès son admission en notre couvent, d'une manière très louable, l'office de maîtresse des novices et puis celui d'abbesse. Elle eut toujours autant d'humilité et de prudence, que de charité et de tendre compassion envers toutes les personnes de sa maison ; ne cessant de montrer une confiance persévérante dans la volonté divine, même lorsqu'elle eut à s'acquitter des travaux les plus difficiles et à supporter les afflictions attachées à la vie. » Frances Roockwood, sœur et vicaire de la défunte abbesse, succéda aussitôt dans la première dignité du monastère, à la demande de ses co-religieuses et sur la recommandation de Mme. Bedingfield, supérieure générale ; enfin pour clore ici cette courte biographie, on doit rappeler que ce fut sous le gouvernement de sœur Mary Roockwood que le Roi Louis XIV, en agréant l'établissement des Pauvres Clarisses anglaises de Dunkerque, accorda à la communauté de Béthléem, une pension annuelle de 900 livres payable sur le trésor royal.

En 1671, il ne se fit aucune inscription de décès dans le monastère de Nazareth ; mais à partir du 31 Juillet 1672 jusqu'au 23 Octobre 1680, il y mourut successivement treize religieuses. Les rangs de la pieuse phalange ne s'éclaircirent pas cependant, car dans la période de 1670 à 1680, on avait donné la vêture à seize novices, au nombre desquelles figurait Elisabeth Gerard qui, sous le nom de Marie-de-la-Passion, avait prononcé ses vœux à l'âge de 17 ans, le 21 Novembre 1677.

Parmi les Clarisses qui n'étaient plus, on regrettait spécialement l'excellente et laborieuse sœur Mary Plaisington, vicaire, qui avait été enlevée à 48 ans en Juillet 1672, ainsi que sœur Elisabeth Thwaytes, morte à l'âge de 83 ans, le 22 Février 1675, au même couvent où elle remplissait les fonctions de vicaire depuis vingt-quatre ans. On inscrivit au nécrologe une intéressante notice où l'on remarquait les réflexions suivantes : « Par la mort de notre chère mère jubilaire Thwaytes, qui a vécu soixante-deux ans et comme novice et comme professe, dans notre monastère où elle était entrée sous le gouvernement de l'abbesse Mary Goudge en 1613, nous avons perdu le flambeau qui nous éclairait dans la pratique des vertus. Se rendant toujours utile, elle exerça d'abord l'office de portière, puis celui de maîtresse des novices, enfin la charge de vicaire, d'une manière si satisfaisante qu'elle gagna les cœurs des religieuses, des novices et des pensionnaires séculières dont elle faisait l'édification. Alitée pendant les quinze derniers mois de sa vie, sœur Elisabeth supporta ses souffrances avec une singulière patience et se montra aussi soumise à ses infirmières, autrefois ses élèves, qu'à ses supérieures envers lesquelles elle portait un respect aussi grand que si elle eût été une simple novice. Alors, autant qu'à aucune autre époque, la douceur de ses paroles et la paix de son âme, ne furent altérées. Continuellement en prières, elle adressa de fréquentes aspirations à Jésus et à Marie, jusqu'au moment où sa voix s'éteignit à jamais. »

Afin de laisser un témoignage éternel de son amour et de sa reconnaissance, la communauté consacra une inscription tumulaire à la mémoire de la vénérable mère Thwaytes en l'y désignant sous le nom de sœur Clara-Coletta, qu'elle avait adopté à son entrée en religion (1)

Sœur Mary Anderton, justement appréciée dans la maison de Gravelines, succéda aux fonctions de vicaire que la regrettable défunte avait exercées si longtemps. L'honneur lui en revenait de droit comme ayant rempli l'intérim de l'office de la titulaire.

Le jour de Noël, 25 Décembre 1674, la mère Eugenia Jerningham, professe de 1625, avait fait son jubilé semi séculaire en présence de toute la communauté de Nazareth. Semblable cérémonie n'eut plus lieu avant le mois d'Août 1679 : ce fut la sœur Ursula Gifford, religieuse de l'année 1630, qui, cette fois, en était l'objet. Les solennités de ce genre portaient toujours leurs fruits : elles affermissaient les novices et les jeunes religieuses dans leurs saintes vocations. Mais les dames jubilaires ne se dissimulaient pas que la solennité de jubilé portait en général avec elle l'avertissement de la fin prochaine de leur carrière. Aussi dans les années de grace qui la suivaient, les voyait-on travailler à leur perfection avec un zèle infatigable. On leur en tenait compte ; et toutes celles qui pouvaient s'en approcher, les entouraient de soins de la plus délicate prévenance. Sœur Jerningham, par exemple, avait sans cesse autour de sa personne un cercle de jeunes religieuses et de novices qui s'empressaient de la servir. On restait volontiers près d'elle parce que l'on apprenait une foule de particularités curieuses se rattachant aux temps les plus reculés. La respectable mère était un livre vivant : entrée au monastère de Nazareth comme novice en 1624 « the was the eldest in the house », elle était la plus ancienne religieuse de la mai-

---

(1) La dalle existe encore dans le cloître du couvent ; mais on n'y lit plus que cette indication : Clara-Coletta... 1675.

son, et en connaissait l'histoire dans ses moindres détails, détails qu'elle tenait en partie de sa défunte amie, sœur Thwaytes, qui avait eu onze ans de plus qu'elle de séjour dans la maison. On l'écoutait avec plaisir. Quand cette respectable femme vint à mourir (23 Octobre 1680), le deuil fut universel au couvent et l'on se rapprocha davantage de la révérende sœur Ursula Gifford, qui la suivait par rang d'ancienneté et qui n'était pas moins méritante que sa défunte consœur, morte à 71 ans.

Le 28 Février 1681, la communauté de Gravelines était en pleurs !.. L'affectueuse et bien-aimée Marie-Claire, belle-sœur de la défunte baronne Warner, religieuse du monastère de Nazareth, était à la dernière extrémité : elle s'éteignait doucement d'une maladie de poitrine. A chaque instant on allait questionner les infirmières, et depuis la première heure du matin, elles ne cessaient de répondre que la malade ne passerait pas la journée. Le pronostic allait se réaliser : Marie-Claire Warner mourut ce jour, heureusement affermie par les sacrements de Notre-Mère la Sainte-Eglise... Elle n'avait pas quarante ans !

Tour-à-tour les professes et les novices vinrent donner un dernier regard à la noble et blanche figure de la morte, s'agenouiller et prier près de sa couche glacée. Des larmes abondantes coulaient le long de leurs joues appâlies par une poignante émotion lorsqu'elles se relevaient du sol et s'en allaient du dortoir accablées de stupeur. Chacune d'elles emportait en son cœur un trésor de regrets que venait de faire naître le souvenir de l'inépuisable bonté de leur excellente sœur Marie-Claire qu'elles avaient aimée passionnément.

Depuis onze années une place lui était réservée au ciel près de sœur Claire-de-Jésus ; une autre lui était consacrée sur la terre, encore à côté de celle-ci. Leur sympathie mutuelle devait survivre à la vie. Ici bas leurs dépouilles mortelles ; là haut, leurs ames réunies dans une sublime et éternelle union. Elles en avaient eu la douce espérance...

L'éloge de Marie-Claire était dans toutes les bouches. Cette angélique sœur avait eu toujours, disait-on, le plus profond respect pour la sainte obéissance et les devoirs de piété. Aussi, à l'exception de milady Warner, n'y eut-il pas de femme plus attentive et plus admirable dans la prière. Fidèle à sa vocation, qui l'avait conduite à Gravelines en 1666, elle n'exprima, en aucun temps, le regret d'avoir quitté le monde et ne se relâcha jamais de sa sainte ferveur qui, sans la moindre dispense, lui fit supporter, quoiqu'elle fût d'une santé délicate, les rigueurs des préceptes de l'Ordre.

L'ame de Marie-Claire s'était élevée vers son Créateur au milieu des pleurs et des prières de ses co-religieuses. Un concert d'anges la recevait en ce moment aux pieds de l'Eternel. Ici bas une main soulevait une pesante pierre sépulcrale destinée à couvrir désormais deux cadavres. Les vers avaient déjà rongé l'un ; la mort impatiente attendait l'autre !

A quelques jours de là, après la cérémonie funèbre, le ciseau d'un artiste grava les lignes suivantes sur la pierre au-dessous de l'inscription commémorative de milady Warner, morte en 1670 :

Hic etiam jacent ossa sororis mariti ejus Maria Clara, ætatis 39, professionis 14. Obiit febr. 28 1681.

Souvenir qui se traduit ainsi : Ici gisent aussi les ossements de la sœur de son mari, Marie-Claire, âgée de 39 ans, 14 années de profession. Elle mourut le 28 Février 1681.

Réunies dans le royaume des cieux, toutes deux jouissaient à cette heure du bonheur ineffable de contempler l'éclat de la divine Majesté, de cette lumière qui éclaire le monde et après laquelle elles avaient tant soupiré. Dieu leur tenait compte du noble sacrifice qu'elles s'étaient imposé pour l'amour de Jésus sur la terre. Il leur avait ouvert les portes d'une heureuse éternité.

Pendant longtemps le souvenir de Claire-de-Jésus et de Marie-Claire Warner, laissa des traces de mélancolie dans l'ame des religieuses du couvent de Nazareth. La vie de ces éminentes femmes parut si belle et si sainte à ceux qui les connurent, que le Père Jésuite Edward Scarsbrick écrivit et publia leur biographie (1).

En ce temps le monastère avait encore le bonheur de posséder pour aumônier le Père William Warren. Il n'est pas de bien qu'on ne disait de cet excellent ecclésiastique. On louait sa patience, sa charité, sa compassion envers tous, son exactitude à remplir les devoirs de sa profession. On disait même, ce qui est un bel éloge, que, réunissant en sa personne, les vertus désirables dans l'homme revêtu du caractère sacré, il était le Père spirituel de tous ceux qui le connaissaient. Le révérend confesseur avait de l'érudition; et, sans rien négliger de son ministère, il cultivait les lettres avec plaisir et même avec succès. On se rappelait alors sa puissante coopération à la publication du livre des Constitutions des Pauvres Clarisses, qui avait paru en 1665. Vers le mois d'Octobre 1684, il mettait la dernière main à un manuscrit qui avait pour titre : A pious collection of severall profitable directions fitted for the english Poore Clares in Graveling in order to the better observance of their Institute. Very usefull and profitable for all religious women, etc.

Cet ouvrage, écrit dans un esprit excessivement orthodoxe, à l'usage des religieuses du monastère de Nazareth, fut envoyé à l'évêché de Saint-Omer et revêtu le 3 Novembre de la permission d'imprimer que signa, par ordre de Monseigneur, l'un des vicaires-généraux Monsieur et Maître B. De Larre, secrétaire. Le Père Warren le soumit immé-

---

(1) Edward Petre, Notices citées, p. 82.

diatement à l'impression. Le livre du format in-18 de 182 pages, sortit bientôt, sans indication de millésime, des presses du sieur Mairesse de Douai, comme l'atteste cette annotation mise au bas du grand titre : Printed Douay by M. Mairesse (1).

Avant d'entrer en matière, l'auteur consacre trois pages à la dédicace de son livre, qui, traduite ici, donnera une idée du mérite littéraire de l'écrivain.

Avant-propos à toutes les véritables Pauvres Clarisses.

Saint Jean, dans son apocalypse (2), rapporte qu'une femme sur le point de devenir mère, fut cruellement tourmentée par un dragon qui attendait le moment pour dévorer son nouveau-né; mais deux ailes, semblables à celles d'un aigle, lui furent données pour s'envoler dans le désert, son unique refuge, afin de sauver son enfant et de se mettre elle-même en lieu de sûreté. Véritables Pauvres Clarisses, vous qui, comme de légitimes enfants, cherchez à avoir l'esprit de votre bienheureuse mère, et ne cessez jamais de former de nouveaux désirs pour vivre conformément à la perfection de votre sainte règle, cette femme mystérieuse était pour vous une figure et un symbole, car notre Sauveur, dans son Evangile, vous compare aux femmes sur leur lit de souffrances maternelles, à cause des peines et des difficultés que vous fait endurer, dans l'accomplissement de vos pieux desseins, le démon, ce dragon infernal beaucoup plus acharné à étouffer et à dévorer vos plus petits sacrifices, que ne l'était Pharaon à exterminer les enfants mâles des Hébreux. Aussi Sainte Claire, votre mère bien-aimée, dans sa sainte règle, et votre chère fondatrice, Marie Goudge, d'heureuse mémoire, dans ses pieux exercices, ne vous ont pas laissées dans cette détresse; mais

---

(1) Je possède dans ma bibliothèque un exemplaire de ce rare livre, qui a appartenu d'abord à sœur Hunter, morte en 1769, puis à sœur Hodshon, morte en 1782.

(2) Chapitre XII.

vous donnant deux ailes comme celles de petits aigles, elles vous ont aidées par là à éviter le danger. Ces deux ailes sont la mortification et la dévotion qui doivent vous porter au mépris et au détachement de vous-mêmes et de toutes les choses créées ; ce qui constituera pour vous un désert spirituel et vous amènera vers Dieu, le véritable endroit où les plus grands aigles établissent leurs nids, c'est-à-dire où les ames avancent dans la voie de la vertu ; elles vous montrent par leurs saintes vies et leurs pieuses instructions que, le péché vous ayant éloignées de Dieu, vous devez retourner à lui avec l'épouse des cantiques par la montagne de Myrrhe (1) et la colline d'encens (2), c'est-à-dire par la pratique de la mortification et l'exercice de la religion. Il est de votre devoir de prêter l'oreille intérieure de vos cœurs aux douces et tendres invitations des saintes du Seigneur si pieuses et si zélées ; il est de votre devoir de faire tous les efforts dont vos ames sont capables pour gravir la montagne et la colline saintes, par lesquelles vos patronnes désirent que vous retourniez à votre première origine. C'est leur intention, leur but ; c'est la fin qu'elles se proposèrent ; elles voulurent vous conduire à Dieu par le sentier de la mortification et de la dévotion. Acceptez donc ce pieux recueil et servez-vous en pour la plus grande gloire de Dieu et dans l'intérêt spirituel de vos propres ames. Ce sera le souhait quotidien de votre indigne Père en Jésus-Christ, William Warren, confesseur.

On trouvait dans ce petit livre des conseils, des instructions universelles, des citations latines répétées prudemment en anglais, des prières pour toutes les heures de la journée, pour tous les jours de la semaine, des méditations religieuses sur tous les besoins des Clarisses, des supplications, des aspirations, des affections, des oblations à Dieu et aux Saints, très utiles et très profitables aux per-

(1) Symbole de la mortification.
(2) Symbole de la prière.

sonnes pieuses en général « for all religious persons both men and women »; on y puisait aussi des préparations pour assister aux offices divins, des considérations sur la manière de prier, de se confesser, de travailler, de vivre ; en un mot toutes choses étaient admirablement prévues : l'auteur y traçait aux religieuses leur règle de conduite dès le réveil du matin « from your rising... » jusqu'au moment du coucher « before sleeping... »

« La pieuse collection de plusieurs salutaires exercices utiles aux Pauvres Clarisses anglaises de Gravelines, afin d'obtenir la plus stricte observance de cette Institution, etc. », était une œuvre parfaitement conçue, et comme elle devait satisfaire à tous les devoirs de piété, on l'attendit avec impatience. Enfin des exemplaires tout de suite reliés en veau à reliure pleine, comme il en était d'usage, furent mis sur-le-champ entre les mains des religieuses et des novices cloîtrées au couvent de Gravelines, lues et méditées par chacune d'elles avec bonheur et reconnaissance.

L'érudit Père Warren s'occupait alors d'écrire un autre livre qui avait pour titre : A method of conversing with God. La première édition tirée à un petit nombre d'exemplaires ne suffisant pas aux demandes des amateurs, il se vit dans la nécessité d'en faire imprimer une seconde au format in-18 (1), qu'il fit précéder d'une épitre dédicatoire « à la très révérende, révérende mère Ann Bedingfield, abbesse des Pauvres Clarisses anglaises de Gravelines », dans laquelle, après avoir dit combien il était heureux de trouver une occasion de lui témoigner sa gratitude des faveurs dont elle l'avait comblé, il exprime qu'il ne doute nullement qu'elle et « sa très pieuse communauté » seront heureuses de lire ce que déjà elles pratiquent avec délice ; ajoutant avec non moins de politesse que de vérité que « tous ceux qui conversaient avec elles, s'étonnaient et re-

(1) Je possède dans ma bibliothèque un exemplaire de ce rare livre.

gardaient comme une espèce de miracle permanent que leur sexe si tendre, eu égard à leur naissance et à leur éducation qui ne les avaient pas accoutumées à tant de rigueurs journalières, pût les rendre capables de les supporter avec une joie si constante. » A la même époque, le très respectable Père Warren traduisait en anglais les Pieuses observations sur la vie de Saint Joseph, etc., ouvrage qu'avait publié en français le révérend Père Paul Barrie.

Du mois de Mai 1681 à la fin de 1696, le monastère de Gravelines vit mourir successivement vingt de ses religieuses; mais, comme par le passé, on savait toujours combler les vides en temps et les novices ne faisaient pas défaut. Pendant les quinze premières années trente-six jeunes demoiselles prirent le voile. Dans ce nombre on avait reçu :

Le 20 Mai 1687, à l'âge de 17 ans, Jane Widdrington, sous le nom de Marie-Antoinette, et le 6 Décembre, Helen Gerard. — Le 1er Janvier 1690, Mary Rape, et le 8 Septembre, sœur Marie-Bonaventure née Mary Blundell, ayant le même âge, et sœur Catharina Busby, son aînée de sept ans. — Puis le 6 Février 1691, deux propres sœurs, dont l'une, Catharina Bagnall, âgée aussi de 17 ans, sous le nom de Catherine-Dominique, montrait une rare aptitude en science et en vertu, et une vocation très prononcée pour l'état monastique.

Depuis 1678, le monastère de Dunkerque avait perdu les trois dernières religieuses, anciennes professes de la maison-mère. Celle dont la mort affecta le plus la communauté, ce fut la respectable abbesse Frances Roockwood. On annonça cette désolante nouvelle en ces termes, à la supérieure générale Mme Bedingfield : « Sœur Frances Roockwood, notre vénérable et très chérie mère abbesse, est décédée fort pieusement le 5 Octobre 1692, à l'âge de 67 ans. Elle gouverna son monastère avec sollicitude et fit l'édification de toutes ses filles ; leur donnant de nobles exemples de patience et de soumission à la volonté divine. En adoptant le nom de Claire en religion, elle imita véritablement sa glorieuse mère Sainte Claire dans sa dévotion au Très-Saint-Sacrement de l'autel. » Par la mort de Mme Frances Roockwood, les liens intimes qui unissaient la maison de Gravelines et celle de Dunkerque, cessèrent d'exister. Elles devaient marcher désormais indépendantes l'une et l'autre dans leurs affaires spirituelles et temporelles, excepté dans quelques cas exceptionnels où la suprématie restait réservée à la supérieure de Gravelines, en vertu du droit attaché à la charge abbatiale du monastère de Nazareth.

A Rouen, il n'existait plus que deux professes de Gravelines, lorsque le jour de la fête de l'Assomption, 15 Août 1686, l'une d'elles vint à mourir : c'était sœur Elisabeth Martin, qui, en étant restée simple religieuse, n'en avait pas moins brillé par les nobles qualités qui distinguaient les Pauvres Clarisses anglaises de ce dix-septième siècle.

Dans le nombre des religieuses que perdit le monastère de Nazareth en 1683, se trouvait la vénérable mère vicaire Mary Anderton, qui était morte le 31 Octobre, à 52 ans. Parmi les réflexions consignées au nécrologe, on trouve celles-ci : « Sœur Anderton a exercé ses divers offices à la satisfaction générale. Elle exhorta notre communauté par ses paroles et par l'exemple à la stricte observance de notre règle et de nos constitutions. Sa sublime conduite servit de lumière pour nous guider aussi dans la pratique des autres vertus, particulièrement dans celles de l'humilité, de la pauvreté, de la mortification et du mépris d'elle-même, comme si elle avait été d'une nature insensible. La tendresse qu'elle avait pour la Passion de Notre bien-aimé Sauveur, en la portant à l'imiter, lui inspira le généreux courage de supporter toutes ses afflictions »

Le 4 Mars 1688, la mort enlevait de ce monde la jubilaire Ursula Gifford, à la 81ᵉ année de son âge et à la cinquante-neuvième depuis son entrée en religion. Par sa piété, cette bonne sœur avait fait l'admiration du monastère, et elle était restée si fidèle à remplir ses devoirs religieux, que cinq jours avant sa mort et nonobstant les souffrances de ses infirmités, elle récitait encore son office quotidien.

Un long calme est le précurseur certain de la tempête : dans le cours de l'année 1694, la ville de Gravelines fut en partie détruite par un incendie !.. Le feu n'atteignit pas le couvent de Nazareth qui en fut miraculeusement préservé. Toutefois ce désastre ne laissa pas que d'inquiéter les Clarisses dans cette affreuse journée où la flamme exerçait partout ses ravages d'une horrible manière, et de faire beaucoup de mal à plusieurs d'entre elles. On les vit accourir au milieu du péril, et Dieu seul sait les sacrifices qu'elles surent s'imposer ensuite pour venir en aide aux pauvres victimes de la cité.

A partir de ce moment, la santé de la très vénérable abbesse Bedingfield, déjà si chancelante, devint tout-à-fait mauvaise. Une série d'évènements adverses, son grand âge, ses infirmités, la mort arrivée le 5 Janvier 1696, d'Helen Gérard, dite sœur Winefride-Madelena qu'elle aimait tendrement, tout avait, pour ainsi dire, usé ses forces et ses nobles facultés. Heureusement elle avait trouvé une puissante assistance en la personne d'Elisabeth Lewis qui, depuis la mort de sœur Mary Anderton, avait rempli les fonctions de vicaire avec autant de zèle que d'habileté, et qui, dans les circonstances présentes, sentait renaître ses forces pour le bien de la religion et de l'administration du monastère.

Jusque-là Mme Bedingfield avait personnellement tout gouverné et avait fait prendre le voile noir à soixante-et-une novices. Toujours elle avait excellé en sagesse par des soins incessants dans l'administration des couvents de l'Ordre, afin de ne laisser d'intermission ni dans l'observance régulière de la règle ni dans les affaires particulières des communautés. Cependant cette sainte femme conservait sa douceur et sa tendresse habituelles dans ses relations avec ses consœurs et les pensionnaires ; et quand quelque chagrin venait assombrir le cœur de ses enfants, elle en était l'unique consolation. Elle assistait assidûment nuit et jour à l'office divin avec un plaisir incomparable, et ce qui était le plus digne d'attention, c'est que, depuis son entrée en religion, sous l'illustre Elisabeth Tildesley, elle ne s'abstenait jamais du délicieux banquet qui nourrissait son ame ; considérant que le pain céleste est le seul soutien dans toutes les circonstances de la vie. Malgré sa décrépitude qui gagnait de jour en jour, elle veillait encore aux besoins et au service de la maison ; et l'emploi du temps lui était si précieux qu'elle ne se donnait pas de repos qu'exigeaient pourtant ses forces chétives. En Mai et Juin elle s'occupa encore de la vêture de quatre demoiselles parmi lesquelles se trouvaient Miss Catharina Price, et sœur Marie-de-Jésus Talbot, qui témoignait d'une tendre dévotion envers Saint Augustin par l'intercession duquel elle obtint, dit-on, la résignation nécessaire pour supporter patiemment les infirmités qui l'assaillirent assez tôt.

La dernière solennité que présida la révérende abbesse, et qui eut lieu le 3 Novembre suivant, fut celle du jubilé semi séculaire de la respectable sœur Elisabeth Anderton. Dans cette journée, Mme Bedingfield se fatigua trop ; et, fléchissant sous le fardeau des ans et des infirmités, elle dut s'astreindre à rester désormais enfermée dans sa cellule. C'est alors qu'éclata d'une façon merveilleuse sa dévotion envers la Vierge Marie dont elle avait fait toute la vie l'objet de sa vénération, et qu'elle se sentit plus qu'à aucune époque sous sa puissante protection. Nourrie de cette heureuse conviction, elle prolongea sa frêle existence de quelques mois avec un courage surprenant jusqu'à l'ouverture de l'automne de 1697 ; puis elle s'alita. La bonne abbesse atteignit enfin la 74e année de son âge ; c'était le terme que la Providence avait fixé à ses jours ! Après avoir été administrée des Sacrements de Notre-Mère la Sainte-Eglise par le Père William Warren, aumônier, elle s'éteignit tranquillement le 17 Novembre, au milieu des larmes et des prières de ses enfants affligées d'une perte si grande.

Ces angéliques filles, dans leur mysticisme inspiré par une inaltérable reconnaissance, consacrèrent à la mémoire de la défunte abbesse une dalle tumulaire où l'on consigna l'inscription suivante :

Hic intus jacet venerlis ac R^da adm_odum Mater nostra Anna Beddingfield in religione dicta Anna Bonaventura. Quæ bona ventura securius assequeretur anno ætat 16 bona fugit præsentia. Religionis annos 58 emensa explevit sœcula multa. Deo 63 sacras peperit virgines fœcunda mater. Rexit 30 an_nos hoc monasterium. Mulier fortis et prudens digna longiore vita nisi dignior fuisset œterna obdormivit in Domino 17 Novembris 1697. Requiescat in pace.

Traduction : Ici repose notre vénérable et très révérende mère Anne Bedingfield dite Anne-Bonaventure en religion. Pour gagner plus sûrement les biens futurs, elle quitte les biens de ce monde à l'âge de seize ans. Cinquante-huit années de religion lui valurent des siècles. Mère féconde, elle donna à Dieu soixante-trois (1) vierges pieuses. Elle dirigea ce monastère pendant trente ans. Femme forte et prudente, digne d'une plus longue vie, si l'éternelle vie n'était pas plus à envier, elle s'endormit dans le Seigneur le dix-sept Novembre 1697. Qu'elle repose en paix.

Le règne de l'honorable défunte n'avait pas produit les merveilleux résultats du gouvernement de l'abbesse Tildesley, mais il fut assurément aussi brillant. Mme Bedingfield eut une chance vraiment remarquable. En prenant possession de sa charge, elle vient recueillir le bel héritage que lui lèguent ses devancières, et pénétrée du mandat

---

(1) La prélature de Mme Bedingfield a employé 63 pages du nécrologe ; ces 63 pages ne contiennent que 61 notices biographiques de religieuses. 2 notices prennent chacune 1 page de plus que les 59 autres. Lors de la rédaction de l'inscription tombale, on se sera borné à compter les pages ; d'où est venue l'indication erronée de 63 au lieu de 61 professes.

dont elle est investie, elle sait habilement profiter des prodigieux travaux accomplis par ces illustres mères; sans se relâcher un instant, elle maintient son monastère dans un état d'éclatante prospérité, et pendant trente ans que dure cette fortunée période, le ciel semble prendre plaisir à lui prodiguer toutes ses faveurs. Bien-être, vie paisible, félicité pure, incidents mémorables, piété exemplaire, protection royale, admirables vocations, considération publique, rien ne lui manque. Dotée d'une grande instruction, elle encourage les lettres et le savant modeste attaché à la maison conventuelle comme confesseur, y laisse d'impérissables souvenirs de la reconnaissance qu'il s'était plu à lui consacrer ; son règne même donne l'idée à d'autres écrivains d'en publier les faits les plus saillants, comme ceux des illustres Warner.

Le monastère de Nazareth parvient ainsi à l'apogée de la gloire et du bonheur; la mort seule de l'abbesse peut y mettre un terme. Le jour en arrive et désormais un soleil moins radieux doit briller sur la sainte communauté.

1697-1704.

Henrietta-Maria Cannell, 6ᵉ abbesse.

> De grandes tribulations sont réservées aux justes; mais le Seigneur les délivrera de tous les maux.
> Psaume 33, v. 19.
> J'entends des reproches outrageants; mais la sagesse m'inspire ce que je dois faire.
> Job, ch. 20, v. 3.

Dans le cours de l'année 1688, l'estimable mère Henrietta-Maria Cannell avait été promue aux fonctions de maîtresse des novices. Durant les neuf années qui venaient de s'écouler, cette digne sœur avait rempli son office avec un zèle si soutenu ; elle avait donné dans toutes les occasions des exemples d'une humilité, d'une prudence, d'un dévouement, d'une piété, d'un mérite si exceptionnels ; elle avait su gagner l'amour et l'estime de ses co-religieuses, des novices et des pensionnaires à tel point ; elle avait amené si facilement ses élèves à la perfection par d'admirables et insensibles progrès, qu'il n'y eut qu'une voix pour lui conférer la charge abbatiale vacante par la mort de Mᵐᵉ Bedingfield. Son inauguration eut lieu dans les derniers jours de Novembre 1697. Sœur Marie-de-l'Assomption, qui avait pris l'habit sous la Sainte Luysia Taylor, avait alors 52 ans d'âge et trente-deux ans de profession.

Parvenue à la plus haute dignité, son noble caractère s'améliora encore. Toujours aimable et gaie, bonne et affectueuse pour toutes ses enfants, elle sut se concilier avec une facilité incroyable l'estime et le respect indistinctement des pensionnaires et des sœurs de la communauté. Ce qu'elle voulait, elle l'obtenait sans peine, quand d'autres auraient succombé ou n'auraient réussi qu'après les plus pénibles efforts. C'était comme un oracle : quand elle avait parlé, les ordres, les préceptes étaient ponctuellement exécutés selon la sainte obéissance ; et malgré la tendresse maternelle dont l'excellente abbesse usait avec une apparence de faiblesse, les religieuses ne s'écartaient jamais de la règle monastique, de la bienséance sociale, des devoirs de piété et de la pratique de la mortification, de la charité, de la compassion dont la supérieure ne cessait un instant de donner l'exemple.

Peu de temps après l'installation de Mme Cannell dans sa charge, sœur Mary Blundell, qui remplissait depuis l'année précédente les fonctions de maîtresse de chœur, fut élevée à l'emploi de vicaire. On avait apprécié son mérite, et l'on savait que, dans tout ce qu'elle faisait, elle apportait un recueillement intérieur et une exactitude inimaginables.

Tout en paraissant riante et gaie, l'abbesse n'en avait pas moins ses peines et ses soucis; mais elle les surmontait sans en laisser aucunement paraître les traces sur son visage. Elle puisait à coup sûr ses consolations et sa force dans sa dévotion envers son bon Ange et la Vierge Marie Immaculée, auxquels on l'entendait fréquemment adresser des prières. Il n'est rien au monde qui fasse plus de mal que de renfermer en soi ses pensées ; et il est probable que l'affection catarrhale dont la supérieure fut atteinte au bout de quelques années de prélature, n'avait puisé sa cause que dans ses afflictions dont son cœur dévoué savait comprimer les secrets.

Au printemps de l'année 1699, certains bruits fâcheux circulaient à Gravelines sur le compte des religieuses du couvent de Nazareth. On racontait notamment que l'ordre manquait dans la maison ; que les devoirs de religion s'y relâchaient ; que l'on s'y querellait sans sujet; que les pauvres n'y trouvaient plus de secours ni d'assistance, etc. Les Clarisses furent les dernières à apprendre les calomnies qui se colportaient. L'abbesse en reçut une singulière impression, et dissimulant sa douleur, elle s'empressa avec un généreux courage de relever le moral de ses filles chéries et désolées. Dans cette occurrence, elle ne vit pas d'autre moyen pour faire taire la rumeur publique que d'adresser une plainte au magistrat de la ville. Un respectable vieillard, Master William Warren, aumônier de la communauté, eut la mission de la lui présenter; et, dans la situation critique où se trouvait le couvent, c'était chose habile que de faire choix d'un homme aussi vertueux que ce vénérable abbé.

Quelques jours après, Mme Cannell recevait du magistrat le certificat suivant : « Mayeur et eschevins de la ville de Gravelines certiffions qu'il y a pres de cent ans que les religieuses angloises de l'ordre de Sainte Claire, sont establies dans cette dicte ville, qu'elles ont vescuës sainctement dans leur monastere dans une grande union et charité les unes envers les autres, et ont donné une singuliere edification au peuple par leur devotion exemplaire, et ont toujour esté charitables envers les pauvres malades, et autres necessiteux de la ville, que lesdites religieuses n'ont esté aucunement a charge tant a la ville qu'aux bourgeois et habitants depuis leur dit establissem^t même apres l'embrasement des magazins a poudre qui a renversé et abatu leur monastere qu'elles ont fait restablir a leurs propres despens, en foy de quoy nous avons a ces presentes fais mettre et apposer le chachet de lad^{te} ville et seing du greffier d'icelle le 4e Juillet 1699. »

On adressa immédiatement des ampliations du certificat de l'autorité à plusieurs personnes notables de la ville et du dehors ; les pensionnaires parlèrent ou écrivirent en ce sens à leurs familles ; les honnêtes gens qui n'avaient pas cru les calomnies, forcèrent les ennemis du couvent de Nazareth à un honteux silence en les stigmatisant. Rien ne fut épargné et l'on employa toutes ses ressources pour faire triompher la vérité et empêcher le retour des complots des méchants. On avait atteint le but ; et, grace au ciel, l'honneur du monastère de Gravelines fut enfin réhabilité.

Ce chagrin n'était pas oublié que pour l'abbesse il en surgissait un autre non moins sérieux : celui de voir diminuer le nombre des novices. Ainsi du 3 Mai 1698 à la fin de l'année 1700, la communauté avait perdu huit professes, et l'on n'avait donné la vêture qu'à cinq novices depuis l'intronisation de Mme Cannell. C'était le premier exemple que le nombre des professions fût au-dessous de celui des décès ; et certes un fait aussi désespérant dut causer dans l'ame sensible de l'abbesse une affreuse commotion. Au nombre des demoiselles qui avaient pris le voile en 1699, il y en avait une de 32 ans, Jane Frankland dite sœur Marie-des-Anges, que la nature avait douée de la plus agréable voix du monde et qui était appelée comme chanteuse à se rendre utile aux offices divins. On en signalait aussi une autre de 27 ans, qui annonçait de remarquables dispositions : c'était Mary Fox, connue en religion sous le nom de sœur Marie-Nicolas, pour laquelle Mme Cannell avait la plus haute estime.

Après les peines morales, venaient les souffrances physiques ; car la pauvre supérieure, aux approches de l'hiver et des changements de temps, souffrait assurément beaucoup de sa maladie de poitrine ; situation inquiétante qui met souvent le malade à deux doigts des portes du tombeau et qui le ramène comme par miracle à la vie, s'il n'y succombe dans l'étreinte d'une crise. Grace à Dieu, l'aimable mère avait une intrépide auxiliaire en la personne de la sœur Elisabeth Lewis, sa vicaire, qui, malgré sa frêle constitution, ne reculait jamais devant les travaux ni les fatigues des principaux offices du monastère. En ce temps, Mary Blundell, sa consœur vicaire, était d'un faible secours dans la maison : elle relevait d'une affreuse maladie dont elle avait, à son éloge, supporté la souffrance avec une résignation et une patience vraiment édifiantes.

Il y eut encore divers incidents qui occasionnèrent de vives afflictions à la révérende abbesse, et cependant, comme dans les années qui venaient de s'écouler, elle conservait un air riant, ne disait que des choses agréables à toutes celles qui l'approchaient et ne communiquait pas ses pensées quand elles pouvaient inspirer de la tristesse à ses enfants. La mort de la jubilaire Elisabeth Anderton, par exemple, lui causa un cuisant chagrin.

Entrée comme novice au couvent de Nazareth en 1646, sœur Anderton, avait assisté en 1665, à la sainte profession de Henrietta-Maria Cannell qu'elle aima dès ce jour avec la tendresse d'une mère. Depuis la mort de sœur Ursula Gifford, au mois de Mars 1688, Elisabeth était devenue la plus ancienne professe de la communauté. Le jour de sa mort, 23 Avril 1700, elle avait 73 ans d'âge et cinquante-quatre ans de profession. Lors de l'élévation de Henrietta-Maria à la direction du monastère, leurs rapports affectueux restèrent les mêmes; à chaque instant l'abbesse citait la vénérable Anderton comme le modèle accompli de la discipline régulière et de la stricte observance de la règle, et elle engageait ses auditrices à imiter les vertus de cette respectable jubilaire. De son côté, sœur Elisabeth exhortait constamment ses jeunes co-religieuses à la pratique de l'obéissance, du respect et de la soumission à leurs supérieures, ainsi qu'au silence, à la récollection et à la prière. Sa vie, dit le nécrologe, fut une pieuse vie de persévérante mortification, « a perseverant mortified pious life. »

En 1700, il existait encore à Rouen une ancienne professe de Gravelines. Entrée au monastère vers le mois de Septembre 1632, en qualité de novice, seule des religieuses sorties de la maison-mère, elle restait debout comme un chêne, ayant vu tomber autour d'elle les sœurs de son temps et des temps postérieurs. C'était la respectable Winefride Giffard qui, après avoir vécu au couvent de Nazareth dans une sévère régularité de principes et dans la pratique de toutes les vertus religieuses, avait été envoyée en l'année 1644, avec quatorze autres, pour fonder le monastère de Jésus-Marie-Joseph. Au mois de Mars 1670, élue abbesse en considération des services rendus aux deux religieuses qui l'avaient précédée dans l'administration, elle gouverna avec un zèle, une charité et une prudence toujours soutenus. Assez forte de santé, mais parvenue à l'âge de 85 ans et à la trente-et-unième année de prélature, cette adorable mère supérieure jubilaire pensa qu'il y avait pour elle autant d'honneur et plus de mérite à se retirer volontairement lorsqu'elle jouissait encore de ses facultés intellectuelles, que de devoir forcément abandonner sa charge, peut-être dans un temps prochain si ses infirmités se déclaraient avec plus d'intensité. De sa part cette sage résolution était un fait aussi rare que sublime, un acte d'humilité qui, dans son accomplissement, ne pouvait qu'être agréable à Dieu. Elle en écrivit à la mère supérieure des communautés, Mme Cannell, qui, répondant à ses vues, loua son généreux projet. Dès lors, et ceci se passait en 1701, sœur Winefride résigna son office dans une sainte et solennelle cérémonie, et se retira modestement dans les rangs des simples religieuses soumises à l'obéissance ; mais où, néanmoins, le respect et les plus nobles égards pour sa vénérable personne, ne lui firent jamais défaut. Mme l'abbesse de Nazareth ne connaissait pas sa consœur de Rouen. Celle-ci était sortie du monastère de Gravelines un an avant la naissance de sœur Henrietta-Maria Cannell, et comme les Clarisses ne voyageaient pas, ces dames n'avaient jamais eu l'occasion de se voir.

Le 19 Novembre de cette même année 1701, la maison de Nazareth éprouva une perte qui lui fut douloureuse dans la personne de son Père confesseur, M. William Warren. Il avait 70 ans quand il mourut. Ce fut un jour de deuil dont les affectionnées religieuses conservèrent le souvenir. Avec les larmes dans les yeux, elles inscrivirent au nécrologe les notes biographiques suivantes: « Notre révérend Père Warren a passé parmi nous quarante-trois ans qu'il a employés très charitablement en qualité de confesseur à la satisfaction générale de la communauté. Nous sommes non moins affligées de la perte d'un père si parfait qu'édifiées de sa vie si exemplaire. Plein de zèle pour conduire à la perfection toutes les ames qui lui étaient confiées, il n'épargna jamais sa personne pour contribuer à notre bien-être et à notre progrès spirituel, soit par ses pieuses exhortations, soit par ses écrits. Il était si bienveillant pour chacune de nous, que jamais on ne remarqua de préférence de sa part. Son temps était réglé avec tant de précision que ses rapports affectueux dans le monde ni aucune autre cause ne purent jamais interrompre la régularité des heures qu'il consacrait à la communauté. » Ce bon prêtre n'était certes pas jeune ; mais il eût peut-être prolongé sa vie de quelques années s'il eût moins entrepris de travaux littéraires. Il s'était principalement fatigué l'année précédente en s'occupant de l'impression de la seconde édition des « Pious Remarkes upon life of S. Joseph spouse of the B. Virgin Mary mother of our Lord Jésus-Christ... Printed by T F in the year MDCC », dont la seconde partie, imprimée à la suite, portait le titre de Devotions to S. Joseph... 1700, etc. (1). La vie méritante et les ouvrages du vertueux abbé lui avaient fait une merveilleuse réputation en France comme en Angleterre. Plusieurs écrivains avaient cité son nom avec éloge, et l'historiographe français De Rocoles, qui avait voyagé avec lui en 1661, en avait parlé avantageusement dans ses entretiens du Luxembourg (2).

La deuxième partie de l'administration de l'auguste

---

(1) Je possède dans ma bibliothèque un exemplaire de ce rare livre, qui a appartenu d'abord à sœur Mary Rape, morte en 1716, puis à Helen Gerard, morte en 1696.

(2) Sur un voyage fait depuis peu en Flandre. Paris, 1666, p. 63.

abbesse Cannell, lui fut plus favorable que la première qui avait clos le dix-septième siècle. Elle donna la vêture, du 17 Mai 1702 au 19 Août 1704, à cinq novices, tandis que l'on n'eut à déplorer la mort que de trois religieuses; le pensionnat prospérait ; la maison jouissait non-seulement de la protection du magistrat, mais aussi de l'estime et de la confiance publique, comme le prouve la donation que fit à la communauté, une dame veuve Pruvost, devant le mayeur et les échevins de la ville, le 7 Juin 1702, de deux mesures trois quartiers (1) de terres situées à Gravelines, sous la simple condition d'une fondation de messes. L'établissement marchait dans une bonne voie : plusieurs jeunes demoiselles se préparaient au noviciat ; le moral des professes relevé par la gaîté habituelle de l'abbesse, était parfait ; tout en un mot annonçait une ère nouvelle et semblait sourire à cette digne mère. Par malheur, l'hiver de 1704 se déclara prématurément, et le 20 Décembre, Mme Cannell fut prise d'une fièvre chronique très violente causée par un catarrhe, qui la força de se mettre au lit.

Quoique les décrets de la Providence soient impénétrables, la pauvre malade, qui avait soixante ans et qui ne se faisait plus illusion sur son état, se résigna à son sort et supporta ses souffrances avec une patience admirable ; se recommandant sans cesse à son ange gardien et à la Vierge Marie envers qui elle avait eu toute sa vie une grande dévotion. Ses forces diminuaient de jour en jour. Le 29, elle était tellement affaiblie par la fièvre, qu'il ne resta plus d'espoir aux religieuses qui la veillaient. C'était son dernier jour !

La cloche de la chapelle tintait l'agonie. La mère supérieure voyait et entendait tout avec un sang-froid plein de dignité. Elle souriait aux sœurs qui récitaient à ses pieds les prières des agonisants, et, parfois, elle semblait jouir par anticipation de la béatitude réservée aux justes dans la

(1) Histoire de Gravelines, manuscrit de feu M. Waguet.

céleste Sion. Sa vie ne tenait plus qu'à un fil. Un instant encore et les dernières pulsations du pouls de la patiente devaient disparaître à jamais. Enfin elle expira en pleine connaissance au milieu des prières et des pleurs de ses enfants affligées!

Il y avait quarante ans que sœur Cannell était au couvent de Nazareth où on l'avait reçue comme novice en 1664.

Pendant les neuf années qu'elle gouverna l'abbaye, sœur Marie-de-l'Assomption avait fait prendre le voile noir à dix novices.

1705-1736.

Catharina Bagnall, 7° abbesse.

> Vous êtes belle comme Tirtsa, agréable comme Jérusalem.
> Isaïe, ch. 6, v. 4.
>
> Elles avaient en vous la mère la plus tendre et la plus zélée... Vos vertus vous conciliaient tous les respects, votre extrême bonté vous gagnait tous les cœurs.
> Imit. de la Sainte Vierge, liv. 5, ch. 14, v.

Dès le premier jour de la maladie de la regrettable abbesse Cannell, Elisabeth Lewis, en sa qualité de vicaire, avait pris les rênes de l'administration du monastère ; mais comme cette bonne mère, alors âgée de 74 ans, ne remplissait plus ses fonctions que par un pieux dévouement en raison de son âge, elle renonça volontairement à tout autre honneur, et la vertueuse Catharina Bagnall, connue en religion sous le nom de sœur Catherine-Dominique, professe de l'année 1691 du temps de la suréminente mère Bedingfield, fut élue abbesse du couvent de Nazareth et supérieure des communautés des Pauvres Clarisses anglaises. Son inauguration eut lieu avec les formalités et les cérémonies ordinaires au mois de Janvier 1705.

Bien qu'elle ne fût âgée que de 31 ans, sœur Catharina obtint les suffrages pour la charge abbatiale, comme étant la religieuse la plus accomplie du monastère. Elle en était en même temps la plus belle : la nature l'avait douée de graces et d'avantages personnels qui inspiraient l'admiration et le respect. Mais ce qui la rendait plus parfaite, c'était son amabilité, sa douceur, sa bienveillance qui n'avaient rien d'égal au monde ; c'était un ton exquis dont elle avait contracté l'habitude dans la haute société où s'étaient écoulées ses jeunes années.

La première cérémonie qui suivit l'intronisation de l'abbesse, fut celle du jubilé de la sœur Lewis, à l'occasion des cinquante années de profession qu'elle venait d'accomplir. En ce jour solennel (25 Mars), où, selon l'usage, la règle du couvent était levée, on se plaisait à exalter sa constante ferveur, sa charité envers toutes ses sœurs, sa disposition inaltérable à faire plaisir à chacune d'elles, son zèle pour le service de la maison, son obéissance dès son jeune âge envers ses supérieures, sa mortification et sa tempérance qui la rendaient insensible à toutes les privations. Malheureusement l'idée d'un deuil prochain était attachée à cette sainte fête commémorative !

A dater de ce moment la mère Mary Blundell remplit seule la charge de vicaire et l'on dispensa la respectable septuagénaire Lewis de tout service fatiguant. Elle passait ses longues heures de loisir en prières aux pieds de son Dieu caché dans le Saint-Sacrement ; il en fut ainsi jusqu'au jour de sa mort qui survint le 30 Septembre de cette même année 1705 ! Cette digne sœur, que l'on aimait et estimait comme un modèle de perfection, avait été une de ces femmes extrêmement recommandables, à laquelle il n'avait manqué que la volonté pour parvenir au premier rang. L'année suivante les annales du couvent de Gravelines constatèrent une autre mort, qui fit aussi répandre des pleurs abondants dans la communauté. Entrée au noviciat sous l'administration d'Elisabeth Tildesley, la très vénérable mère jubilaire Winefride Giffard, l'abbesse honoraire du monastère de Rouen, venait de mourir à l'âge de 90 ans, universellement regrettée dans l'Ordre, où on l'avait souvent citée comme étant la plus vieille Clarisse qui, malgré son âge avancé, n'avait rien perdu de son intelligence et de la douceur de son caractère. Elle rappelait en tous points la Clarisse du même âge qui était morte aveugle à Gravelines lors de son passage en l'année 1581.

Dans ce temps là (1706), le monastère de Nazareth se trouvait en relations affectueuses avec MM. Gensse, de

Calais, dont l'un d'eux, le père, remplissait en cette ville, les honorables fonctions de mayeur, de juge et de père des pauvres. Inspirés par un pieux sentiment, ces dignes hommes créèrent dans le couvent de Gravelines des dots au bénéfice de deux religieuses, et y fondèrent des obits et des services funèbres pour le repos des ames des fondateurs et des catholiques de l'Angleterre, de l'Ecosse et de l'Irlande. Ils affectèrent à cet effet environ 50 mesures (1) de terres avec diverses constructions situées à Oye près de Gravelines. Le 9 Janvier 1707, M. Gensse mourut à Calais, et son fils, tenant à réaliser leurs engagements, fit donation entre vifs à la communauté des Pauvres Clarisses anglaises de Gravelines, de l'immeuble signalé plus haut, aux termes d'un acte passé devant les notaires Potel et Lemaire, de Calais, le 4 Août 1708 ; lequel fut accepté au mois d'Avril suivant par Mgr. François de Valbelle, évêque de Saint-Omer.

Voulant perpétuer le souvenir de sa libéralité, M. Gensse fils ordonna d'élever dans l'église des Pauvres Clarisses, un monument en marbre adossé au mur et sur lequel on consigna l'inscription suivante où on laissa des blancs pour les remplir à sa mort (2).

D. O. M.

Justus non moritur (3).

A la plus grande gloire de Dieu et à la mémoire d'honorable homme Louis Gensse, mayeur, juge et père des pauvres de la ville de Calais, et de Louis Gensse, son fils unique « dont le cœur repose ci-dessus. » Ils ont fondé à perpétuité dans ce monastère les dotes pour deux pauvres filles angloises nobles ou roturières.

---

(1) 21 hectares 91 ares 60 centiares.
(2) Blancs que nous indiquons au texte par des guillemets.
(3) Au Dieu très bon, très grand. Le juste ne meurt pas.

Plus deux obits, l'un pour le sieur Gensse père, le 9 Janvier, jour de son décès en 1707. L'autre le « 7 Octobre » jour du décès de Sr Gensse le fils en « 1719. » Item des services des morts avec messes solennelles chaque vendredi des quatre temps de l'année pour les susdits fondateurs et tous les catholiques décédés dans les 3 royaumes. Les deux religieuses en reconnoissance du bénéfice de leurs dotes gratis chanteront à haute voix, à genoux, au milieu du chœur devant le Très Saint Sacrement, à la fin de chaque office divin et la messe conventuelle: O Bone Jesu converte angliam patriam nostram (1). Le chœur des religieuses répondra : Fiat, fiat, fiat (2) ; cette prière sera répétée 3 fois par les victimes de la foi orthodoxe pour l'effet de laquelle fondation, lesdits Srs Gensse ont donné à perpétuité 50 mesures de terres avec une maison et autres bâtiments situés en la paroisse d'Oye, comme il est plus amplement porté par le contrat passé pardevant Mrs Claude Potel et Louis Lemaire, sindics et notaires royaux à Calais, le 4 Août 1708, enregistré à Gravelines le 4 Mars 1709, enregistré au vicariat de la cathédrale de St-Omer le 12 Avril 1709. Priez Dieu pour leurs ames. Verus amor cordis post funerat vivit.

La maxime « Le véritable amour du cœur survit aux funérailles, verus amor cordis post funera vivit » était le fond de la pensée de M. Gensse. Il en avait encore une autre qu'il aimait à répéter : « Justus non moritur » le juste ne meurt pas. Dans sa tête germaient continuellement des projets charitables. Ainsi vers cette époque, il fit donation entre vifs « aux sœurs-maistresses des écoles chrétiennes de Calais », d'une maison qu'il venait d'y faire bâtir rue Saint-Michel et de meubler pour établir « lesdites écoles et le logement desdites sœurs-maistresses » comme vint le constater un acte passé devant David et Guillemin, notaires à Calais, le 1er Juin 1709, et un autre du même

---

(1) O bon Jésus, convertissez l'Angleterre, notre patrie.
(2) Qu'il en soit ainsi.

jour, dans lequel comparurent au nom de ces dames le vice-mayeur et les échevins de la ville (1).

A quelques années de là, désirant déterminer ses dernières volontés tant à l'égard notamment de son inhumation qu'il voulait régler comme celui d'un homme pauvre, qu'en ce qui concernait « ses saintes sœurs les Pauvres Clairisses angloises de Gravelines », M. Louis Gensse fils, bourgeois de Calais, écrivit son testament sous la date du 21 Novembre 1714. Comme son intention était que son cœur fût placé au-dessus de l'épitaphe érigée dans l'église de ces religieuses, il se procura une boîte en plomb qu'il destina à cet effet, et sur laquelle il fit graver ces mots latins « Cor Ludovici Gensse Caletani. Amor vivus post funera vivit » qui répondent à ceux-ci : Cœur de Louis Gensse, de Calais. L'amour ardent survit aux funérailles. Il eut aussi la pensée de se faire enterrer à côté de son père dans l'église de Calais ; et, en vue de l'avenir, il fit élever contre la muraille du bas-côté de cette église un magnifique mausolée au frontispice duquel on inscrivit ces mots : « In memoriâ æternâ erit justus « (2). La mémoire du juste sera éternelle.

Dès ce temps il vécut tranquille et satisfait ; attendant chrétiennement la mort quand il plairait à Dieu de la lui envoyer. Il passait la belle saison dans une maison de campagne située à quelque distance de Calais. Cette propriété placée au milieu d'un bois, entourée de canaux de tous côtés, n'était connue dans le pays que sous le nom « d'hermitage du Sr Gensse ». Il s'y trouvait une petite chapelle, une chambrette que l'on nommait cellule, et plusiers piè-

---

(1) Plumitif, archives de la ville de Calais, et Annales de Calais par Charles Demotier. Calais, 1856, p. 234.

(2) Lettre datée de Dunkerque du 5 Juillet 1720, journal manuscrit in-4° sous la forme de lettres ayant pour titre : Voyages de Flandres par le Père Pacifique Meusnier, provincial des Capucins, et faisant partie de la bibliothèque de M. Alexandre Bonvarlet fils, de Dunkerque.

ces de logement et de réception (1). Ce brave homme vivait ainsi isolé du bruit et des plaisirs du monde dans la paix la plus parfaite, et à la fin de l'automne, il revenait à la ville jusqu'au printemps.

En 1719 ses affaires l'appelèrent à Calais plus souvent que d'habitude, et dans l'une de ses pérégrinations, voici ce qui lui arriva au rapport d'un historien du pays (2) : « Louis Genssse, dit-il, avait pris avec zèle parti pour la bulle unigenitus, et s'étant fortement persuadé que ceux qui la rejetaient, avaient tort, il s'était érigé en censeur si passionné de leur façon de penser, qu'un jour il arracha dans l'église, des mains d'un jeune homme, un nouveau testament, apparemment celui de Mons (3) ou celui que le Père Quesnel a commenté, et le porta chez le Procureur du Roi comme prohibé. Ce livre appartenait au sieur Gradel, vicaire de la paroisse. Le commandant de la place, M. Molé, voulut user d'autorité pour le faire restituer, et n'ayant point été obéi, il fit enlever le sieur Gensse et le jeta dans une prison. Le Procureur du Roi trouva que le commandant avait entrepris sur ses droits ; il écroua lui-même le prisonnier, et trois semaines s'écoulèrent à discuter à qui appartenait d'emprisonner un citoyen de Calais ! La cour intervint et fit élargir le sieur Gensse ; mais cette captivité l'affaiblit tellement et lui tint si à cœur qu'il en mourut trois mois après, » à Calais, dans la nuit du 7 au 8 Octobre.

A la nouvelle de la mort, « l'honorable homme Jean Betefort, mayeur en charge, et M• Jean Guillemin, notaire royal et procureur au siege de cette ville », requirent en leurs qualités d'exécuteurs testamentaires, le ministère de

---

(1) Lettre manuscrite citée du Père Pacifique Meusnier.
(2) Lefebvre, histoire de Calais, et les Annales de Calais citées p. 242.
(3) Le nouveau testament de Mons, édité en français par MM. de Port-Royal en 1667, a été condamné plusieurs fois par l'Eglise. Ce fut Clément IX qui, le premier, réprouva ce livre suivant bulle du 20 Avril 1668.

deux « notaires royaux gardenotes hereditaires establis à Calais et pays reconquis » pour dresser procès-verbal de l'ouverture du corps afin d'en extraire le cœur et de l'enfermer dans la boîte qui s'était trouvée chez le défunt. L'opération eut lieu à deux heures de l'après-midi, par un chirurgien-major et un docteur en faculté de médecine, en présence des amis et des parents de M. Gensse, ainsi que de « M⁰ Pierre Gersy, prestre sacristain », chargé par le testament de porter le cœur à Gravelines. Une lettre apprit aussitôt à l'abbesse du couvent de Nazareth la mort du charitable M. Gensse, à l'âge de 66 ans, et la prochaine visite de l'abbé Gresy.

« Son enterrement, rapporte l'historien cité (1) occasionna un grand trouble entre le clergé et les confrères de la charité, par qui le testament du sieur Gensse déclarait qu'il serait enterré. Le curé voulut l'enterrer avec plus de distinction ; il y eut un débat à ce sujet ; mais les confrères de la charité, plus vigoureux, furent les vainqueurs et inhumèrent le corps suivant leurs usages. »

Un voyageur, le Père Pacifique Meusnier, provincial des Capucins, s'étant arrêté en ce temps à Calais et à Gravelines, où l'on parlait du défunt, fit à cette occasion certaines réflexions qu'il consigna dans son journal. Il ne s'expliquait pas la volonté de cet homme de vouloir être enterré comme un pauvre lorsque, d'un autre côté, il faisait élever des mausolées dans ces deux villes... Puis il ajoutait ces mots : « Le curé voulut l'inhumer avec pompe ; mais l'exécuteur testamentaire s'y opposa... et l'on verbalisa... ; il a donné aux Religieuses angloises de Graveline de quoy doter deux filles. Elles ne doivent être occupées qu'à prier Dieu pour la conversion de l'Angleterre à la foy catholique ; tout cela est bon si la justice n'est point lezée à l'égard de ses proches et de ses parents pauvres » (2).

(1) Histoire et Annales de Calais déjà mentionnées.
(2) Lettre manuscrite citée du Père Pacifique Meusnier.

Ce ne fut guère que dans la première quinzaine de Janvier 1720 que l'abbé Gresy put quitter sa paroisse pour aller remettre aux Pauvres Clarisses de Gravelines l'insigne relique de Saint Libérat, martyr, avec son authentique, dont le testateur les avait gratifiées, et le cœur du défunt avec l'original du procès-verbal d'ouverture du corps, suivi de l'extrait du testament et d'un certificat du mayeur et des échevins de la ville de Calais, que l'on obtint seulement le 30 Décembre. Le jour de son arrivée à Gravelines, l'abbé Gresy qui fut reçu par M. Gervace Birckbreck, confesseur du couvent, célébra devant Mme Bagnall, la mère vicaire Fox et les autres religieuses réunies, « les divins mystères pour le salut de l'ame de M. Gensse, son cousin et ami, selon les liens de charité qui les avaient toujours unis dans ce monde. » Après la cérémonie, la boîte où était renfermé le cœur du défunt, et sur laquelle on avait fait aussi graver ces mots : Obiit 8^a die 8^{bris} 1719, fut renfermée dans l'urne qui lui était destinée au-dessus du monument funèbre.

L'idée de léguer son cœur n'était pas neuve. Jusqu'ici on en avait eu plusieurs exemples. N'avait-on pas su Thibaut de Champagne, roi de Navarre, le chantre de la croisade et de la Sainte Vierge, dont le Dante, le plus grand poète catholique, admirait le pur enthousiasme et les exquises inspirations religieuses, léguer son cœur aux Pauvres Clarisses qu'il avait fondées à Provins, dans la première moitié du treizième siècle ? (1).

La précieuse relique de Saint Libérat, dont la communauté des Clarisses venait d'enrichir le trésor de son église, consistait dans la tête sacrée du bienheureux martyr de Notre Seigneur, retirée du cimetière de Saint-Pontien à Rome. Cette tête à laquelle il ne manquait aucune dent, ce qui attestait, en quelque sorte, le jeune âge de ce noble serviteur de Dieu, était accompagnée de son authentique

(1) M. le comte de Montalembert. Introduction à l'histoire de Sainte Elisabeth de Hongrie.

délivré à Rome, d'après l'ordre du Saint Père le Pape Innocent XI, par le cardinal prêtre Gaspard de Carpineo du titre de Saint-Sylvestre, le 22 Septembre 1683, au Révérend Père Philippe Sergeant, de l'Ordre des Minimes de Saint François de Paul ; lequel en avait fait donation aux termes d'une mention mise au bas de l'authentique, à M. Gensse, le 12 Mars 1684. Nanti de ces choses, celui-ci s'était rendu un jour à Boulogne-sur-Mer près de Son Eminence Claude le Tonneler de Breteuil, évêque de cette ville, et en avait obtenu un certificat d'examen de la sainte relique le 19 Juillet de la même année. Aussitôt que le couvent en fut mis en possession, Mme Bagnall les adressa à Messire François de Valbelle, évêque de Saint-Omer, et elle en reçut, sous la date du 20 Janvier 1720, la permission d'exposer la relique à la vénération publique dans son monastère de Gravelines.

En fondant les dots pour deux pauvres demoiselles nobles ou roturières, il n'était pas venu à l'esprit de M. Gensse que, peu de temps après sa mort, on trouverait quelque difficulté d'astreindre ces deux religieuses à accomplir rigoureusement l'obligation qui leur était imposée de chanter à genoux à la fin de chaque office et de la messe conventuelle, la prière commençant par ces mots : O bon Jésus, convertissez l'Angleterre, notre patrie, etc. L'abbesse ne fut pas la seule à s'apercevoir qu'il y avait en cela non-seulement un grave inconvénient pour les deux professes dotées, par la sujétion à laquelle elles étaient journellement soumises, mais encore une sorte d'humiliation que l'on semblait vouloir leur imposer en les faisant ressouvenir sans cesse de la condition de leur entrée au couvent. Dans les premiers jours de 1723, Mme Bagnall en écrivit deux fois à M. Gloster, chanoine de l'évêché de Saint-Omer, pour que Mgr. François de Valbelle voulût bien dispenser les deux demoiselles jouissant de la fondation de M. Gensse, de réciter la prière comme il était prescrit. Après avoir examiné les raisons alléguées par l'abbesse, Son Eminence lui fit répondre par M. le chanoine, le 14 Février, qu'il en dispensait et déchargeait ces demoiselles aussi bien que celles qui leur succéderaient dans la fondation ; mais que la prière serait dite trois ou quatre fois le jour à perpétuité par la Clarisse qui officierait chaque semaine ; faisant ainsi charitablement supporter l'obligation par toutes les religieuses à tour de rôle.

La communauté de Gravelines se trouvait, en 1723, dans une situation financière magnifique. Le 27 Mai 1722, Mme Bagnall avait placé à l'intérêt de deux pour cent, 5,000 livres de France, entre les mains et sur la demande du Révérend Père Alexandre Grant, recteur du collége des Jésuites écossais de Douai, autorisé par le Révérend Père Philibert Castille, de la compagnie de Jésus, provincial en Gallo-Belgique, et, moins d'un an après, le 4 Mai 1723, elle prêta aux mêmes une somme de 2,500 livres pareillement de France, au taux d'intérêt déterminé par l'autre emprunt. Ces sorties d'argent n'empêchèrent pas les Clarisses de disposer d'autres fonds ; elles acquirent de la famille D'Inghelbreck, par contrat passé à Bruges le 6 Novembre suivant, trente-neuf mesures et un quart (1) de terres au pays de l'Angle, dont 24 mesures situées dans la paroisse de Saint-Folquin, et les 15 mesures et 1/4 restantes dans celle de Saint-Omer-Cappel. La cause de ces heureux résultats est facile à comprendre. Les dots de trente-deux religieuses qui avaient prononcé leurs vœux du 25 Mars 1705 au 29 Juin 1723, les revenus des immeubles du monastère, les intérêts des capitaux que ces dames avaient en circulation, les produits de leur pensionnat, les pensions payables tant au trésor royal que par la cassette du Roi, les dons pécuniaires que des personnes charitables faisaient au couvent, la sage et économe administration de

(1) 16 hectares 57 ares environ.

l'abbesse, tout concourait, en un mot, sous son gouvernement, à assurer des ressources et pour le temps présent et pour le temps à venir.

Quoique les abbesses eussent, en maintes circonstances, des pouvoirs discrétionnaires, elles n'en usaient pas légèrement, et il arrivait fréquemment qu'elles prissent le soin de s'entourer de conseils, comme fit Mme Bagnall lors du premier prêt d'argent au collége de Douai, dont l'acte fut signé d'elle sous l'assistance des témoins suivants : Gervace Birckbreck, confesseur des Clarisses; Mary Fox, vicaire; Elisabeth Schaftoe, portière, et la discrète Ann Smythe, dite sœur Anne-de-la-Présentation.

Il est à croire que ce fut dans cette période de prospérité que l'on engagea Mme Bagnall à doter le couvent de son portrait. On représenta la très digne abbesse en méditation devant le Christ en croix, un livre fermé à la main et l'un des doigts posé entre deux feuillets où elle semblait avoir arrêté sa lecture spirituelle. Ce livre, comme l'attestait son format, était « A Pious Collection... for Poore Clares in Graveling... » du défunt confesseur William Warren.

Depuis l'année 1705, il n'y avait pas eu de plus saintes et de plus imposantes cérémonies que celle des jubilés semi séculaires des vénérables mères Clifton, Blundell et Mollineux. Sœur Ann Clifton avait renouvelé ses vœux au pied de l'autel le 3 Mai 1712, et sœurs Alice Blundell et Margaret Mollineux, professes simultanées, avaient renouvelé les leurs le 6 Juillet 1714.

Deux ans après, en 1716, l'échevinage de Gravelines faisait procéder à un recensement officiel de la population de la ville, d'où il résulta que le couvent de Nazareth possédait 57 religieuses (1).

En dix-huit années de temps à dater du jour de l'inauguration de l'abbesse jusqu'à la fin de l'année 1723, qua-

---

(1) Manuscrit cité de feu M. Waguet.

rante-deux religieuses étaient mortes au couvent de Nazareth, y compris la mère jubilaire Elisabeth Lewis, dont la succincte biographie se trouve reproduite plus haut.

Cette désastreuse circonstance ne peut être attribuée ni à l'austérité ni à l'insalubrité particulière de la maison conventuelle ; mais à l'infection de Gravelines en général causée par l'impossibilité de vider les fossés de la place dont les eaux devenaient stagnantes faute d'entretien de la rivière d'Aa, et de l'écoulement des eaux du pays à la mer; ce qui occasionnait chaque année des maladies mortelles que précédaient des obstructions rebelles, le scorbut, la phthisie ou l'hydropysie (1).

Au nombre des sœurs décédées, on citait Elisabeth Beazer qui avait succombé comme une sainte le 9 Juillet 1711, à l'âge de 58 ans. Après avoir été huit ans religieuse à Ypres dans l'abbaye de Nonnenbosch de l'Ordre de Saint Benoît, elle s'était présentée au couvent de Gravelines et y avait été reçue professe à 24 ans le 29 Mars 1678 sous le nom de sœur Theresa-Benedict. Depuis lors sa vie n'avait été qu'un long martyre. Souffrante ou malade, sa situation laissait croire à tous moments qu'elle allait expirer ; cent fois les médecins l'avaient condamnée ; et, chaque fois, revenant à la vie, elle reprenait des forces et semblait jouir de quelque calme. Mais ce qui surprenait le plus en sa personne, c'étaient la patience et le courage avec lesquels elle supportait sans se plaindre ses maux et ses douloureuses maladies qui lui laissaient rarement une heure de repos. Cette sainte fille eut même la langue paralysée durant sept années ; et, contre toute attente, elle recouvra la parole ; ce que l'on considéra comme une sorte de miracle, « a kind of miracle » dit sa biographie.

Le 22 Mai 1719 on avait eu à déplorer la mort prématurée de la vicaire Mary Blundell, à peine âgée de 46 ans.

(1) Manuscrit cité de feu M. Waguet.

Frappée d'une attaque d'apoplexie foudroyante qui lui fit rendre le sang par la bouche, la mort fut instantanée et l'on n'eut que le temps de la faire administrer. Sœur Mary était une religieuse recommandable dont on loua infiniment la sage administration, la piété qu'elle avait manifestée depuis son enfance et l'amour de la pauvreté qu'elle affectait dans ses habits autant que dans ses paroles.

En ce temps la mort levait déjà sa faulx meurtrière sur la tête de deux religieuses d'un âge assez avancé. Le 2 Février 1720, la cloche du couvent annonçait la mort de l'une d'elles, la vénérable jubilaire Angèle-de-l'Assomption dite sœur Margaret Mollineux, à l'âge de 74 ans. On racontait d'elle, comme un fait insolite, que, fidèle gardienne du silence et poussant son zèle religieux à tel point, elle avait passé chaque année le saint temps du carême, sans adresser la parole à qui que ce fût. On disait aussi que le couvent n'avait jamais eu de religieuse qui eût rempli avec plus de zèle les devoirs d'infirmière auprès des malades de la maison pour qui elle ne redoutait ni les veilles ni les fatigues attachées à sa charge. Le 14 Juin suivant, venait le tour d'une autre jubilaire, sœur Alice Blundell que Dieu appelait à lui : elle avait atteint ses 71 ans. On consigna au nécrologe que cette bien-aimée mère avait édifié toute sa vie par sa ferveur et sa fidélité dans l'observance de la sainte règle ; et que, très assidue à la prière, elle avait passé ses loisirs au chœur où elle abandonnait son ame à la plus tendre dévotion envers la sainte famille et les saints de l'Ordre des Pauvres Clarisses. On la regretta sincèrement parce qu'elle s'était acquittée de plusieurs offices avec sagesse, prudence et charité.

La mort n'avait pas dit son dernier mot. Dans son insatiable avidité, elle frappa le 5 Décembre 1722 la jubilaire Ann Clifton, à l'âge de 75 ans. On inscrivit à l'obituaire que sœur Clifton avait été l'une des religieuses les plus attentives à s'acquitter en temps de toutes choses, sans négliger même les plus petites ; mettant ainsi à exécution le proverbe qui dit qu'il ne faut jamais remettre au lendemain ce que l'on peut faire le jour même (1). Incitée par sa tendre affection envers la bienheureuse divine mère, elle avait été la principale promotrice de la dévotion érigée en l'honneur de Marie dans le monastère, spécialement du Saint-Rosaire et du Scapulaire. On rappelait aussi que son ardent amour pour Jésus enfant, lui faisait éprouver tous les ans, à l'époque de la Noël, de tels transports de joie, qu'il était impossible de ne pas les partager, et l'on disait enfin que cette vénérable femme, n'écoutant que son zèle, n'avait jamais manqué aux offices divins de nuit et de jour, où elle était un sujet d'édification.

Parmi les trente-deux religieuses auxquelles Mme Bagnall avait donné la vêture depuis qu'elle remplissait la charge abbatiale, on signalait de 1705 à 1723 : Sœur Winefride-Clara Newton, qui brillait non-seulement comme une religieuse accomplie, mais encore comme une excellente musicienne. Admise à la profession le 15 Août 1707, elle forma de bonnes élèves ; ce à quoi on tenait essentiellement parce que toutes les religieuses étaient astreintes à connaître la musique ; Mistriss Ann Tristram, qui avait pris le voile en 1712 ; sœur Isabel Clifton, professe du 6 Juin 1716, que la nature avait douée d'une voix sonore et agréable ; trois autres religieuses du 15 Octobre de la même année : sœur Bridget Petre, qui se distinguait comme grande musicienne et comme membre très capable ; sœur Helen Petre de Fithlers, sa parente, dont on louait les brillantes qualités ; puis la sœur Helen Anderton, en laquelle se manifestaient une vocation hors ligne et un caractère parfait ; sœurs Mary Leckonby et Rebecca Pigott, professes du 6 Février 1718, filles pleines d'aptitude, inspirant la ferveur par leur édification personnelle. Enfin sœur Ann Watterton, religieuse du 27 Décembre 1719, non moins digne que toutes les autres consœurs.

(1) Parole de De Witt, homme d'État hollandais.

A la fin de l'année 1723, la santé de l'abbesse, si florissante au jour de son élection, était considérablement affaiblie. Diverses circonstances y avaient étonnamment contribué. Les fatigues, les inquiétudes et les peines attachées à sa charge, les mortifications du monastère, l'affliction qu'elle avait ressentie en voyant le nombre des professions au-dessous de celui des décès ; une autre affliction plus amère peut-être, celle de voir mourir de consomption à la fleur de l'âge, un certain nombre de religieuses auxquelles elle avait donné la vêture ; quelques évènements malheureux qui avaient assailli la communauté et dont elle seule, pour ainsi dire, avait supporté le poids ; toutes ces causes avaient prématurément diminué les forces physiques de Mme Bagnall et sensiblement altéré les traits de cette figure naguère si belle ; et, cependant, la vénérable supérieure n'avait que 49 ans ! Mais malgré l'affaiblissement de sa santé, l'abbesse n'en était pas moins infatigable dans son œuvre pour l'avancement spirituel et temporel du monastère de Gravelines et des autres communautés anglaises de l'Ordre de Sainte Claire dont elle avait la direction. Sa foi et sa confiance en Dieu, sa dévotion extraordinaire envers la Passion de Notre-Sauveur bien-aimé, comme aussi celle qu'elle avait en Saint-François-Xavier dont elle obtenait souvent la protection, selon son aveu, lui donnaient la grace de conserver cette fermeté et cette patience dont elle avait toujours fait preuve dans son administration et ses infirmités ; mais ce qui fixait l'attention de toutes ses filles, c'était sa sérénité continuelle, l'immuable douceur qu'elle témoignait dans toutes ses actions et ses paroles, sa tendresse maternelle, les soins dont elle entourait les malades, sans égard pour sa propre santé quand il s'agissait de soulager et de consoler les autres, c'était le grand exemple de mortification qu'elle donnait particulièrement dans son régime alimentaire.

La mortalité, qui avait si cruellement décimé les jeunes religieuses du monastère de Nazareth, s'arrêta tout-à-coup comme en vertu d'un décret de la Providence, à la fin de l'année 1723. L'abbesse, qui avait reçu une singulière impression de cette fatale circonstance, passa sans transition de la douleur la plus profonde à la jubilation la plus complète. Grace au secours du Très-Haut, les choses étaient rentrées dans les voies naturelles; de sorte que, de 1724 à 1727, cinq religieuses seulement moururent, tandis que la vénérable abbesse fit prendre le voile à dix novices pleines de santé et d'ineffables déterminations. C'est là une preuve de plus que Dieu, qui nous envoie des maux et des chagrins de tout genre sur cette terre d'exil, sait aussi prodiguer, quand il lui plaît, de douces compensations qui nous font oublier le passé et nous inspirent de bonnes résolutions pour l'avenir. Dans cet essaim de nouvelles professes, on remarquait sœur Marie-Colette, qui avait pris l'habit en 1724, et que l'on appelait avant son entrée en religion Miss Emerentiana Park.

Comme cela s'était pratiqué assurément jusque-là, les jeunes demoiselles, qui se destinaient à entrer chez les Clarisses anglaises de Gravelines, subissaient un examen avant d'être acceptées pour le noviciat. Le 15 Mai 1726, Miss Juliana Clifton passait le sien ; elle avait pour examinateur le Père Richard Plowden, recteur du collège anglais de la Société de Jésus à Saint-Omer, en vertu des pouvoirs de l'évêque. Il lui remit un questionnaire écrit en anglais sur lequel elle consigna ses réponses dans la même langue. Il était ainsi conçu :

Quels sont les noms de votre père et de votre mère ? — Le nom de mon père est Thomas Clifton, écuyer, et celui de ma mère, Eleonora Walmesly, tous deux du Lancashire et tous deux catholiques.

Depuis quand désirez-vous être religieuse ? — Environ un an.

Quel est votre âge ?— A peu près seize ans et demi.

Avez-vous été chancelante dans votre vocation depuis que vous en avez eu la première inspiration ? — Non.

Avez-vous été suffisamment instruite des austérités de l'Ordre et en avez-vous lu les règles? — Oui.

Avez-vous assez de santé et de force pour supporter ces austérités ? — Je l'espère avec la grace de Dieu, pourvu qu'il lui plaise conserver ma santé comme il l'a fait jusqu'ici.

Avez-vous engagé votre parole par promesse de mariage à quelque personne? — Non.

Avez-vous contracté des dettes ? — Non.

Etes-vous liée à quelqu'un dans le monde ? — Non.

Est-ce un acte de votre propre et libre volonté, ou est-ce par violence ou par contrainte que vous embrassez cet état de vie? — C'est mon propre et libre choix, sans aucune violence ni contrainte.

Avez-vous l'intention de finir vos jours dans ce Saint Ordre? — Oui.

Enfin vous engagez-vous à ne jamais parler toute seule aux Récollets ?— Oui.

Il n'y a pas de doute que ce ne fût là le formulaire des questions qui étaient posées généralement aux postulantes. Il en était dressé procès-verbal que les deux parties signaient comme témoignage de vérité, et dont une expédition, sinon l'original, était déposée aux archives du monastère.

Quelques jours après son examen, Miss Juliana retourna au couvent de Nazareth où, sur la représentation de son certificat, elle fut admise au noviciat. Cette intéressante nonnette retrouvait là une seconde famille avec laquelle elle était liée et par le sang et par le cœur. L'amour de Dieu ne devait pas tarder à les unir davantage : le 12 Août 1727, treize ou quatorze mois après son entrée, elle prononçait ses grands vœux en présence de la communauté, sous le nom de Clémentine-Claire.

Sœur Clifton faisait partie de cette famille anglaise qui avait fourni au monastère des Clarisses de Gravelines un nombre assez considérable de professes, même en ne choisissant que le nom de Clifton. Ainsi l'on y avait donné la vêture : — En 1643, à Elisabeth et à Dorothy Clifton ; — En 1661, à Margaret Clifton ; — En 1663, à Ann Clifton ; — En 1687, à une autre Ann Clifton ; — En 1696, à Mary Clifton : — En 1716, à Isabel Clifton ; — En 1719, à une troisième Ann Clifton ; — En 1721, à Jane Clifton ; — En 1725, à une quatrième Ann Clifton ; — Finalement en 1727, à elle-même Juliana Clifton. Sur ces onze religieuses, six n'étaient plus de ce monde, et les cinq autres se trouvaient cloîtrées au couvent de Nazareth. Une dernière devait un jour venir se joindre à cet essaim de filles spirituelles.

La prospérité de la maison conventuelle avait permis à l'abbesse, toujours économe et prudente, de placer en l'année 1727, à l'intérêt de quatre pour cent, une somme de 6,250 livres provenant des dots des novices que l'on avait reçues à la sainte profession dans les quatre années qui venaient de s'écouler. Le placement effectué dans l'Artois eut lieu avec d'autant plus de sécurité qu'il se fit par l'intermédiaire d'un homme d'affaires, extrêmement recommandable, du nom de R^d Hyde. Mme Bagnall fit aussi un autre placement de fonds : elle acquit cinq mesures (1) de terres sises en deux parties à Saint-Omer-Cappel où la communauté possédait déjà des biens ruraux. Tout allait à merveille, et l'année même fut close par une petite fête, une de ces solennités qui produisaient les meilleures impressions sur l'esprit des novices et des jeunes religieuses. Sœur Marie-de-la-Passion qui, à l'âge de 17 ans, était devenue professe en 1677, en abandonnant son nom d'Elisabeth Gérard, renouvela ses vœux le 24 Novembre 1727, avec cette piété qui avait édifié le monastère pendant les cin-

(1) 2 hectares 11 ares 4 centiares.

quante années qu'elle y avait passées. Après la cérémonie religieuse du jubilé, la journée s'écoula, comme il était d'usage, dans la joie et d'innocentes récréations auxquelles prirent part les jeunes élèves du pensionnat.

La félicité dont jouissait Mme Bagnall resta parfaite jusqu'au mois de Février 1728. Alors naquirent pour cette excellente digne mère plusieurs sujets d'affliction, parmi lesquels on compta, comme le plus important, celui que lui occasionna la mort de dix religieuses, anciennes professes à peu près de son âge dont la plus jeune avait 48 ans et la plus vieille 69. Elle les aimait toutes beaucoup ; mais celle qu'elle ne pouvait oublier et que Dieu avait retirée de ce monde le 9 Mars 1728, était l'affectueuse mère jubilaire Elisabeth Gérard, dont elle avait reçu depuis sa prélature une grande assistance dans le service conventuel. Il y en avait deux autres qu'elle aimait bien et qui moururent en cette même année : d'abord une professe de l'époque de Mme Bedingfield, sœur Ann Smythe, qui s'était rendue très utile et comme discrète et comme maîtresse des novices ; puis la sœur Marie-des-Anges Frankland, qui avait été admise à la profession du temps de l'abbesse Cannell, et qui, depuis lors, s'était distinguée au chœur par sa brillante voix, et dans le couvent à cause de sa constante inclination pour sa sainte vocation, de sa confiance dans la miséricorde de Dieu, et de son courage à supporter, sans se plaindre, de longues et cruelles infirmités. Le monastère eut aussi à déplorer la mort (24 Février 1733) du Révérend Père confesseur Gervace Birckbreck, à l'âge de 56 ans, dont il en avait passé vingt-deux très louablement et très charitablement comme aumônier de la maison. Chacun faisait son éloge, et l'on ne pouvait assez redire les regrets que sa paternelle affection, ses édifiants exemples de vertus, avaient laissés dans tous les cœurs. Cette mortalité, commencée le 3 Mars 1728, ne s'arrêta que le 26 Avril 1735. Il en était temps, car la bienveillante abbesse en serait morte de chagrin.

Malgré le découragement qui l'avait prise parfois, elle n'oublia rien, cependant, de ce qui pouvait intéresser le monastère. Ainsi en 1730, on la vit s'adresser à Mgr Joseph-Alphonse de Valbelle de Tourves des vicomtes de Marseille, « par la grace de Dieu et du St-Siege apostolique evesque de St-Omer », depuis trois ans, et en obtenir en faveur des « abbesse et religieuses angloises de Ste Claire de la ville de Gravelines », sous la date du 3 Septembre, la permission de faire l'office du bienheureux martyr Libérat, dont elles possédaient le chef en leur église, sous le rit double « sub ritu duplici » le jour de sa fête fixée au martyrologe à la date du 20 Décembre.

Dans les neuf années qui venaient de passer si tristement, la supérieure avait eu à supporter aussi une autre poignante douleur: celle de n'avoir pu faire prendre l'habit qu'à deux novices; cérémonie qui avait eu lieu fort tranquillement le 29 Septembre 1731.

Cette série de neuf années n'avait été interrompue que par un seul jour de fête: celui que la vénérable sœur Elisabeth Schaftoe, nommée Marie-de-l'Incarnation, avait choisi pour célébrer son jubilé de cinquantaine depuis son entrée en religion. La cérémonie avait eu lieu le 9 Mars 1734. Le lendemain le monastère était rentré dans le calme habituel, et les visages avaient repris leur austérité ordinaire.

Tous les sujets d'affliction qui viennent d'être rappelés et quelques autres dont il ne reste plus mémoire, produisirent sur l'abbesse une terrible impression. Ses infirmités en accrurent dans des proportions effrayantes. A partir du mois de Mai 1735, elle n'eut plus une heure de santé. Elle assista toutefois encore au mois de Juillet à la solennité du jubilé de cinquante ans d'entrée en religion, de l'aimable et obligeante sœur Bridget Wesbye, connue sous le nom claustral de Brigitte-Claire. Ce fut un des derniers moments de bonheur et de douce satisfaction qu'éprouva la très digne supérieure.

Cette gracieuse mère traîna tout l'été ; et, quand au commencement de l'hiver, on espérait la conserver encore longtemps ainsi, elle reçut une affreuse commotion par la mort de deux religieuses dont l'une fut enlevée en Janvier 1736, à l'âge de 35 ans, et l'autre, en Février, à l'âge de 43. Aussi à la fin du mois suivant ses forces diminuèrent à tel point qu'elle pouvait à peine se soutenir. Le jeudi 29 Mars, l'auguste sœur Catharina fut prise d'une violente fièvre ; et, malgré son abattement et sa faiblesse, elle voulut se rendre à l'office, s'approcher de la sainte table et laver les pieds. C'était plus que ses forces : on fut forcé de la porter au lit. Alors la fièvre se déclara tout-à-fait et se maintint à l'état chronique. Ses derniers jours étaient venus et elle le comprit ! Dès cet instant, livrant son ame à Dieu dans d'incessantes et sublimes aspirations, invoquant aussi l'intercession de Saint-François-Xavier qui l'avait protégée toute la vie, elle ne semblait plus être de ce monde, si ce n'est que pour s'occuper de ses enfants chéries, avec son inaltérable douceur et cette grace qui s'attachaient à ses paroles. Les appelant chaque jour autour de sa couche, elle leur donna sa bénédiction jusqu'à ce qu'il lui fût impossible de lever la main ; s'étonnant parfois de ne pas voir l'une de ses enfants, sœur Ann Elsum, on dut lui dire par subterfuge qu'elle était malade et lui cacher sa mort qui avait eu lieu le 31 Mars, à l'âge de 42 ans.

Chose admirable à son âge, cette bien-aimée mère conserva son intelligence et sa présence d'esprit jusqu'au dernier moment. Mme Bagnall, après avoir reçu le sacrement de l'Extrême-Onction le 8 Avril, rendit très doucement et pieusement son ame à Dieu dans la même journée, au milieu des pleurs et des prières de ses filles désolées, dans la trente-et-unième année de sa prélature.

Quelques jours après on écrivait du couvent de Nazareth à l'évêque et aux abbesses des autres communautés des Clarisses pour annoncer l'évènement. En terminant la missive, on disait : Une mort aussi sainte nous donne lieu d'espérer que notre très vénérable abbesse jouit maintenent de l'heureuse éternité; mais, afin de ne pas manquer à notre devoir, nous implorons vos prières habituelles.

Dans leur reconnaissance, les religieuses du monastère de Nazareth lui consacrèrent une inscription tombale conçue en ces termes :

Hic jacet venerabilis Mater nostra Catherina Dominica Bagnall, fœmina dives avis, dives naturæ donis, ditior virtutibus, fuit septima hujus monasterii abbatissa quœ in nostram familliam vixit. Obiit 8 Aprilis anno 1736, œtatis 63, profess⁎ religiosæ 47.

Inscription dont voici la traduction : Ici repose notre vénérable mère Catherine-Dominique Bagnall, femme recommandable par ses aïeux, riche des dons de la nature, plus riche encore de vertus, elle fut la septième abbesse de ce monastère, qui vécut dans notre famille. Elle mourut le 8 Avril, l'an 1736, à l'âge de 63 ans, la 47⁰ année de sa profession religieuse,

Pendant son règne l'abbesse Bagnall avait fait prendre le voile noir à quarante-sept novices.

1736-1779.

Helen Petre de Fithlers, 8ᵉ abbesse.

> La sagesse dispose toutes choses avec douceur.
> Liv. de la sag. ch. 8, v. 1.
> Heureux ceux qui veillent sur le pauvre : au jour mauvais le Seigneur les délivrera.
> Les Psaumes, ch. 40, v. 1.
> La sagesse est belle dans les vieillards.
> L'ecclésiastique, ch. 25, v. 7.

Mᵐᵉ Bagnall avait à peine fermé les yeux que l'on désignait pour lui succéder Helen Petre de Fithlers, professe du 15 Octobre 1716, entrée en religion l'année précédente sous le nom de sœur Marie-Félix. Son élection eut lieu à la fin du mois d'Avril 1736, en vertu de la délégation de Mgʳ Joseph-Alphonse de Valbelle, évêque de Saint-Omer.

Cette religieuse, âgée de 37 ans, arrivait à la prélature avec les plus belles qualités et les plus admirables vertus ; elle faisait l'édification du monastère ; et bien que, réunissant en sa personne toutes les perfections possibles, elle s'efforçait encore journellement de se rendre plus parfaite. Cent fois, jusqu'ici, sœur Petre avait fait preuve d'une soumission particulière à ses supérieures, du plus profond respect pour l'observance de la règle du couvent, de bonté et de compassion pour les religieuses, les novices et les élèves du pensionnat. Pleine de prudence dans ses actions, d'affabilité et de douceur dans ses paroles, douée d'une ferveur dont elle ne se relâchait jamais, sœur Marie-Félix remplissait toutes les conditions d'aptitude désirables, et arrivait au pouvoir de la manière la plus naturelle en vertu du vœu unanime de ses consœurs mues par le double sentiment de la reconnaissance et du plus respectueux attachement. Elle devint le modèle des plus éminentes vertus « She became a model of the most eminent vertue. »

Aussitôt après l'élection de l'abbesse, les choses rentrèrent dans l'ordre et le calme au couvent de Nazareth. Mme Petre, qui se trouvait à la fleur de l'âge et qui jouissait d'une santé robuste, sut donner instantanément une énergique impulsion à la direction du couvent et du pensionnat. Les malheurs dont la maison avait été assaillie avec une persistance opiniâtre pendant la dernière période de la prélature de la défunte abbesse, avaient jeté dans l'ame de la plupart des Pauvres Clarisses un tel découragement que, si Dieu n'avait pas envoyé parmi elles une mère forte et énergique pour relever le moral des saintes filles de la communauté, il était à craindre que de plus grands malheurs n'eussent succédé aux premiers.

On ne devait certainement pas espérer en ce dix-huitième siècle, où les tendances des esprits se dirigeaient dans la voie du philosophisme et de la réforme, de voir renaître les beaux jours de christianisme du siècle précédent ; mais on ne pouvait désespérer néanmoins de rencontrer encore de ces ames prédestinées qui écouteraient la voix de Dieu, de ces vocations inaltérables comme on en trouvait au couvent de Nazareth où s'était réfugié un essaim de ces femmes d'élite qui, sous l'égide d'une dévotion sincère, allaient atteindre les dernières limites de la vie humaine, sans se préoccuper de ce qui se passait autour d'elles dans ce monde où la corruption des mœurs et le matérialisme des idées surgissaient à flots dévastateurs.

Mme Petre ne se faisait pas illusion sur l'ordre des choses de ce monde. Sa perspicacité l'éclairait suffisamment ; elle savait bien que, si l'Angleterre ne fournissait plus autant de religieuses qu'autrefois, c'est que le temps des persécutions était passé ; que le protestantisme y avait fait d'immenses progrès dans les populations, et qu'en raison de cette circonstance, le nombre des familles catholiques y diminuait chaque jour d'une manière sensible. La digne abbesse divinement inspirée sut prendre le parti le plus sage, le plus rationnel : celui d'attendre de la divine Providence des temps meilleurs, et de poursuivre son œuvre avec autant de courage que de persévérance.

Le gouvernement de Mme Petre fut inauguré sous d'heureux auspices. Au mois de Mai on célébra le jubilé de cinquante ans depuis leur entrée en religion, des sœurs Ann Norris, connue sous le nom d'Anne-Marie, et de Jane Widdrington, dite Marie-de-Saint-Antoine, qui toutes deux et au même âge avaient reçu la vêture des mains de l'abbesse Bedingfield le 20 Mai 1687. La vénérable jubilaire Norris, âgée de 66 ans, avait été jusque-là un exemple constant de ferveur, de régularité et de zèle pour l'exacte observance de la règle. Charitable, bonne et aimable pour chacune des membres de la sainte famille de l'Ordre, sœur Norris jouissait justement de l'estime générale. A deux reprises, elle avait rempli avec honneur l'office de vicaire, et, dans ce jour solennel, toutes les religieuses étaient enchantées de lui donner des témoignages d'amour, de respect et de gratitude. Il en fut de même à l'égard de la respectable mère Widdrington, que l'on aimait éperdûment à cause de son indulgence pour toutes, de sa complaisance et de son dévouement pour chacune aussi bien la nuit que le jour.

Chose étrange, il n'y avait pas en ce temps-là de novices au monastère de Gravelines. Aucune admission même ne s'était faite depuis le 29 Septembre 1731 ; la situation financière s'en ressentait et elle était loin d'être brillante, comme le justifiaient les comptes de la dépositaire du couvent. A la fin de l'année, Mme Petre, tenant à sortir absolument de l'état de gêne, s'adressa à M. Hyde, son homme d'affaires dans l'Artois, pour qu'il lui procurât des fonds, soit par une cession d'une partie de la créance de 6,250 livres qu'il avait placée du temps de l'abbesse Bagnall, soit, s'il ne pouvait en être autrement, par le remboursement de cette créance qui produisait un revenu annuel de 250 livres représentant un intérêt de quatre pour cent. Après bien des démarches, M. Hyde écrivit à M™° Petre le 8 Janvier 1737, qu'il pouvait lui fournir 1,250 livres, sans atténuer en rien l'importance du produit, au moyen d'un nouveau placement des 5,000 livres restants, à l'intérêt de cinq du cent, sur la ville de Saint-Omer. La supérieure s'empressa d'agréer cette ingénieuse combinaison; et, quelque temps après, M. Hyde lui fit passer la somme de 1,250 livres.

Dès lors le crédit et l'honneur de la maison étaient sauvés; puis Dieu vint en aide et l'on reçut exactement les fermages, les intérêts, les pensions et les autres revenus du monastère. Leurs rentrées successives, méthodiquement échelonnées, et l'économie qu'apportait dans son administration la mère supérieure, permirent d'aller sans nouvel emprunt jusqu'au mois de Décembre 1738. A cette époque, une novice fut admise à la sainte profession et versa la dot que toute religieuse, selon les statuts de l'Ordre, devait apporter en argent.

Au mois de Septembre 1739, la sœur Catharina Busby, reçue professe en l'année 1690, sous le nom de Catherine-Eugénie, célébra son jubilé de cinquantaine, dans une imposante cérémonie, à laquelle assistèrent les élèves et les religieuses du couvent. Sœur Catharina était l'admiration de toutes; et malgré les infirmités de son âge, elle les édifiait tous les jours par ses vertus, ses bontés, sa ponctualité à remplir ses devoirs de piété.

Il arriva quelque chose de bienheureux en ce temps pour la communauté et la ville de Gravelines en général. C'étaient les travaux que l'Etat fit exécuter de 1738 à 1740 à la rivière d'Aa, et qui devaient préserver Gravelines des maladies opiniâtres qui décimaient ses habitants dans les années de fortes chaleurs. On dessécha les terres des environs de la ville; on entretint convenablement les fossés des fortifications de la place et l'on obtint enfin un état satisfaisant de salubrité. La terreur que causait Gravelines aux étrangers, se perdit peu à peu et n'offrit plus avec le temps qu'une simple tradition.

Depuis la mort du Père Brickbreck et nonobstant les instances de l'abbesse Bagnall, réitérées ensuite par Mme Petre, la maison de Nazareth n'avait pu obtenir un confesseur qui restât spécialement attaché au monastère. Enfin, après six ans d'attente, en 1739, une lettre annonça la prochaine arrivée d'un aumônier : c'était M. Thomas Bynion, dont on disait tout le bien imaginable. Effectivement les Clarisses purent assez tôt en juger. M. Bynion, leur compatriote, arrivait de Rome où il avait fait avec distinction, au collége anglais, son cours de théologie. Dès le principe ce digne ecclésiastique se montra prudent et réfléchi en ses actions comme en ses paroles, constant et assidu dans son ministère, généreux pour les pauvres, charitable pour son prochain.

Cet excellent prêtre porta bonheur à la maison de Nazareth. Son zèle fut sans égal, son dévouement sans bornes pour tout ce qui concernait le spirituel et le temporel du monastère. Il le prouva souvent ; et, avec son généreux concours, on admit à la sainte profession, du 6 Février 1740 à la fin de 1750, treize novices au nombre desquelles brillaient Elisabeth Chantril, Mary Bullstrode, Mary Moody, Elisabeth Barlow, sous le nom de Françoise-Claire, et Margaret Hunter, sous celui de sœur Marie-Françoise. Cette circonstance mit à même l'honorable abbesse, sans préjudicier aux intérêts du couvent, de placer sur la ville de Saint-Omer, une somme de 2,500 livres, à raison de 125 livres de rente annuelle, au moyen d'une cession que le Père François Poole, procureur du collége anglais de cette ville, avait faite aux Pauvres Clarisses le 28 Mars 1745, avec l'approbation du Révérend Père Jean Gifford, vice-recteur du même collége.

A la date du 17 Mai de cette année 1745, la très respectable sœur Catharina Price, qui comptait 69 ans d'âge, fit solennellement son jubilé semi séculaire depuis son admission au noviciat. Ce fut un jour de fête ; toutes ses sœurs se félicitaient de posséder encore celle qui les avait si généreusement soignées pendant leurs maladies lorsqu'elle remplissait l'office d'infirmière.

Avant et pendant la période de dix années, de 1739 à 1749, vingt-et-une religieuses étaient mortes au monastère de Nazareth. Comme professes remarquables, l'obituaire signalait :

En Septembre 1738, Winefride-Clara Newton, qui avait rendu des services à titre de musicienne ;

En Janvier 1740, Ann Gérard, qui avait rempli plusieurs des principaux offices de la communauté, et au mois de Juillet, Bridget Wesbye, vénérable jubilaire dont la vie s'était passée pieusement à acquérir les vertus convenables à sa profession ;

En Mars 1741, la jubilaire Ann Norris, professe des plus accomplies ;

En Mai 1743, la sœur Marie-de-l'Incarnation Shaftoe, jubilaire, qui avait laissé d'impérissables souvenirs comme maîtresse des novices dont elle avait rempli l'office à trois époques différentes, et le 19 Octobre suivant, la mère jubilaire Catharina Busby, qui avait rendu de signalés services comme dépositaire, infirmière et sacristine ;

Au mois d'Avril 1747, Bridget Petre, que l'on regardait comme une religieuse des plus capables ;

En Août 1749, la très vénérable mère jubilaire Jane Widdrington, dont on ne pouvait oublier l'austérité qu'elle s'imposait pour sa personne et moins encore l'indulgence et les bontés qu'elle avait pour les autres. Enfin au mois de Septembre, la jubilaire Mary Fox, dont on rappelait continuellement la grande dévotion envers la Sainte Vierge et Saint Michel, et les nombreux services qu'elle avait rendus dans les emplois confiés à ses soins, et principalement en qualité de vicaire dont elle avait rempli la charge pendant onze années.

Ces dames n'étaient pas mortes au berceau, la plus jeune, Ann Gérard, avait 53 ans, et la plus vieille, Jane Widdrington, 80. La plus jeune des douze autres avait 37 ans, et la plus âgée, 62. C'était l'histoire du monde où l'on meurt à tous les âges, même dans l'état de la plus entière liberté d'action et de volonté.

Dans le cours des neuf années qui suivirent, de 1751 au 5 Décembre 1759, la maison de Nazareth eut plus de chance; elle ne perdit que huit religieuses dont deux seulement étaient au-dessous de cinquante ans. Parmi les autres il y avait peu de sommités. La mère Mary Leckomby avait été enlevée à l'âge de 52 ans, le 9 Juin 1751. Cette excellente religieuse avait édifié ses compagnes par son ardent amour pour la régulière observance de la règle et par son admirable assiduité dans les divers emplois qu'elle avait exercés et particulièrement comme sacristine, puis comme vicaire, dignité dont elle jouissait à sa mort. On s'était attaché à sa personne à cause de sa ravissante charité pour chacune, de la candeur de sa vie, de son attachement à sa vocation, de son respect pour ses supérieures. Venait ensuite la jubilaire Catharina Price, qui avait succombé le 25 du mois suivant. Cette bonne mère, racontait-on, avait passé sa vie dans la recherche et la pratique des vertus convenables à son fervent état d'amour pour le Dieu Tout-Puissant, et elle était douée d'une si remarquable dévotion envers la sainte enfance de Jésus, qu'on la comparait à son ancienne amie Ann Clifton, morte en 1722; laquelle avait fait son jubilé et était parvenue comme elle à l'âge de 75 ans.

Trois ans après (1754) et au moment où l'on s'y attendait le moins, on apprit au couvent la mort de Mgr de Valbelle, troisième évêque de ce nom, qui, depuis peu d'années, était venu à Gravelines administrer aux élèves du pensionnat le sacrement de Confirmation, en laissant dans la communauté de délicieux souvenirs (1).

Une religieuse à laquelle il convient de donner une dernière pensée, sœur Juliana Clifton, dont nous avons redit les premières années en religion, était morte le 23 Avril 1756, à l'âge de 47 ans, après trente années de profession qu'elle avait passées en donnant sans cesse des témoignages éclatants de ferveur, de patience, de tranquillité d'ame et d'exactitude dans les différents emplois qu'on lui avait confiés. Deux femmes, nobles filles du ciel, se trouvaient en pleurs et agenouillées près du lit de Miss Juliana au moment où elle rendait son ame à Dieu. C'étaient ses sœurs aînées, Ann et Jane Clifton qui, en priant pour la pauvre défunte, demandaient à leur divin maître la grace de jouir bientôt comme leur bien-aimée Juliana du bonheur de contempler la splendeur de l'éternelle béatitude.

Un malheur, dit-on vulgairement, n'arrive jamais seul ! La mort de la regrettable Juliana Clifton fut suivie, le 2 Août de la même année 1756, de celle du confesseur du couvent, Thomas Bynion, qui, à peine âgé de 41 ans, laissait une mémoire bénie et vénérée non-seulement au monastère, mais aussi dans toute la ville. Un vicaire de la paroisse fut appelé aussitôt à remplir momentanément la place d'aumônier ; ce que l'on n'aimait pas parce que, nonobstant toute la diligence possible de l'intérimaire, la maison ne pouvait jamais jouir des avantages qu'elle recevait de la présence du titulaire. Plus de deux ans se passèrent à l'attendre ; et vers la fin de 1758, M. Anthony Lowe se présenta comme confesseur au monastère de Nazareth. C'était un homme de 26 ans, qui plut et convint dès son début.

Cette année là fut aussi marquée par l'installation à Gravelines des Sœurs de la Providence du Saint-Enfant-Jésus.

---

(1) Je possède un beau portrait à l'huile de grandeur naturelle d'un de Valbelle ; on suppose que c'est celui du dernier évèque.

Ces religieuses enseignaient gratuitement, moyennant indemnité de l'échevinage, les préceptes de la religion sous la surveillance du clergé, enseignaient, en outre, à lire, à écrire, à calculer, à tricoter et à coudre à toutes les jeunes filles indistinctement de la ville et de la campagne (1).

Depuis le mois de Juin 1751 à celui de Novembre 1758, on avait fait prendre le voile à sept novices qui comprenaient les sœurs Catharina Manby, Mary Hodhson et Mary Routledge.

Il y avait, en 1758, vingt-deux ans que Mme Helen Petre de Fithlers avait le gouvernement de l'abbaye de Gravelines. Depuis lors ses saintes filles n'avaient pas cessé d'être édifiées par les exemples des vertus les plus accomplies. Jamais elle ne s'était relâchée de son incomparable ferveur. Son zèle et son amour extraordinaires pour l'honneur et la gloire de Dieu, comme pour l'avancement de sa communauté dans la voie de la perfection, ne s'étaient altérés un seul instant pendant cette longue série de jours qui venaient de s'écouler. Elle était restée tendrement dévouée à la Passion et à la Mort de Notre-Sauveur bien-aimé. Souvent son ame candide s'épanchait dans la contemplation de son divin maître et dans l'auguste sacrement de l'autel qui retrempait sa vie, excitait son zèle et son dévouement, renouvelait ses forces. Aussi, tous ses instants de loisir étaient-ils consacrés au chœur; ce qui attirait sur la maison, ainsi que le faisaient observer les religieuses, des graces spirituelles et temporelles inespérées. Les dévotes aspirations de la pieuse et aimante abbesse lui communiquaient une ferme confiance en la divine Providence. Il ne se passait pas de jour qu'elle n'invoquât en faveur du monastère l'intercession de la Vierge Marie et de Saint Joseph. Elle se plaisait, au reste, comme un acte indispensable de

(1) Manuscrit cité de feu M. Waguet.

la vie chrétienne, à implorer fréquemment le secours des saints ; et, parmi eux, surtout Saint François et Sainte Claire, les fondateurs de l'Ordre des Pauvres Clarisses. La protection du ciel lui était acquise : on ne pouvait en douter ; cette très digne mère en éprouvait parfois les effets les plus évidents.

Mme Petre remplissait admirablement sa charge et possédait un talent particulier, peut-être était-ce un don du ciel, de se faire chérir de ses enfants en les maintenant, comme il était de son devoir, dans les lois de l'obéissance et de la stricte observance de la règle. Bonne et affectueuse pour toutes, elle se conciliait l'affection, l'estime et le respect de chacune par ses soins maternels, ses délicates attentions, les douces consolations qu'elle savait leur donner si adroitement dans les épreuves que ses saintes filles avaient quelquefois à supporter ; en un mot elle était infatigable en tout ce qui pouvait les rendre heureuses ; ce qui faisait dire aux religieuses en parlant de leur tendre mère : She is indifatigable in all that coul render us happy. Elle prévenait leurs besoins, savait les deviner et les satisfaire dans de justes conditions. Cet amour qu'elle prodiguait à pleines mains autour de sa personne, lui était rendu au centuple : toutes ses enfants, religieuses, novices et pensionnaires, pénétrées jusqu'au fond du cœur d'une inaltérable reconnaissance, allaient au-devant de ses désirs, de ses commandements, de ses prescriptions. Son humeur était toujours la même ; et cette précieuse égalité de caractère dont elle était douée, se faisait remarquer à tous les évènements de prospérité et d'adversité possibles. Avec ce tact d'un esprit supérieur, elle ne témoignait aucune préférence dans son affection pour ses filles ; mais chacune était flattée des bonnes paroles qu'elle leur adressait quand l'occasion s'en offrait. N'était-ce pas un moyen assuré de maintenir au monastère la paix et le bonheur ?

La respectable abbesse n'avait la grace de jouir de tant de belles qualités et de vertus si convenables à sa sainte vocation, que parce qu'elle n'avait qu'une pensée, bien agréable à Dieu, celle de se rendre de plus en plus parfaite en s'observant, sans le faire paraître, avec la plus scrupuleuse attention. Son cœur affectueux et compatissant n'arrêtait pas ses généreux élans aux grilles du parloir. Sa charité allait au-delà quand il y avait une infortune à consoler. On connaissait sa générosité; les malheureux venaient la voir. Elle refusait rarement; sa tendresse charitable envers les pauvres affligés se répandait à profusion, mais avec discernement sur tous ceux qui, dans le besoin, s'adressaient à elle.

Quatre années s'écoulèrent dans la plus complète tranquillité au couvent de Nazareth, et il n'y eut de fait signalé que le recensement effectué en 1760 par le magistrat, et qui constata l'existence de 30 religieuses composant le personnel de la maison (1). Exemptes d'inquiétudes, de préoccupations étrangères, mues par la main habile de l'abbesse, incitées par les exemples de ses vertus et l'affabilité de son caractère, les religieuses purent donner avec les cœurs de mère dont elles étaient douées, la plus généreuse direction à l'instruction des novices et à l'éducation des pensionnaires confiées à leur sollicitude. Au bout de ce temps, on vint annoncer au monastère une nouvelle importante qui, sans être de nature à y porter de perturbation, n'en était pas moins désagréable pour les Clarisses. Il s'agissait de la suppression de l'Ordre des Jésuites, en vertu d'un arrêt rendu par le Parlement de Paris le 6 Août 1762. Les Jésuites anglais aussi bien que les Jésuites français, durent quitter le sol de la France; et du jour où ceux du collège anglais de Saint-Omer s'en allèrent en exil, il surgit de cette circonstance une situation fâcheuse qui mettait en danger les intérêts des religieuses de Gravelines.

Par des motifs dont on ne peut, au juste, se rendre compte, les diverses abbesses avaient chargé successive-

(1) Manuscrit cité de feu M. Waguet.

ment les Jésuites de Saint-Omer de veiller à leurs affaires temporelles en laissant à ces Pères un plein pouvoir de les gérer ainsi qu'ils le jugeraient à propos. Il arriva de là qu'à mesure des envois de fonds par ces dames, les Jésuites les plaçaient réellement, non pas sous le nom des Pauvres Clarisses anglaises, mais sous celui du collége de Saint-Omer, sans qu'elles en eussent connaissance, parce que l'on y conservait les titres pour le service des rentes que les abbesses recevaient aux échéances.

Au moment du départ des Jésuites, les Clarisses étaient créancières de ce chef de 11,500 livres dont elles n'avaient en mains aucune preuve légale ; les craintes de ces dames furent extrêmes. Il était impossible de rester en cet état d'incertitude, et pour en sortir, l'abbesse Petre se résolut d'écrire sur-le-champ à plusieurs personnes pour avoir l'adresse « du Révérend Père Nathanaël Elliott, recteur, et du Révérend Père Jean Darell, prêtre procureur du collége des Jésuites anglois cy devant en la ville de St-Omer. » On les découvrit à Bruges où ils s'étaient réfugiés. Une correspondance active s'ensuivit entre eux et l'abbesse. Il s'écoula plusieurs mois avant que l'affaire ne reçût une solution favorable; enfin le 12 Octobre 1763, ces religieux vinrent attester par acte devant le notaire public Suvée, de Bruges, que cinq rentes à la charge de l'hôtel-de-ville de Saint-Omer, d'un sieur Antoine Kint de Hocquir, et du nommé Massemin, d'Eperlecque, d'ensemble 11,500 livres, étaient la propriété « des dames angloises pauvres claires de la ville de Gravelines » et non la leur. Ce petit incident d'intérêt ne nuisit en rien aux relations de ces dames ; et il se présenta bien des occasions dans la suite où le Père Elliott, par exemple, vint en aide par ses démarches et par ses recommandations aux Clarisses de Gravelines.

Les trop confiantes religieuses étaient arrivées à une époque où elles n'avaient pas de chance dans leurs affaires temporelles. Elles eurent, jusqu'en 1769, une suite d'interminables procès en Angleterre et en France devant les Parlements et autres juridictions ; non-seulement pour le recouvrement en général de leurs créances en capitaux et intérêts, mais encore à l'occasion d'une foule de droits et de prétentions qui leur incombaient.

Le collége de Saint-Omer était passé aux mains de prêtres séculiers. Celui de Douai avait eu le même sort ; mais plusieurs professeurs anciens y étaient restés, entre autres M. William Wilkinson, l'ex vice-président de cette maison, avec lequel Mme Petre conserva longtemps des rapports épistolaires pour le remboursement des emprunts que les directeurs de l'institution de Douai avaient faits au couvent de Gravelines une quarantaine d'années auparavant, sous le gouvernement de l'abbesse Bagnall, et dont la presque totalité était acquittée en ces derniers temps. Les fonds reçus ne restèrent pas au monastère : en directrice prévoyante, la supérieure chercha un placement ; et, dans le cours de l'année 1765, elle acquit deux rentes perpétuelles sur les Aides et Gabelles, d'un capital d'ensemble 9,047 livres, au cours annuel de 450 livres 7 sous.

Les neuf années que l'on vient de traverser (1760 à 1769) avaient vu quelques mutations s'opérer dans le personnel du couvent. Il avait eu ses jours d'afflictions et ses jours de pures et innocentes joies. Douze sœurs étaient mortes. D'abord le 27 Avril 1760, à l'âge de 58 ans, sœur Jane Clifton, que l'on a vue plongée dans la plus accablante douleur au moment où sa chère Juliana Clifton expirait quatre ans auparavant. A la mort de Jane, se trouvait au monastère une cousine de la défunte : une dernière Ann Clifton qui, sans s'effrayer de ce triste évènement, se préparait à la sainte profession. Sa vocation était parfaite et la vêture lui fut donnée le 29 Juin.

Sœur Ann Tristram avait à peine fait son jubilé de cinquante ans, le 27 Novembre 1760, qu'elle était enlevée de ce monde. La mort venait la frapper à l'âge de 71 ans, le

22 Février suivant. On la regretta, car elle avait exercé avec zèle, durant dix-huit ans, les fonctions de vicaire.

Ann Clifton, professe de 1725, la dernière sœur de Juliana et de Jane Clifton, avait peu survécu à celle-ci. Le 22 Décembre 1767, elle rendait son ame à Dieu dans la cinquante-septième année de son âge.

Les jubilaires devenaient rares. Toutefois, au mois d'Octobre 1764, Helen Anderton célébrait son jubilé de cinquante ans révolus depuis son entrée en religion. Cette solennité qui ne devait causer aux assistantes que la joie et de douces pensées, avait un cachet quelque peu attristant. La pauvre religieuse était aveugle et souffrait d'une complication d'infirmités. Devenue vieille, pour ainsi dire, avant l'âge, ses forces diminuaient à vue d'œil. Elle n'alla plus loin : le 29 Mai 1765, le bon Dieu la prenait à lui dans la soixante-sixième année de sa vie, laissant au monastère les meilleurs souvenirs. Au mois de Juin, la sœur Isabel Clifton fit solennellement son jubilé de cinquantaine. Chose singulière ! Elle aussi, comme sœur Anderton, était aveugle et supportait ses infirmités avec une rare patience. On l'aimait pour ses vertus et ses aimables qualités.

Depuis l'année 1761, la vêture avait été donnée aux novices Catharina Lee, Dorothy Hoole, Elisabeth Jump et à deux autres religieuses d'une remarquable intelligence et d'une ardente piété : sœur Ann Penswick, qui avait été admise aux grands vœux le 28 Mai 1764, à 18 ans, et sœur Clémentina Johnson, qui avait pris le voile le 28 Mai 1765, à l'âge de 17 ans, en adoptant les noms de Clémentine-Claire qu'avait portés jadis l'intéressante nonne Juliana Clifton, professe de 1727, morte en 1756.

On parlait alors d'une prochaine et imposante cérémonie. De grands préparatifs et de nombreuses invitations eurent lieu. L'inestimable abbesse Helen Petre, au jour fixé du mois d'Octobre 1765, célébra saintement son jubilé de cinquante ans. Elle donnait au couvent de Nazareth le premier exemple d'une mère supérieure qui, ayant pu acquérir assez d'âge, y devenait jubilaire. Jeune encore et née en 1699, sœur Marie-Félix n'avait que 66 ans. On n'entendait dans la maison, après la sortie du chœur, qu'un long cri de félicité et de joie, et l'on se disait, en la voyant dans la plénitude de ses forces morales et physiques, que d'innombrables et bienheureux jours lui étaient réservés par le ciel pour le bonheur du monastère. En effet, on pouvait en accepter l'augure, puisque la bien-aimée abbesse avait passé toutes les mauvaises phases de la vie sans souffrances et sans secousses. Des compliments de congratulation lui arrivèrent de toutes parts, et dans les lettres que l'on écrivit, il y en eut une du Révérend M. William Wilkinson, de Douai, qui était attaché à la digne abbesse par un sentiment ineffable de charité.

L'année même de ce mémorable jubilé, l'échevinage de Gravelines fit procéder au recensement de la population et constata l'existence de 32 Clarisses au monastère de Nazareth (1).

L'année 1766, s'écoula dans la vie la plus calme, sans incident d'aucune espèce; mais dès le commencement de l'année suivante, on annonça que Mgr. Louis-François-Marc-Hilaire de Conzié, nouvellement élu évêque de Saint-Omer, se disposait à visiter son diocèse. Effectivement, le 22 Juillet, il fit solennellement son entrée à Gravelines et se rendit le lendemain au couvent des Pauvres Clarisses. Entre autres choses curieuses qui furent mises sous les yeux de Sa Grandeur, se trouvait la précieuse relique du Saint Martyr Libérat. Monseigneur prit la plume et inscrivit de sa main son vidimus au bas de l'authentique, à cette date 23 Juillet 1767, en le signant: Louis évêque de St-Omer in cursu visitationum.

D'agréables souvenirs devaient encore se rattacher à cette année 1767. La novice Emilia Keith, qui avait abjuré

---

(1) Manuscrit cité de feu M. Waguet.

la religion protestante en entrant au couvent, et à laquelle Dieu réservait une vie glorieuse, mais agitée, prit le voile le 21 Octobre, avec une ferveur d'esprit attendrissante, sous le nom de sœur Marie-Augustine. Elle annonçait de hautes capacités qui faisaient bien augurer de son avenir. Il y eut aussi deux autres sujets d'ineffable bonheur ; d'abord la solennité du jubilé semi séculaire célébrée au mois de Février par la sœur Rebecca Pigott qui, par suite d'une attaque d'apoplexie toute récente, avait la langue paralysée ; et en second lieu, la cérémonie du jubilé aussi de cinquantaine, que fit au mois de Décembre la sœur Ann Watterton. Pleine de bonté et d'affectueuse obligeance pour ses compagnes, elle n'eut plus malheureusement de longs jours à traverser. Le 1ᵉʳ Mai 1768, elle s'éteignait paisiblement à l'âge de 69 ans, regrettée, comme l'est toujours une mère douée de vertus exemplaires.

Enfin s'ouvrit l'année 1769. Les pertes y furent compensées. Le nécrologe constata deux décès et les vêtures des sœurs Lydia Nihell et Anne Mennell. Le 5 Novembre fut le jour le plus triste de l'année : le couvent perdit la très respectable mère Marie-Françoise Hunter, qui y remplissait l'office de vicaire. Les services que sœur Hunter avait rendus dans les diverses fonctions dont on l'avait chargée pendant près de trente années de vie religieuse, la faisaient sincèrement regretter de toutes ses consœurs. Sa dernière maladie avait eu pour cause un douloureux cancer. Elle la supporta avec une héroïque patience et une soumission parfaite à la volonté de Dieu.

Les années ne se comptent pas lorsqu'aucun évènement ne vient en interrompre le cours ; et semblable à l'onde qui coule paisiblement sur un sol uni et glissant, la vie passe comme un léger songe. Telle est l'existence du cloître où une série de jours tranquilles succède à chacune des rares agitations inévitables même loin d'un monde si tourmenté. Les jours heureux passent vite quand aucune ombre ne vient obscurcir le tableau, quand surtout des ames dévouées à Dieu n'ont en vue que leurs devoirs qui peuvent se résumer dans cette simple expression : Foi, charité, éducation.

Les neuf années qui s'écoulèrent à dater de 1770, offrirent la fidèle image de cette douce quiétude dont jouissaient les religieuses du couvent de Nazareth sous le gouvernement si bienveillant, si dévoué de l'abbesse Petre de Fithlers; et à part les réminiscences des pertes d'argent que le monastère avait essuyées dans ces dernières années, et la mort de huit vieilles religieuses, rien ne marqua péniblement cette bienheureuse époque. Deux de ces dames étaient jubilaires : les mères Rebecca Pigott et Isabel Clifton, qui s'endormaient du sommeil de paix; l'une à l'âge de 71 ans en 1771, et l'autre à 76 ans, quatre années après la première. La compensation des décès ne s'établit pas pendant cette période de neuf années, et l'on ne put faire prendre le voile qu'à deux novices : Ann Jump, en 1770, et Jane Fairbrother, en 1775.

En 1770, vivait à Gravelines un jeune homme d'une conduite irréprochable, et avantageusement connu depuis son enfance. Remplissant l'office de greffier du subdélégué de l'intendant de Flandre, il attendait une seconde place dans l'administration locale; c'était M. Jean-Baptiste-Gabriel Rivière, né en cette ville le 8 Octobre 1739, de la légitime union de M. Jean-Baptiste Rivière, dit La Rivière, et de demoiselle Marie-Anne Mantagnet, qui y étaient fort considérés. M. Rivière fils, qui avait acquis l'estime publique par une grande aptitude aux affaires et un haut sentiment de piété, fut sollicité par la vénérable abbesse du couvent de Nazareth de vouloir bien prendre la charge de Père temporel dont l'établissement se trouvait dépourvu. M. Rivière, toujours heureux d'être utile et de rendre service, accepta l'emploi et se mit immédiatement en relations avec la très digne supérieure qui lui témoigna dès le principe la confiance la plus illimitée. En 1772, la place de secrétaire-greffier du magistrat étant devenue vacante, il en acquit l'office à prix d'argent et entra en fonctions le 21 Novembre, demeurant ainsi chargé de la rédaction des actes judiciaires et municipaux de l'échevinage, et investi du droit de délibérer dans les assemblées, emploi qui nécessitait de sérieuses connaissances des lois et de l'administration civile.

Près de six ans après, le 21 Septembre 1778, il s'allia à l'une des familles les plus recommandables du pays, en épousant Mlle Marie-Madelaine Torris, fille de M. Charles Torris, propriétaire à Gravelines, et de Mme Marie-Barbe-Thérèse Grandsire, native de Dunkerque; et ce qui prouve l'honorabilité non-seulement de la famille de la demoiselle, mais aussi de celle du jeune homme, ce sont les qualités des témoins qui signèrent à l'acte de mariage et dont les noms suivent: M. Jean-François Rivière, son frère germain, contrôleur des fermes du Roi au bureau principal de Gravelines; M. Charles Wante, son ami, premier échevin en exercice de la justice royale de cette ville; M. Jean-François Torris, négociant à Dunkerque, frère germain de l'épouse; M. Pierre-François Torris, rentier à Gravelines, oncle paternel de la même, et son beau-frère Messire Charles-François-Robert Drouart de Lézey, chevalier de l'ordre royal et militaire de Saint-Louis, major de la place de Gravelines, ancien capitaine au régiment de Poitou; toutes personnes qui avaient des rapports fréquents avec les Clarisses à cause des jeunes demoiselles de la famille qui faisaient leur éducation près de ces dames.

Parmi les jubilaires existantes au monastère de Nazareth en 1779, il y en avait une qui, semblable à l'arbre séculaire fort et inébranlable, avait atteint sa quatre-vingtième année sans avoir subi, pour ainsi dire, l'influence de la décrépitude attachée au dernier âge de la vie. Cette mère était la très révérende abbesse, qui arrivait ainsi à la fin de sa carrière sans connaître la caducité de la vieillesse.

Quelques infirmités dont elle était atteinte, eurent long temps peu de prise sur sa robuste constitution ; et ce ne fut guère que dans les derniers mois de sa vie qu'elle en souffrit beaucoup. Elle dut même se priver du bonheur d'approcher de la Sainte Table et d'aller prier à la chapelle aussi souvent que son cœur l'eût désiré. Cependant les années n'avaient rien changé à cette bonne nature de femme, à cet aimable caractère qui lui avaient concilié les sympathies et l'amour de ses filles, à toutes les époques de sa prélature.

Dieu, qui fixe le nombre de nos années, brisa tout-à-coup la trame de cette longue existence. Mme Petre de Fithlers prit à peine le temps de s'aliter ; et quand elle se sentit défaillir, la pauvre malade appela l'aumônier, le Père Anthony Lowe, et se confessa. Peu d'instants après, le digne prêtre vint lui administrer le sacrement de l'Extrême-Onction ; imposante cérémonie qui fit naître successivement des scènes de la plus accablante tristesse. Avec ce courage qui l'avait toujours soutenue dans les traverses, elle conserva une présence d'esprit inaltérable ; « being perfectly sensible to the last moment » dit le nécrologe. Enfin il y eut une dernière scène d'indicible effusion de cœur : elle fit tour-à-tour ses adieux à toutes ses filles et prodigua à chacune, avec cette attention et cette bonté exquises dont elle avait possédé le prestigieux secret, les plus tendres caresses et les paroles les plus aimables ; de telle sorte que l'on ne put discerner, alors comme en aucun temps, celles d'entre ses enfants sur lesquelles sa sollicitude angélique s'étendait le plus. Toutes étaient agenouillées autour et en vue de sa couche, attendant avec anxiété l'issue de cette heure suprême où l'ame s'envole vers la céleste patrie. Sa main se levait sans cesse pour donner sa bénédiction aux assistantes... Puis cette main se glaça et ne se leva plus ! La très vénérable, la très chère et bien-aimée abbesse, sœur Marie-Félix, jubilaire, venait d'expirer au milieu des soupirs, des pleurs et des prières de ses enfants affligées.

Mme Petre de Fithlers finissait sa carrière dans la 80e année de son âge, la 43e de sa direction abbatiale et la 64e depuis son entrée au couvent à l'époque de l'abbesse Catharina Bagnall. Elle avait fait prendre le voile noir à trente-deux novices.

Le jour de sa mort, 20 Juin 1779, les pauvres religieuses du couvent de Nazareth consignaient au nécrologe et écrivaient à des personnes amies, quelques notes biographiques sur l'honorable défunte. On y lisait : La bien-aimée abbesse a gouverné notre monastère avec une prudence, une affabilité et une douceur si extraordinaires et si soutenues, que nous, orphelines, sommes inconsolables d'être privées d'une mère des plus tendres et des plus compâtissantes, dont nous ne pouvons assez déplorer la perte. Nous, qui connaissions ses ineffables qualités, avons lieu d'espérer que cette bonne mère est maintenant au nombre des élus ; mais comme les plus grandes vertus ne sont pas inséparables des faiblesses humaines, et dans la crainte qu'il n'y ait de retard à son heureuse jouissance de la vue de son époux céleste, nous recommandons son ame à vos suffrages et à vos prières.

1779-1793.

Clémentina Johnson, 9ᵉ abbesse.

> Elle a ouvert sa main aux pauvres ; elle a étendu ses bras vers l'indigence.
> Prov. ch. 31, v. 20.
> La multitude louera sa sagesse, et sa sagesse ne sera jamais dans l'oubli.
> L'ecclésiastique, ch. 39, v. 12.

L'inhumation de l'abbesse Petre de Fithlers n'avait pas eu lieu, que déjà la communauté avait confié les rênes de l'administration du monastère à la sœur Clémentine-Claire, connue avant son entrée en religion sous le nom de Clémentina Johnson.

Quelques jours après on procéda à l'élection d'une supérieure ; et la sœur Clémentine-Claire, qui jouissait de l'amour et de l'estime de toutes les religieuses Clarisses, fut confirmée à l'unanimité dans la charge d'abbesse qui lui avait été provisoirement conférée. En sa qualité de Père temporel, M. Gabriel Rivière assista à l'élection de la nouvelle dignitaire. Dès ce jour, un attachement inaltérable se cimenta entre l'abbesse et cet homme honorable au cœur noble et dévoué, qui avait su gagner l'estime tout entière de la défunte supérieure, Mᵐᵉ Petre de Fithlers. Il y avait même plus, Mᵐᵉ Rivière, qui avait fait son éducation au couvent, n'avait cessé de fréquenter assidûment ses anciennes institutrices, et elle était l'intime amie de Mᵐᵉ Johnson qu'elle affectionnait à l'égal d'une sœur.

Mᵐᵉ Johnson n'avait que 31 ans ; mais elle était douée d'une capacité extraordinaire qui se trouvait alliée en sa personne avec une parfaite harmonie à d'autres dons de la nature et de la grace divine.

Comme on l'avait vue en tous les temps depuis sa sainte profession qui avait été célébrée le 28 Mai 1765, sous le gouvernement de la vénérable Hélen Petre de Fithlers, la révérende abbesse Clémentine-Claire se montra dès les premiers jours de son élévation à la prélature, au mois de Juin 1779, bonne, affectueuse, affable, compatissante pour chacune des enfants que la main du Tout-Puissant lui avait confiées ; prudente dans ses actions, calme et réfléchie dans ses paroles, attentive et scrupuleuse dans ses devoirs, admirable de dévouement, pleine de résignation dans ses afflictions, pénétrée de reconnaissance envers Dieu dans les évènements heureux. Sa dignité inspirait le respect ; sa beauté, l'admiration ; sa sérénité, le calme et la douceur ; sa piété, la plus tendre religion ; son austérité, l'amour de la vie monastique.

Mme Johnson adressait fréquemment des aspirations à Notre Saint Sauveur « our blessed saviours » en qui elle mettait son espoir et sa confiance. Sa charité l'entraînait par un sublime élan du cœur vers les malheureux et les pauvres qu'elle consolait par de bonnes paroles et secourait de ses aumônes. La digne mère répétait souvent que le monastère de Nazareth ne manquerait jamais de rien tant qu'il secourrait l'infortune. Chez elle, c'était une profonde conviction : elle avait eu plusieurs fois l'exemple du soin paternel que la Divine Providence prend de ses enfants dévoués et confiants. Aussi il ne lui fallut que quelques mois pour se faire aimer dans la ville autant qu'elle était aimée au couvent.

Dès son entrée en fonctions, l'abbesse s'occupa d'un travail bien nécessaire. Le nécrologe de la maison était dans un tel état de vétusté, qu'elle proposa d'en faire tirer une copie et elle fit un appel à toutes ses filles. La sœur Cécile-Joseph, nommée autrefois Catherine Duddell, montra sa bonne volonté et s'en chargea. Elle avait une écriture ferme et forte qui convenait à ce genre de travail. Ce dernier nécrologe, qui existe encore, porte le titre suivant : « This Book containeth the Names, ages, and times of professions, of all the religious, that have been receaved in this convent of Nazareth of the poor Clares erected in the town of Graveling; togeather also with the day and year of their decease, and first mention is made of all those who for the beginning and establishing of the said monastary by vertue of obedience wear taken out of the convent of the poor Clares in the town of Saint Omers. Anno domini one thoussand six hundred and eight the 7th day of November. »

Tout allait pour le mieux au monastère. A la fin du mois de Septembre, M. Rivière vint annoncer à Mme Johnson qu'il avait été élu à la charge d'échevin du siége royal de Gravelines, et que, dès le 8 Octobre, il entrerait en exercice. Cette nouvelle causa une vive satisfaction parmi les religieuses ; et ce qui arrivait d'heureux et de flatteur à leur Père temporel, fut pour chacune d'elles un sujet de joie et de bonheur. Comme l'on n'en doutait pas, l'élection de M. Rivière fut confirmée par le Roi Louis XVI, suivant lettres-patentes qui portaient la date du 12 Octobre 1779. A la même époque, M. Rivière remplissait encore les fonctions de greffier du subdélégué de l'intendant de Flandre dont M. Simonis était le titulaire à Gravelines.

La première année de l'administration de Mme Johnson, s'écoula sans le moindre nuage. On respirait un parfum de bonheur au couvent ; tout y témoignait de la plus parfaite quiétude, quand un incident fâcheux vint, à l'ouverture de l'année 1780, troubler la sérénité à laquelle les religieuses s'étaient doucement accoutumées depuis l'avènement de Mme Johnson. La bien-aimée sœur Ann Hussy, après quinze ans de souffrances causées par des rhumatismes, tomba malade et mourut le 20 Janvier, à l'âge de 66 ans, emportant dans la tombe les regrets et les sympathies de toutes ses compagnes.

La communauté perdit ensuite quatre religieuses. Une

en 1781, à l'âge de 64 ans ; une seconde, Mary Hodshon, le 19 Juin 1782, à l'âge de 50 ans, et les deux autres en 1783, assez vieilles aussi ; étant âgées de 52 et de 56 ans. L'une d'elles, la sœur Duddell, s'était chargée de la copie du nécrologe comme on l'a dit plus haut. Sans rien négliger de ses devoirs de piété, cette religieuse s'était occupée de cette œuvre ; et, au bout de deux ans, elle remettait son volume entre les mains de l'abbesse, ainsi que nous l'apprend la note de sa main, mise au bas de la 467ᵉ page : « Memento mei Cœcilia-Jsseph finish'd in yᵉ (the) year of our Lord 1781. »

En cette même année 1781, le mayeur et les échevins de Gravelines avaient établi un atelier de charité dans la ville ; institution recommandable qu'approuva l'abbesse Johnson. On pouvait y faire l'instruction de vingt pauvres filles orphelines et de vingt garçons pauvres et orphelins, auxquels on apprenait à coudre, à filer du coton, du lin, du chanvre, et à faire des filets de pêche (1).

Dans l'espace de trois ans qui venaient de s'écouler, le personnel du couvent n'avait fait que diminuer par suite des divers décès qui y avaient eu lieu : car la supérieure n'avait fait prendre l'habit qu'à une novice depuis son entrée en exercice ; et cela s'était exécuté au mois de Mars 1781. Mais la compensation s'établit avec le temps. En 1784, une novice fit sa profession ; en 1786, une autre ; enfin, le 29 Juin 1788, on donna la vêture à Miss Mary Martin qui, lors de son entrée en religion, avait adopté le nom de Marie-Louise. Femme d'intelligence et de grande piété, la nouvelle religieuse laissait présager une haute destinée pour son avenir, quoiqu'elle n'eût encore que 18 ans.

De 1783 à 1789, on vécut avec calme au couvent. On n'eut même à regretter la perte d'aucune professe. Belle époque qui devait être la dernière pour les Pauvres Cla-

(1) Manuscrit de feu M. Waguet.

risses. La révolution éclata et l'on comprit que l'on s'acheminait vers une ère de peines, de déceptions, d'infortune et d'irréligion, comme vinrent le justifier d'abord les premiers actes des Etats-Généraux, puis un décret du 28 Octobre, sanctionné le 1ᵉʳ Novembre par le Roi, portant que l'émission des vœux monastiques était suspendu dans tous les monastères de l'un et de l'autre sexe.

Les beaux jours s'en allaient; toutefois le premier janvier de l'an 1790 se passa encore à souhait au monastère. On s'y livra même à la joie et au bonheur à l'occasion du jubilé de cinquante ans que fit la sœur Françoise-Claire, connue jadis sous le nom d'Elisabeth Barlow. Le 25 Janvier fut aussi un de ces jours privilégiés pour la communauté. Le Père temporel, M. Rivière, vint annoncer que le matin il avait été élu maire de Gravelines, position qui le mettait à même de protéger la maison conventuelle. Mais, quelques jours après, alors que les hommes et les choses marchaient en France avec une rapidité délirante dans une voie de bouleversements et de réformes, de vagues pressentiments commencèrent à se faire jour dans l'ame des Clarisses, quoique M. Rivière, M. de Lézey, le respectable chevalier Louis de Durfort, lieutenant du Roi, et d'autres honorables amis leur assurassent qu'il n'y avait rien à craindre des circonstances. Ces dames ne s'en émurent pas moins et ce n'était pas sans raison : on ne tarda pas à savoir que les employés des Finances avaient refusé le paiement de la pension de 1,200 livres dont jouissait la communauté sur le Trésor royal, et celle de 280 livres qui se payait sur la Cassette du Roi.

Pour être éloignées du tourbillon du monde, les personnes consacrées au cloître n'en ont pas moins leurs peines et leurs tourments. Comme les autres, elles ont un cœur et sont susceptibles de sentiments de regrets et de reconnaissance. Elles sentent peut-être plus vivement parce qu'elles ont moins de sujets de préoccupations. Aussi le 8 Février

1790 fut un jour de deuil et de prières au monastère de Nazareth : les Clarisses perdaient un de leurs plus fervents amis, M. Drouart de Lézey, major de place, qui, à l'exemple de la famille Torris à laquelle il s'était allié, n'avait cessé un seul instant de protéger l'établissement de Gravelines. M. le chevalier de Lézey était un gentilhomme extrêmement modeste, aimable et distingué. Paroles douces et bienveillantes, manières pleines de cette exquise galanterie de l'ancienne cour française, esprit orné, bravoure de Bayard, noblesse de cœur, rectitude de jugement, telles étaient les qualités du très honorable défunt que le pauvre comme le riche pleurait à Gravelines. M. le chevalier, qui portait le titre de seigneur de Lézey, appartenait à l'une des plus anciennes familles nobles de la Lorraine, originaire de Vic et remontant au quatorzième siècle. On trouva dans les papiers de sa succession, entre autres documents authentiques, les lettres-patentes de confirmation de noblesse qui avaient été accordées à l'un de ses aïeux, Messire Jean Drouart, par l'Empereur d'Autriche, Ferdinand II, le 16 Mars 1626, et qui, en outre, lui octroyaient ainsi qu'à tous ses descendants le titre de chevalier. Il y était dit que Jean Drouart descendait en la quatrième génération d'anciens nobles et que l'Empereur lui confirmait ses armes, les ornait et les améliorait encore, et pour marque d'ancienne noblesse, y mettait au-dessus du casque une couronne royale pour lui et tous ses descendants. De plus, il voulait que Messire Jean Drouart et tous ses descendants fussent appelés chevaliers, tenus et reconnus pour tels en tous lieux et en tous actes de justice, etc. (1).

Le mois n'était pas écoulé que ces dames apprenaient une autre bien triste nouvelle : deux décrets de l'assemblée nationale des 5 et 13 Février avaient « aboli les vœux mo-

(1) Ces lettres-patentes existent aujourd'hui entre les mains de M. Drouart de Lézey, procureur impérial près du tribunal civil de Douai, notre estimable collègue de la Société impériale d'agriculture, sciences et arts, séant à Douai.

nastiques solennels et déclaré que les ordres et congrégations religieux dans lesquels on faisait de pareils vœux, étaient supprimés en France. »

A cette époque il se trouvait au monastère vingt-et-une religieuses dont voici la nomenclature par les noms qu'elles portaient autrefois dans le monde et par la date de leurs professions : Elisabeth Barlow ; Elisabeth Chantrill ; Mary Bullstrode ; Mary Moody ; Catharina Mamby ; Mary Routledge ; Ann Clifton ; Catharina Lee ; Dorothy Hoole ; **Ann Penswick** ; Elisabeth Jump ; Clementina Johnson, abbesse ; Emilia Keith ; Lydia Nihell ; Ann Mennell ; Ann Jump ; Jane Fairbrother ; Jane Green ; Frances Todd ; Ann Worsick et Mary Martin. D'ancienne date, le Père spirituel du couvent était le Révérend M. Anthony Lowe, confesseur, et le Père temporel M. Gabriel Rivière.

Mme l'abbesse n'était pas tranquille lorsqu'elle réfléchissait aux résultats désastreux que pouvait faire surgir la révolution. Elle craignait avec raison pour l'existence de son monastère, surtout en présence des deux décrets de l'assemblée nationale que le Roi venait de sanctionner. Néanmoins elle éprouva quelque calme quand elle sut que divers ordres religieux protestaient. En effet, plusieurs voix s'élevèrent à la tribune contre la décision de ces lois. La question fut approfondie, et, faisant droit sur une partie des réclamations, l'assemblée nationale vint dire par l'article 1er de son décret du 28 Octobre, confirmé par le Roi le 7 Novembre, qu'il n'y avait d'exception que pour les établissements d'étude, d'enseignement ou simplement religieux étrangers. Avec cela les Pauvres Clarisses anglaises de Gravelines étaient sauvées et leur maison resta ouverte comme celles de Dunkerque, d'Aire et de Rouen.

L'éducation des élèves du pensionnat était l'objet constant de la sollicitude de Mme Johnson ; elle les visitait et les questionnait fréquemment, les excitait à l'étude et leur donnait des encouragements avec cette parole ravissante et si persuasive qu'elle maniait à merveille. Les malheurs publics n'avaient pas diminué le nombre des pensionnaires françaises et anglaises qui restaient attachées à leurs institutrices. Tout ce qu'il y avait de mieux à Gravelines et dans les environs, envoyait et conservait ses enfants au couvent; et, en ce temps-là même, M. et Mme Rivière y avaient leurs trois jeunes demoiselles, Gabrielle, Adélaïde et Sophie.

Pendant l'hiver qui suivit, les Clarisses furent reprises d'inquiétudes à l'occasion de la démission des fonctions de maire qu'avait donnée, au mois de Novembre, leur Père temporel M. Rivière. Tout ce qui se passait autour d'elles leur paraissait étrange et insolite; et, malgré les soins que les religieuses prenaient de ne pas s'entretenir des évènements avec les personnes qui venaient au parloir, elles en apprenaient toujours quelque chose qui laissait dans leur esprit une funeste impression. Il était, au reste, assez difficile de rester étranger aux affaires publiques ; chaque jour le nombre des pauvres s'accroissait à Gravelines, et, du matin au soir, le couvent était assailli par une foule de malheureux qui se permettaient des réflexions plus ou moins rassurantes. Mme Johnson avait fort à faire ; cependant elle satisfaisait à la fois, souvent même au préjudice de sa santé, aux occupations du monastère, aux exigences, aux besoins des pauvres qui venaient mendier à sa porte ; puis Dieu lui donnait à la fin de la journée la force et le courage de supporter les fatigues et les soucis du lendemain.

Tout allait au plus mal : le 8 Février 1791, la municipalité fit signifier aux religieuses la défense d'enseigner l'anglais ; le 15 Août, le jour même de la fête de Notre-Dame-de-Foi honorée à Gravelines, l'église des Clarisses fut fermée au public (1), en exécution d'un arrêté des administrateurs du Directoire du département du Nord du 25 Juin précédent. Toutefois les devoirs religieux de la maison

---

(1) Manuscrit de feu M. Waguet.

conventuelle, n'avaient encore subi d'altération. Aux heures réglées de la nuit et du jour, les Clarisses se rendaient ponctuellement au chœur ; et là, élevant leurs ames vers le ciel, elles adressaient d'ardentes prières tantôt à Dieu le Père, à Jésus, à la très Sainte-Vierge Marie, à Saint Joseph; tantôt à Saint François, à Sainte Claire et à d'autres bienheureux en qui ces pieuses servantes du Seigneur mettaient plus particulièrement leur confiance. Les litanies de Saint François et celles de Sainte Claire étaient toujours en haute estime parmi elles.

L'un des chagrins sérieux qu'éprouvèrent les bonnes religieuses vers la fin de cette année 1791, ce fut la perte que le gouvernement leur fit subir des 452 livres 7 sous, importance des deux rentes annuelles qu'elles possédaient depuis vingt-six ans, sur les Aides et Gabelles. On leur allégua pour motif, en refusant le paiement, que la dette en était éteinte par suite de la réunion au Domaine de l'Etat de tous les biens appartenant aux établissements de main-morte, dont les lois de 1790 avaient ordonné la suppression; ce qui consola très peu ces dames ; elles n'y voyaient qu'un acte arbitraire et une première atteinte à leurs propriétés personnelles. Au milieu de l'hiver, les religieuses subirent une affliction d'une autre nature qui leur fut excessivement pénible. La bonne sœur Hoole mourut le 20 Février 1792, à l'âge de 67 ans, d'autant plus regrettée que ses derniers instants, comme toute sa vie, s'étaient passés dans l'accomplissement des actes les plus louables de piété, de patience et de la plus tendre charité.

La révolution avait pris alors des proportions effrayantes. Les Pères Récollets, les Sœurs de la Providence et les Sœurs Noires de Gravelines avaient quitté leurs couvents. Les dames chanoinesses-comtesses et les Capucins de Bourbourg avaient été expulsés de la ville. A Merckeghem, qui, comme Gravelines et Bourbourg, dépendait de l'évêché de Saint-Omer, les religieuses de Ravensberghe avaient subi le même sort. A Saint-Omer les moines de l'abbaye de Saint-Bertin, les religieux et les religieuses des autres monastères avaient été contraints de se retirer le 16 Août. Bientôt on apprit que la mère Scholastique Legros, supérieure des hospitalières de Saint-Jean dites Sœurs Noires, de Bourbourg, qui, par son héroïque énergie, avait su résister aux menaces des autorités, avait enfin dû fléchir devant l'orage de la démocratie et s'était enfuie avec ses co-religieuses à la fin du même mois. Déjà Mme Johnson s'était vue dans la pénible nécessité de faire des sacrifices. La perte des deux pensions, que le gouvernement avait fait subir à la communauté, la confiscation des rentes dues par les Aides et Gabelles, la difficulté de recouvrer les fermages, la diminution du produit des classes, la cherté des aliments, toutes ces causes avaient forcé la prévoyante mère, malgré la plus stricte économie de gestion, de faire rentrer successivement les capitaux que le monastère possédait sur des particuliers. Elle prévoyait même que la communauté aurait un jour à faire d'autres sacrifices pour pourvoir à ses besoins si la révolution ne prenait pas fin.

Tous ces évènements étaient de nature à troubler les personnes les moins craintives. Ils eurent pour Mme Johnson la plus déplorable influence sur sa santé. Elle en fut péniblement impressionnée tout en conservant un air serein et impassible, et cela est si certain qu'elle y puisa le germe d'une maladie qui éclata vers cette époque. Peu à peu la maladie devint très grave. A tous moments la bien-aimée abbesse était prise de vomissements causés par la bile qui la travaillait d'une manière désespérante. Au mois de Décembre la maladie se modifia et dégénéra en un apostême sur la poitrine qui lui causa des souffrances inouïes. En se résignant à la sainte volonté de Dieu, la bonne mère les supportait avec une résignation et une tranquillité sans égales qui édifiaient extrêmement ses enfants affligées. Sans cesse elle en recevait les soins les plus minutieux ; et le cœur pénétré de reconnaissance et d'amour, elle savait leur dire de ces paroles si douces qui font naître et incitent les plus généreux dévouements. Nonobstant sa triste position, elle n'oubliait aucun devoir de sa charge ; elle se faisait rendre compte de tout ce qui se passait dans la communauté, donnait des conseils ou prescrivait des ordres avec cette affabilité et cette bienveillance qui ne l'avaient abandonnée en aucun temps de sa prélature.

La révolution suivait son cours. De temps à autre, il transpirait du dehors d'affligeantes nouvelles qui jetaient l'alarme au couvent, comme la mort de Louis XVI, au 21 Janvier 1793. D'autres fois il en venait, qui offraient des consolations. C'est ainsi que, dans le cours du mois de Mars, Mme Johnson annonça au monastère que le 8 du même mois, l'assemblée nationale avait rendu une loi qui décidait que tous les établissements religieux anglais existants en France devaient continuer à jouir de leurs biensfonds comme par le passé, et que ces sortes de biens n'appartenaient pas à la nation.

A travers cette alternative de bons et de mauvais jours, conservant une sérénité inaltérable et un sang-froid que nul évènement adverse n'avait pu altérer, l'abbesse remontait sans cesse le moral de ses filles émues et tremblantes, et leur inspirait la force nécessaire pour surmonter leurs craintes et se résigner dans leurs afflictions. Malheureusement la très digne mère s'affaiblissait de jour en jour et souffrait de plus en plus. Dans les épanchements de son ame noble et virginale, elle exprimait ses tendres inquiétudes pour l'avenir de ses filles chéries. Elle eût voulu pouvoir rester encore au milieu du saint troupeau que Dieu lui avait confié, uniquement pour le protéger contre les maux de tout genre dont le monde était plein ; et certes l'excellente supérieure avait droit de l'espérer, car elle comptait à peine la quarante-cinquième année de son âge. Mais, hélas ! le terme de sa vie approchait.

Peu de jours avant sa mort, Mme Johnson exprima le désir d'avoir une entrevue avec le Père temporel du couvent ; elle ignorait son absence : M. Rivière n'était pas en ville et venait d'être nommé juge à Dunkerque où il se trouvait. Le temps pressait : Mme Rivière qui ne savait rien refuser à son amie, envoya un exprès vers son mari ; et, dès le lendemain, M. Rivière accourait à Gravelines. Mme Johnson était très mal. A l'arrivée de l'affectueux Père temporel, les sœurs Keith, Penswick et Martin, ainsi que d'autres religieuses donnaient leurs soins à leur bien-aimée abbesse. Toutes ces dames fondirent en larmes ; Mme Johnson, calme et résignée, sembla reprendre ses forces et d'une voix solennelle, elle pria M. Rivière de recevoir ses derniers adieux, causa des malheurs du temps, rappela avec cette délicatesse et cet esprit aimable qui la distinguaient, tout le dévouement qu'il avait consacré jusqu'ici aux intérêts du monastère ; puis invoquant les droits sacrés de l'amitié qui les avait unis, elle lui fit promettre au pied de son lit et à la vue de l'image du Christ, qu'il n'abandonnerait jamais ses chères religieuses.

Cette entrevue qui avait profondément ému le digne Père temporel, fut la dernière ; le 16 Mai, la très révérende, très chère et bien-aimée abbesse, sœur Clémentine-Claire, s'éteignit paisiblement au milieu des larmes et des prières de ses enfants désolées et inconsolables, fort en peine de leur avenir et plongées dans la plus grande détresse.

Comme une seconde Providence, le Père spirituel du monastère, M. Lowe, vint fort habilement au secours des pauvres orphelines, et sut relever leur courage abattu.

Mme Johnson avait vingt-huit ans de sainte profession et près de quatorze années depuis sa bénédiction abbatiale.

Le plus magnifique éloge sortit de toutes les bouches et la secrétaire du couvent consigna au nécrologe les réflexions suivantes : Nous ne pouvons assez déplorer la perte d'une supérieure aussi digne, aussi capable. Elle nous a gouvernées pendant quatorze ans avec une prudence et une douceur qui nous l'ont rendue chère. Pour toutes ses filles, elle a été une mère tendre et une amie affectionnée ; elle savait trouver de consolantes paroles pour les peines du cœur comme pour les douleurs physiques. Bien plus : on apercevait toujours en sa personne une sollicitude infatigable et une activité soutenue pour l'avantage de la communauté. En un mot, elle nous a laissé l'exemple de si belles qualités que le temps ni les circonstances ne pourront éteindre le sentiment de gratitude, d'amour et d'admiration dont nos cœurs sont profondément pénétrés. Ce qui nous console, c'est qu'au moment où nous déplorons sa perte, elle est allée recevoir par les mérites de la Passion et de la Mort de Notre Sauveur et par l'intercession de Notre-Dame bien-aimée « our beloved Lady », de Saint Joseph et de notre mère terrestre Sainte Claire, la récompense de ses vertus suffisamment appréciées de Dieu seul ; oui, elle se trouve sans doute maintenant dans la jouissance éternelle de ce bonheur promis aux cœurs doux et humbles. Toutefois, comme les jugements de la Divine Providence nous sont inconnus, et que les plus grandes vertus sont exigées de ceux qui suivent partout l'agneau de Dieu, nous supplions instamment le secours de vos ferventes prières afin de ne pas manquer à notre pieux devoir.

Malgré son zèle inépuisable, sa sage et habile administration, l'auguste mère Johnson ne put faire prendre le voile noir qu'à quatre novices. Elle avait eu à lutter contre l'esprit du siècle et les évènements de la révolution ; les chances lui manquèrent. Aussi cette circonstance devint-elle la cause principale des afflictions qui troublèrent les derniers temps de sa vie et qui précipitèrent sa mort.

1793-1799.

Emilia Keith, 10ᵉ abbesse

> Il vaut mieux aller dans la maison de deuil, que dans la maison de fête.
> L'ecclésiastique, ch. 7, v. 5.
> La joie de notre ame s'est éteinte, nos chants sont changés en lamentations.
> Jérémie, ch. 3, v. 15.

Emilia Keith, entrée comme novice en 1766 au couvent de Nazareth, sous les noms de Marie-Augustine, et admise à 30 ans en qualité de religieuse professe, le 2 Octobre de l'année suivante, du temps de l'administration d'Helen Petre de Fithlers, la sœur Emilia Keith réunit à la mort de la regrettable Mme Johnson tous les votes et fut élue abbesse du monastère au mois de Mai 1793. La nouvelle dignitaire avait 55 ans.

Vingt-cinq années de sainte profession avaient fait apprécier son caractère angélique, son admirable piété qui faisait dire qu'elle était le sanctuaire de la Foi. Sa soumission envers ses supérieures, sa haute estime pour sa divine vocation, sa persévérance à se perfectionner dans la pratique des vertus qui pouvaient être agréables à son époux céleste, les services qu'elle avait rendus à la communauté, l'éducation qu'elle avait faite des novices durant trois années avec une aptitude et une méthode accomplies, tout parla en sa faveur et les suffrages lui furent légitimement acquis.

La prélature était une charge quelque peu lourde en ce temps-là; et bien que Mme Keith fût douée d'une capacité hors ligne et se trouvât à la hauteur de sa mission, une seule chose empêchait peut-être qu'elle déployât toutes les ressources de son intelligence. C'était l'état de sa santé qu'avaient altérée les incidents de la révolution. La bonne mère était parfois très souffrante. Sa position demandait des ménagements ; et cependant elle était appelée comme supérieure à lutter directement en face avec la barbarie, l'impiété et la méchanceté des hommes irréligieux que les circonstances déchaînaient chaque jour sur la France. La révolution était parvenue à son apogée : on tourbillonnait dans un épouvantable chaos : la terreur.

En prenant possession de la prélature, Mme Keith avait trouvé la communauté dans un état satisfaisant d'administration. Le monastère était sans dettes et possédait en caisse des réserves pécuniaires provenant de la rentrée des placements, effectuée par Mme Johnson ; mais comme les fonds s'épuisaient et que l'on comptait peu sur le paiement des fermages, l'abbesse prit ses précautions et vendit, moyennant un prix payé comptant, les deux mesures et trois quartiers de terres que possédait la communauté aux portes de Gravelines, depuis l'année 1702, et se créa ainsi des ressources qui la mettaient à même de parer aux éventualités futures que la maison conventuelle aurait à essuyer.

Le grand orage de la révolution ne gronda pour les Clarisses qu'au commencement de l'automne. Le 12 Octobre 1793, les citoyens Trulard et Berlier, représentants du peuple, présidaient l'assemblée populaire de Gravelines. Ils ordonnent que, sur-le-champ, il soit pris des mesures rigoureuses à l'égard des ci-devant Clarisses. Il est quatre heures du soir, des soldats se posent en sentinelles à toutes les issues du monastère ; puis le juge-de-paix Adrien Sneck reçoit l'ordre de s'y rendre avec les citoyens Bernard Debette et Zacharie Lemoine, membres et commissaires du comité de surveillance. Huit heures sonnent : ces fonctionnaires accompagnés de plusieurs officiers de la municipalité, du comité d'inspection et du club, s'introduisent d'abord chez l'aumônier, le Père Lowe, puis au couvent où ils trouvent Mme Keith. Au nom de la loi un membre du club lit l'arrêté qui prononce la mise en état d'arrestation de leurs personnes et de celles des religieuses. On les somme ensuite de livrer au juge-de-paix tous les titres, les autres papiers et les registres qu'ils ont en leur possession. On obéit ; les titres, papiers et registres livrés, sont aussitôt mis sous scellés dans des caisses, enlevés et transportés au greffe de la justice-de-paix; et, comme si l'on eût craint quelque horrible complot de la part de l'aumônier, on le laisse jusqu'au lendemain sous la garde d'un capitaine d'infanterie, de douze hommes et d'un caporal que relèvent alors quatre soldats et un caporal seulement.

On ne peut se rendre compte au monastère de la cause d'une pareille mesure. Dans le premier moment on l'attribue au bruit qui circule que les Anglais, auxquels les sectaires viennent de livrer Toulon, ont pendu deux représentants de la Convention nationale ; puis on sait que l'on n'a agi ainsi que comme mesure générale prise en vertu d'un décret de la Convention qui rend responsables tous les Anglais résidants en France, non de la mort des deux représentants Bayle et Beauvais, mais du mauvais traitement que l'on suppose devoir leur être infligé par les Anglais dans les prisons de Toulon.

Un jour se passe ; le 14 et le 15, le Président du comité, un autre officier civil et un commissaire militaire viennent procéder à l'inventaire du mobilier que renferment le couvent et l'habitation du directeur.

A cette époque presque tous les ordres religieux ont disparu de Dunkerque. Les Récollets sont sortis de leur maison en Juillet et les Minimes en Octobre 1790 ; les Capucins, le 21 Juin 1791 ; les Sœurs Noires, en Septembre 1792 ; les Pénitentes et les Conceptionistes ou Sœurs Blanches, au mois d'Octobre suivant; enfin les Carmes, en Septembre 1793. Il n'y reste plus que les Pauvres Clarisses et les Bénédictines ou Riches Claires anglaises. Le 16 Octobre, renvoyées de la ville où l'on vient de leur dire que « des religieuses étrangères ne peuvent enseigner les enfants des citoyens français, elles sont dirigées vers le canal de Saint-Omer où on les place sur une misérable bélandre qui suffit à peine à les contenir toutes, ainsi que les cinquante soldats qui les gardent et qui mettent le bateau en grand danger de chavirer; » (1). Le lendemain 17, vers huit heures du soir, elles arrivent au couvent de Nazareth où on les attend. Les émigrantes se composent de 49 personnes: l'abbesse Prujean et quinze autres dames, onze sœurs et cinq pensionnaires des Bénédictines ; l'abbesse Elisabeth Forster et dix religieuses de chœur, cinq sœurs converses et une pensionnaire des Pauvres Clarisses. M. Francis Bishop, nouvel aumônier des Riches Claires, et M. Carpue, le confesseur des Pauvres Clarisses, arrivent en même temps que ces dames à Gravelines, sans l'intention d'y rester. Au nombre des Bénédictines se trouvent des religieuses anglaises de l'abbaye de Pontoise qui étaient venues se réfugier à Dunkerque en 1784. (2).

Le 7 Novembre, des commissaires du district de Bergues viennent au monastère, saisissent ou effacent une partie des emblêmes et des marques de royauté, de noblesse, etc., qui y existent. Le 15, le citoyen Rivière, Père temporel du couvent, est remplacé dans ses fonctions de maire de la ville, par le citoyen Alexis-Ferdinand Merlin; circonstance qui afflige les religieuses Clarisses, privées de la sorte de leur plus chaleureux défenseur au sein du conseil municipal.

Le dernier mot du drame émouvant de la révolution n'était pas prononcé.

Le 4 Décembre, les membres du club, quelques officiers de la municipalité et du comité viennent apposer les scellés sur les portes de l'église et de la sacristie du monastère où

---

(1) M. Victor Derode, p. 297 de l'Histoire religieuse de la Flandre maritime, etc., Dunkerque, 1857.

(2) P. 72 des Notices citées d'Edward Petre.

l'on avait renfermé les vases sacrés, les vêtements et tout ce qui se rattachait au culte divin. Dans cette néfaste journée, on fait entendre aux religieuses qu'elles ne tarderaient pas à partir pour Compiègne, à pied, sous l'escorte de gendarmes à cheval. Le 6, le 7 et le 8, des membres du club, des officiers municipaux et du comité, procèdent à un second inventaire et annoncent à la supérieure que le monastère est autorisé, en vertu d'un décret de l'assemblée nationale, à disposer librement de ses propriétés personnelles, etc. Le lendemain 9, les mêmes administrateurs reparaissent au couvent dans la matinée pour terminer l'inventaire, et le soir, pour rompre les scellés afin de retirer de la sacristie et du chœur le Saint-Sacrement et les tabernacles.

Tel est l'historique de la fatale année 1793. Voici ce qui se passa l'année suivante.

Le 2 Janvier, le Procureur-Syndic du district de Bergues visita la communauté. C'était un homme doux et humain ; il parut sincèrement touché de compassion pour ce que les bonnes religieuses avaient eu à supporter d'afflictions. Il promit à ces dames que, comme il considérait leur voyage à Compiègne impraticable à cause de la saison, il en écrirait sans retard au Ministre de l'intérieur pour en obtenir un ordre contraire, bien que les amis de la Constitution de Gravelines voulussent que l'on expulsât de la ville ces « ci-devant religieuses. » La visite de cet honnête homme et la protection dont le très honorable citoyen Rivière ne cessait d'entourer les Clarisses, leur devinrent extrêmement favorables, car le 20, Mme Keith obtint pour l'aumônier la permission de célébrer les mystères sacrés et d'exercer même les autres fonctions de son ministère dans la communauté ; mais comme un bonheur n'est jamais parfait sur cette terre d'exil, on refusa de lever les scellés du buffet de la sacristie et de rendre les calices, les ciboires, les ostensoirs, les reliquaires, etc., indispensables au service de l'autel. La cause en émanait d'un ordre que les officiers municipaux attendaient et que l'on exécuta le 29 du même mois. On enleva en conséquence, dans l'après-midi de ce jour, les objets suivants dont le révérend Père Lowe fit l'inventaire : l'ostensoir de l'église, le cœur y attaché, l'ostensoir du chœur, le grand calice, le petit calice, le grand ciboire, le second ciboire, les deux burettes, la boîte aux saintes huiles, un Christ en argent, l'auréole de la Vierge, une bague d'or avec une pierre précieuse et un sceptre en or, un soleil garni de roses, de rubis et d'améthystes, une chape, une agraffe d'argent, deux chasubles, deux tuniques, un devant d'autel, une écharpe, trois voiles, deux étoles, quatre manipules et divers autres objets, valant ensemble une somme de 8,524 livres.

Les infortunées religieuses étaient au comble de la désolation lorsqu'on enleva leurs richesses si saintement précieuses à leurs yeux. Déjà dans le courant du mois, elles avaient eu d'autres causes de profonde douleur par la mort de deux sœurs bien affectionnées et très méritantes : la vénérable Marie-Catherine Moody, professe de Gravelines, âgée de 76 ans, et la pieuse Euphrosia Maire, nonne de chœur des Pauvres Clarisses de Dunkerque, à l'âge de 85 ans. Enfin il plaît à Dieu d'envoyer quelquefois aux humains une consolation quand ils s'y attendent le moins : le 14 Février, on vint annoncer au couvent que le citoyen Rivière avait été nommé dans la journée juge-de-paix de la ville et du canton de Gravelines. Ce fut là le sujet d'un vrai bonheur pour ces dames ; elles y puisèrent l'assurance d'une protection plus certaine que jamais de la part du nouveau magistrat.

On passe sans cesse dans la vie d'une alternative à l'autre. Rien n'y est stable, certain : ainsi le mois de Février et la première quinzaine qui suivit, s'écoulèrent fort tranquillement ; mais le 16 Mars, on eut à déplorer la mort, à l'âge de 43 ans, de la sœur Ann-Martha Gornall, dame de l'Ordre des Bénédictines de Dunkerque. Jusque-là les

Clarisses s'étaient bercées de l'espérance qu'on leur restituerait les objets relatifs à l'exercice du culte dont elles avaient été dessaisies le 29 Janvier, et bientôt elles apprirent que M. Adrien Sneck et M. Bernard-Nicolas Decarpentry, de Gravelines, les avaient déposés le 9 Février, comme propriétés nationales, entre les mains du garde-magasin des dépouilles des églises en résidence à Bergues. Toutes ces choses étaient donc à jamais perdues ; ce qui devint pour elles un nouveau sujet d'indicible chagrin !

On comptait alors au couvent de Nazareth soixante-dix-sept personnes qui, si elles eussent été livrées à leurs propres ressources, seraient mortes de misère et de besoin ; mais grace à Dieu, elles recevaient chacune, à cause du sequestre que l'on avait mis sur leurs immeubles et de la saisie de leurs biens mobiliers, une somme de quinze sous (75 centimes) par jour, qui leur était payée par les soins des officiers municipaux et des deniers du trésor national. Les Pauvres Clarisses de Gravelines et toutes les autres religieuses qui s'étaient réfugiées près d'elles, n'avaient cessé, malgré ce qui s'était passé de fâcheux au monastère, d'être l'objet constant de la considération des autorités civiles et militaires de la localité. De temps en temps ces dames avaient aussi la visite des deux commandants de place qui venaient très poliment s'informer de la conduite des gardes apostés chez elles par ordre supérieur.

Le 19 Mars, un officier municipal et un membre du comité, suivis de dix soldats, entrèrent dans l'enclos du monastère et notifièrent aux religieuses qu'ils venaient descendre la croix élevée sur le clocher de leur église ; mais, sur quelques observations de l'abbesse, ils se retirèrent sans exécuter ce dessein qui, du reste, n'était pas sans difficulté, et promirent d'en référer aux administrateurs du district de Bergues. L'affaire en resta là ; mais le 1ᵉʳ Avril un membre du comité et un soldat vinrent effacer avec de la chaux ce qui restait encore de croix, de noms sacrés de

Jésus et d'autres marques religieuses empreintes sur les murs intérieurs du couvent; puis, quelques jours après, un individu monta au clocher et réussit à descendre la croix qui offusquait certains regards. Un mois s'écoula ensuite sans troubles et sans dérangements au monastère, et les bonnes religieuses y vécurent ainsi l'espoir au cœur jusqu'au 2 Mai. Ce jour, vers 10 heures du matin, le maire et trois officiers du comité et du club pénétrèrent dans l'intérieur de la maison pour rechercher une place convenable afin d'y établir une fabrique de salpêtre. Ils revinrent vers les 3 heures pour visiter la bibliothèque, autorisèrent la supérieure à en retirer les livres pieux qui lui conviendraient et apposèrent les scellés sur les autres. Le 3, deux officiers du comité et du club revinrent parcourir le monastère au sujet de l'établissement de la fabrique de salpêtre; et l'emplacement ne paraissant pas propice, ils tournèrent leurs vues d'un autre côté : on apprit le lendemain que l'église paroissiale avait été trouvée parfaite pour cette destination !

Le vent de la mort soufflait sur le monastère de Gravelines. Déjà diverses religieuses avaient succombé des suites de saisissements et de frayeurs; d'autres menaçaient de partager le sort de leurs consœurs. Le 9 Mai, la sœur Routledge mourut à l'âge de 63 ans, et le 20, la vénérable jubilaire Barlow, qui venait d'atteindre sa 74ᵉ année. Le 20 Novembre, sœur Marie-Anne Lincoln, religieuse de Dunkerque, mourut à l'âge de 70 ans. Enfin, le 29 Décembre, deux décès eurent lieu simultanément : la sœur Lydia Nihell, religieuse professe de Gravelines, qui comptait à peine 46 ans, et le révérend Père confesseur Lowe, frappé d'une attaque d'apoplexie.

Il y avait 36 ans que M. Anthony Lowe était le directeur du couvent. Là, comme en ville, il laissait d'amers regrets. Le digne aumônier était bien méritant : jusqu'à la fin de sa vie, il avait secouru les pauvres en détresse au prix des plus rigoureuses privations. Le régime de la terreur avait tellement impressionné son esprit, qu'il s'était avisé d'écrire le journal de tout ce qui se passait dans la maison. Il l'avait commencé au 12 Octobre 1793 et en était resté à la mort de la sœur Lincoln, vingt-neuf jours avant la sienne. Il n'avait cessé un seul jour, depuis dix-huit mois qu'il était renfermé chez lui par ordre de l'autorité, de donner ses soins aux religieuses. Il s'affligeait des évènements; et son plus poignant chagrin consistait dans la pensée d'être privé lui-même de secours spirituels. Il mourut à peine âgé de 62 ans, n'ayant reçu que le sacrement de l'Extrême-Onction.

L'année 1795 s'ouvrit pour les Clarisses sous les plus heureux auspices. Le 3 Janvier, l'Assemblée nationale décréta une loi qui maintenait les établissements religieux étrangers dans la propriété de leurs biens. Cette nouvelle fut très agréable à ces dames, et, quelques jours après, elles en recevaient une autre qui leur apprenait que le révérend Père Bishop consentait à leur servir de confesseur en même temps qu'aux religieuses bénédictines. Un seul nuage vint obscurcir cet heureux mois: la mort d'une de ces dames, la bien-aimée Catharina Manby, à l'âge de 62 ans.

En Février, les communautés réunies prirent une grande détermination. Ne pouvant espérer d'être toujours secourues par le trésor national, n'ayant guère de fonds en caisse et ne recevant plus de secours pécuniaires de leur pays, les religieuses pensèrent qu'il valait mieux retourner en Angleterre et y attendre des temps meilleurs pour la France. Elles adressèrent en ce sens une pétition au comité de Salut public de Paris et en reçurent l'autorisation la plus complète sous la date du 26 Mars, et conçue en ces termes:
« Considérant que la Convention nationale, en déclarant la guerre aux gouvernements coalisés, n'a pas eu l'intention d'étendre cette guerre aux individus, et qu'il est contre les droits de la nature et des gens, que des étrangères qui

n'ont donné aucune marque de désobéissance aux lois, qui n'ont ourdi aucun complot ni participé à aucune trame contre la sécurité de l'Etat, soient retenues contre leur gré dans un pays qu'elles ont l'intention de quitter, arrête que les pétitionnaires dont les noms suivent... sont autorisées à se rendre à Calais... et à s'y embarquer... etc. »

Quelques jours après la municipalité de Gravelines délivrait les passeports aux quatorze religieuses clarisses de cette ville, à l'une de leurs pensionnaires et à trente-huit des Riches et Pauvres Clarisses anglaises de Dunkerque qui désiraient rentrer dans leur patrie. Le 16 Avril, Mme Keith obtenait un arrêté au directoire du district de Bergues qui autorisait la levée des scellés apposés sur les titres, les papiers et les registres que l'on avait transférés au greffe de la justice-de-paix, et le lendemain, les religieuses en étaient mises en possession par les soins du juge-de-paix Rivière. Le même jour le notaire Adrien Sneck, à la résidence de Gravelines, se présentait au couvent et les quinze professes y signaient un pouvoir au nom du citoyen Rivière et de sa dame pour administrer les biens qu'elles abandonnaient. Enfin un dernier acte restait à accomplir: le 23 (4 floréal de l'an III), les Clarisses se rendirent à la municipalité et y signèrent la déclaration suivante qui faisait autant d'honneur à ces dames qu'aux habitants de Gravelines:

« Les soussignées Clarisses anglaises de la ci-devant communauté établie à Gravelines... font la présente déclaration aux officiers municipaux et notables de cette commune, qu'elles ne quittent Gravelines qu'avec beaucoup de regrets, pénétrées de reconnaissance pour tous les égards et les bontés qu'ont eus pour elles dans tous les temps les Gravelinois et leurs administrateurs; que, si les biens et les revenus des soussignées, situés en France, suffisaient dans les circonstances actuelles pour leur subsistance, elles profiteraient de leur entière liberté... pour continuer leur résidence sur le territoire français qui a été pour elles une patrie adoptive et un asile heureux... dans le malheur; mais comme leurs plus grandes ressources... viennent d'Angleterre et qu'elles en sont absolument privées depuis l'interdiction de la correspondance entre les deux nations pendant la guerre actuelle... elles se voient obligées... de retourner dans leur pays... avec la ferme intention de revenir dans cette ville après la guerre... pour y jouir des avantages des lois sages de la République française et de celle sur la liberté des cultes qui vient d'être solennellement reconnue, pourvu que l'exercice n'en soit pas public et ne se fasse que dans l'intérieur des habitations, comme elles ont toujours professé le leur et continueront de le faire sitôt qu'il leur sera permis d'effectuer leur retour dans cet asile qu'elles ne cesseront de chérir. Elles déclarent aussi qu'ayant laissé leur procuration,.. elles ne renoncent à aucun des droits et titres qu'elles peuvent avoir acquis et mérités par leur longue résidence dans cette commune ; elles en réclament toujours la bienveillance et laissent avec confiance sous la protection des lois... et sous celle de cette municipalité, le peu de biens qu'elles y ont acquis de leurs deniers... »

Le lendemain, on venait rapporter à Mme Keith l'acte qui précède, à la suite duquel se trouvait cette relation : « Vu par nous officiers municipaux de la commune de Gravelines, l'exposé des ci-devant religieuses Clarisses anglaises de la ci-devant communauté établie en cette commune, leur donnons acte de leurs dires et déclarations ; en conséquence, déclarons que nous les verrons revenir avec plaisir en cette commune, où elles n'ont cessé de faire du bien et où elles ont toujours joui de l'affection de tous les habitants. A Gravelines ce 5 floréal de l'an III de la République une et indivisible. Signé : Sery, maire ; Dehau, Debette, Catrice, Becu, ag^t p^{al} et Flament, s^{re} greffier. »

Peu à peu les élèves du pensionnat avaient presque toutes quitté la maison. Les plus fidèles prirent congé en ce temps de leurs bonnes institutrices qu'elles aimaient tant. Des scènes d'adieu qui fendaient le cœur, signalèrent ces derniers instants d'une séparation qui, pour quelques-unes, devait être éternelle.

Deux jours après, le 26, les Bénédictines donnaient les pouvoirs les plus étendus devant le notaire Sneck, au citoyen Robert Murdoch, négociant à Dunkerque, de gérer leurs affaires en cette ville pendant leur absence. Ces dames réclamaient du domaine le prix de leurs meubles vendus et la libre possession de leurs propriétés foncières, comme l'avaient fait les autres religieuses anglaises de Dunkerque.

Le 29 Avril 1795, le pieux essaim des nonnes, après avoir expédié à Calais par bélandres leurs caisses de voyage, quittait Gravelines en costume séculier, entouré des égards et des prévenances des autorités, de M. Dacbert, médecin de la maison, de nombreux amis et de la foule accourue au moment du départ. Arrivées à Calais, les infortunées fugitives s'embarquèrent le lendemain à bord de navires neutres et parvinrent heureusement à Londres le 3 Mai, sans accidents de mer. Les Clarisses de Gravelines reçurent des preuves de charité et de bienveillance dès leur arrivée de la part de personnes dont plusieurs leur étaient inconnues. L'illustre famille de Buckingham, en particulier, et son digne chapelain, leur furent d'un très puissant secours à Londres. (1) On alla même plus loin à leur égard : la duchesse de Buckingham, touchée de la position malheureuse de ces dames, les accueillit gracieusement à son château de Gosfield près d'Halstead dans le comté d'Essex. Douée d'une ame charitable, la noble femme pourvut à tous leurs besoins ; et à la belle saison, elle vint au château passer quelques mois avec sa famille pour prouver davan-

(1) Edward Petre, p. 75, 84 et 86 des Notices citées.

tage aux excellentes religieuses, sa tendre sollicitude. En les quittant au mois d'Octobre, elle leur promit de venir les visiter chaque été et les assura que jamais sa sympathique protection ne leur ferait défaut.

C'est alors que Mme Keith donna de ses premières nouvelles à M. Rivière. Le 22 Novembre, son honorable commettant lui apprenait que, par suite de la rentrée des fermages et de la vente des vieux meubles laissés au couvent, il avait reçu plus de 9,000 livres, et avait été à même d'acquitter toutes les dettes qu'elle avait contractées à Calais, à Saint-Omer, à Gravelines et à Dunkerque. Il lui annonçait aussi qu'il avait confié la garde du monastère à sa chère Isabelle, au jardinier Simon Fasquel et à Susanne Michel, sa femme, trois de ses anciens serviteurs qui y avaient leur logement. Enfin après une foule de détails, il lui disait : « Tous vos amis d'ici, MM. Debette, Sery, etc., ont été enchantés de savoir de vos nouvelles et vous font à toutes mille compliments d'amitié ; ils ne perdent pas l'espoir de vous revoir à la paix, et c'est une satisfaction générale que vous causerez parmi les personnes honnêtes et vertueuses. J'apprendrai avec plaisir que vous persistez dans le projet de revenir dans votre patrie adoptive où vous conserverez toujours les droits qu'une longue résidence et le bien que vous y avez fait, vous ont acquis. »

Cette lettre était à peine confiée à la poste, qu'à l'insu du mandataire des Clarisses, les administrateurs du Pas-de-Calais faisaient mettre le séquestre sur les propriétés de ces dames dépendantes de ce département; mais, au moment où le receveur de l'enregistrement de Bourbourg s'apprêtait, au nom des domaines, à saisir les terres de Bourbourg-Campagne, M. Rivière en eut vent et s'empressa de faire à l'autorité de justes observations, qui évitèrent le désagrément du séquestre. Dans le Nord le très vigilant Père temporel du couvent de Gravelines avait toujours plus de chance de réussir ; et, en cette année 1795, il avait été nommé administrateur du département, fonctions qu'il remplissait précédemment sous le titre de membre du directoire du département du Nord séant à Douai.

Dans le cours de l'été de l'année suivante, il vint à la connaissance de M. Rivière que quelques citoyens du département du Pas-de-Calais étaient en instance de soumissionner la vente de diverses parties de terres à leur convenance qu'y possédaient les ci-devant religieuses de Gravelines. M. Rivière n'eut rien de plus pressé que d'en porter immédiatement une plainte au nom de ces dames à l'administration centrale séant à Arras. La soumission d'acquérir était tellement contraire aux dispositions des lois en vigueur que l'administration statua aussitôt par son arrêté du 2ᵉ jour complémentaire de l'an IV ou 18 Septembre 1796, qu'il ne serait donné aucune suite aux soumissions faites sur leurs biens. Dès lors on croyait éteintes à jamais de pareilles tentatives, quand, à la fin du mois de Mars 1797, M. Rivière apprit que la compagnie d'acquéreurs de biens nationaux du Pas-de-Calais, espèce de bande noire qui inspirait la terreur, conservait la pensée d'acquérir les immeubles des Clarisses situés aux environs de Gravelines et à Gravelines même. Il sut aussi que la compagnie avait obtenu de l'administration centrale l'autorisation de faire mesurer et estimer le monastère avec les bâtiments et le jardin en dépendants, et qu'elle n'attendait que la fin de l'opération pour effectuer sur cette propriété la soumission de l'acquérir et d'en demander la vente. Cette fois, M. Rivière eut recours au Ministre des finances. Le Ministre répondit, par lettre du 26, que ces religieuses Clarisses pouvaient se pourvoir auprès du département dans l'arrondissement duquel leurs biens étaient situés. Au mois de Mai, une pétition était lancée à l'administration centrale du département du Nord avec opposition à l'admission d'aucune soumission ; une autre du même genre était adressée simultanément à l'administration centrale du Pas-de-Calais. Ce qui arrêta tout court les rapaces projets de la bande noire des acquéreurs. Toutefois une partie de 7 à 8 mesures de terre sise à Saint-Omer-Cappel, provenant de l'acquisition de l'année 1665 et tenue à bail par le ménager Louis Caboche, avait été vendue furtivement à un individu du nom de Chrétien; et, dans ces entrefaites, le bon M. Rivière était en instance pour faire évincer cet homme qui avait trompé la bonne foi des administrateurs.

Les religieuses de Gosfield ignoraient ces divers incidents, comme, de son côté, M. Rivière ignorait la mort récente de deux d'entre elles : sœurs Frances Todd, à 35 ans, le 1er Janvier, et Ann Worsick, à 33 ans, le 4 Avril. Tardivement ces dames apprirent aussi que leur digne Père temporel avait cessé d'être le juge-de-paix de Gravelines à la date du 4 Février 1798 et que, le 9 Avril, il avait été élu membre du Conseil des anciens, l'une des deux divisions du corps législatif séant à Paris; distinction honorable qui rendit sa présence nécessaire dans la capitale.

Parmi leurs bons amis, les Clarisses avaient en Angleterre pour protecteur un homme bien recommandable, M. Coghlan, entièrement dévoué à leurs intérêts. Au printemps de cette année, il obtint pour elles à titre gratuit de la duchesse de Buckingham, qui leur était restée sincèrement attachée, une maison d'habitation voisine de son château.

Depuis leur arrivée à Londres, les fugitives Clarisses avaient séjourné successivement à Gosfield, à Coxside, près de Plymouth, dans la maison de Clare-Lodge à Catterick, en Yorshire. Enfin elles retournèrent à Gosfield où leur maison de retraite était disposée à les recevoir. (1) Bientôt elles en prirent possession et y vécurent d'une manière plus conforme à leurs statuts monastiques. La généreuse duchesse, à son premier don, en ajouta un second : celui d'une rente annuelle alimentaire; et peu de temps après, M. Coghlan obtint du gouvernement anglais, à la suite de

(1) Edward Petre p. 84 des Notices citées.

nombreuses démarches et de chaleureuses sollicitations, une pension de 48 francs par mois pour chacune des religieuses; ce qui, joint au produit de leurs ouvrages manuels, à la rente de leur bienfaitrice et de petites sommes qu'elles pouvaient recueillir, leur permit désormais de vivre convenablement, comme l'annonçait M. Coghlan, au mois d'Août suivant, à une personne de Gravelines. Au reste ces dames n'étaient pas sans protecteurs haut placés en Angleterre. Mme l'abbesse avait pour parent en faveur à la Cour lord Georges-Elphinstone Keith, chevalier de l'ordre du Bain, contre-amiral, pair d'Irlande, représentant au parlement comme délégué du comté de Sterling. Un biographe a dit de lui : « Il entra dans le port de Toulon lorsque cette place fut livrée aux Anglais (Août 1793) et eut le commandement du fort de la Malgue. Pendant le siége (dirigé par Napoléon Bonaparte), lord Keith prit part à plusieurs affaires, s'y distingua à la tête des matelots et des soldats de marine et lors de l'évacuation (18 Décembre), lui et son vaisseau furent les derniers qui quittèrent le port. »

Les traverses qu'il avait plu au Tout-Puissant d'imposer à Mme Keith depuis son intronisation jusqu'au jour de son départ de la France, les peines et les afflictions qu'elle avait subies depuis son séjour en Angleterre, avaient singulièrement ébranlé sa santé, déjà si délicate lorsqu'elle fut élevée à la prélature. La pauvre abbesse en était réduite, dans son refuge claustral de Gosfield, à un état de langueur effrayant; mais, comme antérieurement, elle surmontait toujours ses souffrances en se résignant à la volonté divine et en mettant sa confiance dans l'intercession de Saint-Augustin et de Saint François de Sales qui étaient sans doute des avocats puissants en sa faveur, puisqu'elle obtenait souvent, quand elle aurait pu l'espérer le moins, la force et la tranquillité nécessaires pour supporter ses douleurs et oublier ses chagrins. L'excellente abbesse craignait la mort; mais lorsque, en l'année 1798, elle fut atteinte de sa dernière maladie, Dieu eut égard à sa haute piété et adoucit sa crainte de mourir. Il lui inspira même une patience édifiante et certes il lui en fallut, car sa maladie fut longue et douloureuse. Au mois de juillet il y eut un jour où elle sembla à jamais guérie. C'était celui qu'avait choisi une bonne vieille sœur de 71 ans, Mary Bullstrode, pour célébrer son jubilé de 50 ans depuis son entrée en religion. Le lendemain, la vénérable supérieure tomba dans son état habituel d'affaissement. Elle traîna jusqu'au mois de Janvier 1799 ; mais ses derniers jours dans cette vallée de larmes, étaient enfin arrivés ; sœur Marie-Augustine, connue autrefois sous le nom d'Emilia Keith, expira le 4 au milieu des enfants qui lui étaient restées fidèlement attachées dans l'exil, loin de son « cher couvent de Gravelines » où elle avait fait vœu de mourir !

La révérende abbesse avait 61 ans d'âge, 31 ans de sainte profession et 6 années de gouvernement comme supérieure. Malgré la sainteté de sa vie et son dévouement, elle ne put jamais parvenir à déterminer des novices à prendre l'habit ; elle, aussi, eut à lutter avec les tristes effets de la révolution.

1799-1813.

Ann Penswick, 11ᵉ abbesse.

> O bon Jésus! consolez mon exil, adoucissez ma douleur, car tous mes désirs ne tendent qu'à vous.
> Imit. de J.C. liv. 3, ch. 48, v. 4.
>
> Heureux celui qui souffre patiemment les afflictions parce qu'après avoir été éprouvé, il recevra la couronne de vie que Dieu a promise à ceux qui l'aiment.
> Epître cath. de St-Jacq. ch. 1, v. 12.

Le jour de la mort de Mme Keith, la mère vicaire Penswick prit de droit la direction du couvent de Gosfield; et, quelques jours après, dans le courant de Janvier 1799, elle fut élue canoniquement abbesse. Novice au monastère de Gravelines de l'année 1763, Miss Ann Penswick avait prononcé ses grands vœux, en prenant le voile noir, le 28 Mai 1764, à l'âge de 18 ans, sous les noms de sœur Marie-Victoire, pendant l'administration de l'abbesse Helen Petre de Fithlers. Au mois d'Avril 1795, elle était du nombre des religieuses Clarisses qui s'embarquaient à Calais, certaines de trouver en Angleterre la paix et le repos qui avaient fui de la France tourmentée par les persécutions religieuses. Lors de son élévation à la prélature, sœur Marie-Victoire était sur le point d'atteindre la cinquante-troisième année de son âge et la vingt-cinquième de sa sainte profession. Son expérience consommée, sa remarquable vocation, sa vie exemplaire expliquaient le choix de ses compagnes.

Mme Penswick parlait passablement le français, mais elle ne l'écrivait pas; et, comme dans son exil, les rapports avec la France pouvaient devenir très fréquents, elle choisit pour secrétaire sœur Mary-Eloysia Martin, qui écrivait le français aussi bien qu'elle le parlait.

La nouvelle abbesse n'annonça la mort de celle qui l'avait précédée, à M. Rivière, Père temporel du couvent de Gravelines, qu'au mois d'Avril, et elle profita de cette circonstance pour lui faire part qu'à Londres courait le bruit que l'on se disposait à vendre en France le monastère de Nazareth et les immeubles ruraux des Pauvres Clarisses anglaises. Le fait était vrai; mais les amis que ces dames possédaient à Gravelines, n'avaient pas attendu l'expression de leurs craintes et de leurs alarmes, pour prendre des mesures conservatoires.

La lettre de l'abbesse était à peine partie de Gosfield qu'une nouvelle mort venait attrister la communauté : l'excellente sœur Mary Bullstrode s'éteignait le 17 Avril, à l'âge de 72 ans. On la regretta amèrement : cette aimable religieuse avait été l'ame du couvent par les courageuses résolutions qu'elle avait su inspirer à ses compagnes dans les temps de troubles et de misères. Elle les avait égayées souvent de ses chants où l'on retrouvait encore de ces brillantes réminiscences d'un talent qu'elle avait possédé à un haut degré lors de son séjour au monastère de Gravelines.

Ces dames savaient très peu de ce qui se passait en cette ville. M. Rivière était en mission diplomatique à Paris, en qualité de membre du Conseil des anciens, et sa dame se trouvait avec lui. Sur ces entrefaites, une foule de prisonniers anglais avaient été logés dans un quartier du couvent de Gravelines, et dans l'autre, l'administration militaire avait fait transporter des armes et des munitions de guerre, des viandes salées, des foins, de la paille. De son côté, M. Rivière, qui n'avait pu s'opposer à cette prise de possession à cause de son absence, n'était pas resté inactif : il avait obtenu un arrêté des Consuls (an VIII, 1799), qui envoyait les ci-devant Clarisses du monastère de Nazareth provisoirement en jouissance de ceux de leurs biens non vendus ; et, comme une conséquence toute naturelle, il avait sollicité et reçu immédiatement des receveurs des Domaines la main-levée du sequestre mis sur les propriétés du Pas-de-Calais. Les choses suivaient leur cours. Après le coup d'Etat du 18 Brumaire (an VIII, 9 Novembre 1799), M. Rivière avait été nommé (25 Décembre) membre du nouveau Corps législatif remplacé récemment par le Conseil des anciens dont il faisait partie, et par le Conseil des Cinq-cents ; mais il avait résigné ses fonctions d'administrateur du département par suite de la création (2 Mars 1800) des préfectures et des Conseils généraux de départements. Huit mois plus tard, le 9 Novembre, l'horrible coup de vent connu sous le nom du 18 Brumaire (an IX) avait ravagé toute la côte. L'église paroissiale de Gravelines, encore fermée aux fidèles, avait eu son clocher détruit ; la lavanderie et divers bâtiments du monastère s'étaient écroulés ; les autres constructions avaient éprouvé de sérieuses dégradations ; et tel que l'établissement des Clarisses se trouvait, il en eût coûté une somme énorme pour rendre le couvent habitable.

Près d'une année s'écoula ensuite sans relations épistolaires ; mais, dès les préliminaires de paix signés le 1er Octobre 1801 (9 Vendémiaire de l'an X), Mme Rivière, de retour à Gravelines, se mit en mesure de donner de ses nouvelles à l'abbesse de Gosfield et à ses co-religieuses. Elle leur disait le 9 Octobre : « Chères et respectables dames. Je saisis avec empressement les premiers moments des nouvelles bien agréables du rétablissement de la paix entre nos deux nations pour recommencer notre correspondance. Mon mari, qui est retourné à Paris remplir les hautes fonctions que la République française lui a confiées, m'a chargé de vous annoncer, mesdames, qu'il s'est occupé constamment de vos intérêts, même dans les temps les plus orageux. Il ne vous a écrit dans aucune des circonstances où il pensait le plus à vous parce que, fortement attaché à ses principes, il ne croyait pas devoir suivre une correspondance avec des personnes résidantes chez une nation ouvertement en guerre avec la nôtre. Mais il ne s'occupait pas moins, avec le zèle et l'amitié qu'il vous avait promis, de veiller à la conservation de vos propriétés. Il n'a pas été toujours heureux, mais il l'a été assez pour en avoir sauvé plus des trois quarts et demi, et cela est un prodige! Toutefois ce n'a pas été sans des peines infinies, des écritures immenses, des courses et des voyages dont il vous fera le détail plus tard... Il nous reste un peu d'argent à vous remettre. Vos fermiers pour la plupart redoivent beaucoup... Les receveurs des domaines ont reçu et doivent compte de plus de 4,000 francs. Nous ne tarderons pas à former une demande pour en obtenir la restitution. »

Jusqu'ici M. Rivière ne s'était pas constitué seulement le défenseur des droits de ces dames; mais il s'était aussi occupé activement des intérêts des Pauvres Clarisses d'Aire et des Bénédictines anglaises d'Ypres qui, pour lors, habitaient l'Angleterre. Il était parvenu à les faire mettre en possession d'une partie de leurs biens, ainsi qu'on l'écrivait le 9 du même mois d'Octobre aux religieuses de Gosfield.

Mme Penswick ne tarda pas à faire sa réponse. Le 23 Novembre, elle mandait à Mme Rivière : « Je m'empresse... de vous assurer, ainsi que votre mari, de notre parfaite reconnaissance pour toutes les peines que vous avez prises afin de conserver ce qui nous appartient... Nous sommes convaincues que nous ne pouvons avoir de plus fidèles amis ni des personnes plus attachées à nos intérêts... Nous sommes bien aises d'apprendre que la République a mis en œuvre les talents de notre respectable ami M. Rivière... Notre amitié pour vous n'est point diminuée par l'absence... Embrassez vos chères filles de notre part. »

Le 23 Décembre, la très zélée correspondante de Gravelines écrivit de nouveau à Mme Penswick. Elle lui parlait des affaires de la communauté et de ses projets à cet égard; puis, passant aux souvenirs de la famille, elle disait : « Mon mari est à Paris comme membre du Corps législatif depuis les premiers jours de Septembre. M^{le} Torris, ma cousine ; Gabrielle, ma fille aînée, et Adélaïde, ma fille cadette, lui tiennent compagnie pendant le temps de la session du Corps législatif qui doit durer, s'il n'y a point de prorogation, jusqu'au 22 Mars prochain.... Ils se rappellent de vous et de vos sœurs avec le plus grand plaisir. Mes deux filles n'oublieront jamais les bontés que vous avez eues pour elles dans leur enfance. Gabrielle, qui avait plus de connaissance, se souvient de vous toutes nominativement... Sophie, la plus jeune,... ne peut vous distinguer individuellement, car elle était si petite ; mais elle se souvient parfaitement que vous aviez à son égard des bontés infinies et me prie de vous en témoigner sa reconnaissance et de vous présenter son respect. J'ai transmis vos amitiés à notre maire actuel, M. Debette, et à son premier adjoint, M. Catrice... Ma sœur, Mme de Lézey, jouit d'une très bonne santé ainsi que son fils qui est un grand garçon. C'est lui qui m'a servi de secrétaire pour la copie de ma lettre. M. de Durfort vit encore ; M. Dacbert est mort. Gravelines est bien changé ; vous ne le connaîtriez plus ! »

Le grand garçon dont parlait Mme Rivière, était M. Charles-François-Bernard Drouart de Lézey, que les Clarisses avaient su naître à Gravelines le 28 Septembre 1781, du deuxième mariage contracté le 22 Juin 1778 (trois mois avant celui de M. Rivière) par feu Messire Charles-François-Robert Drouart, seigneur de Lézey, avec M^{le} Marie-Catherine Torris, issue (comme Mme Rivière), de l'union de M. Charles Torris et de M^{le} Marie-Barbe-Thérèse Grandsire. Le jeune Drouart de Lézey avait vingt ans. Il finissait ses études classiques et se disposait à faire son droit à Paris. Il était doué de brillantes dispositions et se distinguait prématurément par des goûts prononcés pour la littérature.

La lettre du 23 Décembre 1801 fut la dernière que Mme Rivière adressa aux Pauvres Clarisses de Gosfield. Elle mourut à Gravelines le 10 Mars 1802. Huit jours après, son mari annonçait de Paris, en ces termes à la sainte communauté, la perte douloureuse qu'il venait d'éprouver : « Il m'est cruellement pénible, pour la première fois que j'ai l'honneur de vous écrire depuis votre départ de France, d'avoir à vous annoncer pour moi la plus triste comme la plus affligeante de toutes les nouvelles !... La mort vient de m'enlever Mme Rivière, votre digne amie, après deux à trois jours de maladie, et si promptement que je n'ai pu voler à son secours ! Elle languissait à la vérité depuis quelques années, elle était attaquée d'un mal au pylore que les gens de l'art assuraient être sans remède ; mais nous nous flattions toujours et j'éloignais par la pensée le terme qui devait être celui de cette cruelle séparation !... Elle laisse à ses enfants de bons exemples à suivre, et à nous tous des regrets éternels et douloureux... Son projet, et c'était pour elle une fête, était de vous aller voir sitôt la signature du traité définitif, et de causer d'amitié de vos intérêts. La Providence en a ordonné autrement ; adorons ses décrets... »

M. Rivière, en réponse à sa missive, reçut le 28 Avril, de Mme Penswick, une lettre datée du 7, où l'on remarquait les passages suivants : « Il nous est impossible de vous dire combien nous sommes affligées de la mort de Mme Rivière, notre digne et très chère amie. C'est la plus triste nouvelle que nous puissions recevoir de France et vous ne faites que nous rendre justice quand vous dites que nous partagerons vos regrets et vos douleurs. Nous vous prions d'être convaincu que notre affliction est des plus sincères ; nous étions trop attachées à madame pour pouvoir jamais l'oublier. Elle nous a rendu bien des services en sa vie, et la seule reconnaissance que nous puissions lui rendre, à présent, est d'offrir pour elle au Tout-Puissant nos plus ferventes prières. Nous les offrons donc de tout cœur en ce moment de douleur et de chagrin. Il faut, monsieur, vous consoler avec nous et considérer que Dieu, qui est juste, a dit qu'il récompenserait ceux qui lui seraient fidèles. La vie de madame a toujours été pieuse et vertueuse ; c'est pourquoi nous devons espérer qu'elle a beaucoup gagné, quoique nous ayons beaucoup perdu. Depuis le commencement de la paix elle nous écrivit plusieurs fois... ses lettres nous donnaient une douce consolation... Nos vœux étaient pour sa conservation en ce monde longtemps encore ; mais le bon Dieu ne l'a point voulu ! Il sait mieux que nous ce qui doit être ; nous n'avons qu'à nous soumettre et nous résigner. Nous prions notre divin Maître d'être lui-même votre consolation dans ces jours de douleur et d'affliction, ainsi qu'à mesdemoiselles vos filles.... » Récapitulant ensuite ce qu'elle savait de la situation de ses affaires en France, l'abbesse les recommandait à son commettant, et lui exprimait avec cœur son éternelle gratitude pour ses bienfaits, persuadée qu'elle était que nul au monde n'en ferait autant ; néanmoins elle ne cachait pas ses craintes que, n'ayant personne à Gravelines en l'absence de M. Rivière, pour soigner sa maison conventuelle et ses autres biens, on ne formât le projet encore une fois de les vendre.

En moins d'une année, les dames de Gosfield avaient eu à déplorer la perte de deux personnes qui, à plusieurs titres, leur étaient excessivement chères : Mme Rivière qui les servait admirablement en France, et M. Coghlan qui leur avait rendu les plus éminents services en Angleterre dès l'origine de leur émigration. Mort dans le cours de l'automne de 1801, les affectueuses religieuses pleuraient encore ce digne ecclésiastique six mois après, lorsqu'elles reçurent les dernières nouvelles de Gravelines.

Depuis leur exil, les dames de Gosfield avaient eu fréquemment la visite d'une de leurs anciennes pensionnaires, qui les avait quittées en 1791, Mlle Sylvie Lamotte, de Dunkerque, qu'accompagnait M. l'abbé Philippe Lamotte, son frère. Emigrés ensemble en 1792 et ayant dû quitter la Belgique l'année suivante, à l'approche des armées françaises, ils avaient pris le parti d'aller en Angleterre pour plus de tranquillité. En 1795, ils surent l'arrivée des Clarisses de Gravelines et vinrent par sympathie habiter les environs de Gosfield. Des rapports presque journaliers s'établirent entre eux et se maintinrent fort agréablement jusqu'à la signature du Concordat (Juillet 1801). Alors, avides de rentrer dans la patrie, M. et M^{le} Lamotte prirent congé de leurs amies et s'en revinrent en France, en leur laissant l'espérance de les y revoir bientôt ; mais comme tant d'autres riants projets qui s'évanouissent chaque jour, cette charmante espérance ne devait pas s'accomplir de sitôt !

La mort de Mme Rivière causa sur son mari une douloureuse impression. Il tomba malade, mais grace à sa forte constitution, à l'habileté de son médecin et à la vigilante assiduité de ses deux filles aînées et de leur cousine, il entra en convalescence en moins d'un mois. Il chargea alors M^{le} Gabrielle d'annoncer (27 Mai 1802) à Mme Penswick, la maladie qu'il venait de subir, le départ pour Douvres de Fasquel et de sa femme, gardiens du couvent de Gravelines, laissé aux soins de la fidèle Isabelle et d'une autre personne. Elle ajoutait qu'au retour prochain de son père, ce qui ne pouvait manquer puisque le Corps législatif avait sanctionné le 20 Mars le traité de paix d'Amiens, proclamé ensuite le 25, M. Rivière prendrait des mesures pour faire parvenir à ces dames un encaisse de 7,800 francs, « sans attendre que leur mise en possession provisoire fût déclarée définitive par un arrêté du gouvernement. » La lettre de M^{le} Gabrielle qui, comme ses sœurs, n'avait cessé de prendre des leçons de langue anglaise tantôt à Gravelines avec la femme Fasquel, tantôt à Paris avec d'habiles professeurs, était écrite en anglais et en français ; ce qui dut causer une vive satisfaction aux religieuses émigrées, ses anciennes institutrices. Des trois demoiselles, la plus instruite c'était M^{le} Gabrielle qui avait une rare facilité d'apprendre. Son père désirant féconder l'intelligence de la jeune personne, l'avait placée, quand elle l'accompagnait, dans l'établissement de la célèbre Mme Campan à Saint-Germain, dont elle devint une élève distinguée.

Le 9 Juin, M. Rivière, toujours attentif aux convenances, fit part de son rétablissement à Mme Penswick, en ajoutant quelques détails d'affaires qui pouvaient lui être agréables ; puis il disait : « Je ne vous en écris pas davantage cette fois : je suis un peu fatigué. Nous quittons demain Paris. Nous irons à petites journées de douze à quinze lieues pour arriver du 14 au 15 Juin à Gravelines, en passant par Amiens, Boulogne et Calais. Je vous écrirai à notre arrivée pour vous donner de mes nouvelles ; ensuite j'attendrai les vôtres sur vos différents projets. »

M. Rivière n'arriva à Gravelines que vers la fin de Juin. Selon sa promesse, il prit aussitôt connaissance de ce qui s'était fait pendant son absence touchant les dames de Gosfield. Dès le 2 Juillet, il en écrivit à Mme Penswick ; et, pour la mettre parfaitement à son aise, il lui proposa plusieurs fois de correspondre en anglais avec le secours de ses enfants qui faisaient, disait-il, d'immenses progrès dans cette langue. Longtemps il avait eu l'espérance que ces dames reviendraient en France à la paix ; mais quand il vit qu'elles n'en avaient pas pris encore la résolution, il se décida à leur faire passer successivement les fonds dont il était comptable par l'intermédiaire de l'honorable maison Thomas Wright et compagnie, banquiers à Londres. Cinq mois se passèrent à ce sujet dans la correspondance la plus active. Toutes les lettres de M. Rivière respiraient le bonheur d'obliger ; toutes celles de l'abbesse, la reconnaissance la plus vive. Tantôt elle lui disait : « Rien n'égale notre gratitude. Nous ne cessons de former pour vous, Monsieur, et votre famille, des vœux au Seigneur pour qu'il nous conserve un tel ami, et nous le prions de vous accorder toutes sortes de bénédictions tant pour cette vie que pour l'autre. » La fois suivante, elle lui disait : « Nous vous prions d'être persuadé que rien n'égale notre reconnaissance et sommes convaincues qu'il ne se trouve pas de communautés qui aient eu le bonheur de trouver en France un ami aussi fidèle, aussi dévoué. On nous félicite souvent d'un tel trésor et l'on nous assure que nous sommes mieux partagées qu'aucun autre établissement. » Lui-même est parfois étonné des bons résultats qu'il a obtenus et qui ne lui font pas faute en faveur de ses commettantes. Il leur dit un jour à cette occasion, en leur annonçant l'envoi de la copie de son compte détaillé de sept ans d'administration : « J'ai fait beaucoup ; mais c'est la Providence qui a couronné mes travaux ; à elle seule, vous devez en avoir une entière reconnaissance. » Dans une autre circonstance, alors que Mme Penswick avait témoigné la crainte de lui voir cesser son mandat, il s'écriait : « L'administration de vos biens ne sortira jamais de mes mains ; c'est là ma ferme intention. Rappelez-vous que j'ai promis à votre défunte et respectable abbesse, Mme Johnson, de ne jamais abandonner vos intérêts, et vous savez si j'ai rempli ma promesse. » Le 10 Janvier 1803, M. Rivière entretenait encore Mme Penswick de ses affaires et lui disait à la fin de sa missive : « Dans trois semaines, madame, je vais passer trois mois à Paris avec ma famille. La personne qui veillera à ma maison et à mes intérêts, veillera aussi aux vôtres. Ainsi point d'inquiétude à cet égard. »

M. Rivière ne quitta Gravelines que plus tard et n'arriva à Paris que le 23 Février, comme il l'annonça le 10 Mars à l'abbesse de Gosfield. Après l'avoir entretenue de plusieurs personnes de sa connaissance, il revint aux affaires de la communauté, et lui dit : « Ce n'est pas le moment, madame, de s'occuper de ce qui concerne vos indemnités particulières ; je ne les perdrai pas de vue ; soyez-en persuadée. » Il reçut une réponse de Mme Penswick huit jours après. Le 9 Mai seulement il lui en accusa réception. Il y disait : « Je viens de faire une nouvelle perte dans ma famille !... Mme de Lézey, ma belle-sœur, est décédée depuis peu à Gravelines (10 Avril), des suites de maladies compliquées. Je la recommande à vos bonnes prières. Nous n'étions personne sur les lieux pour lui porter des secours. Son fils y a couru et lui a rendu les derniers devoirs. Ce jeune homme est âgé de vingt et un ans ; il est instruit, il pourra se tirer d'affaire. » Le 12, en revenant de Versailles, il écrivit, sans signer, une seconde lettre à Mme l'abbesse. Il pressentait de grands évènements, car la politique s'embrouillait en Europe ; mais il n'osait, à cause de ses fonctions, s'en expliquer ouvertement. Mme Penswick n'ignorait rien sans doute ; et comme en vue d'un inévitable malheur, il lui adressait ces paroles de consolations : « Espérons toujours dans la Providence. Ses desseins, pour être cachés aux hommes, n'en sont pas moins certains et immuables. » Plus expansif et plus affectueux qu'autrefois, il ajoutait : « Recevez, madame, mille tendres amitiés de la part de mes enfants et de toute ma famille. Nous vous aimons et chérissons de cœur et d'affection, ainsi que les respectables dames vos compagnes et nos amies. » M. Rivière prévoyait toutes les éventualités ; il disait en finissant : « Je compte partir de Paris sous quelques jours et recevoir chez moi votre réponse. » Le digne homme ne pensait pas qu'aucune lettre de l'abbesse Penswick ne lui parviendrait plus ; comme elle ne se doutait pas qu'elle lui eût écrit pour la dernière fois le 18 Mars ; et cependant ils s'étaient proposé avec bonheur de se donner des nouvelles tous les mois ! La guerre venait d'éclater entre la France et l'Angleterre, et dès lors les communications postales furent interrompues.

Quand M. Rivière était arrivé à Paris pour la première fois en qualité de membre du Conseil des Anciens, il s'était empressé d'aller présenter ses hommages respectueux à Mme Canning, dépositaire de l'établissement des chanoinesses anglaises de Saint-Augustin de la rue des Fossés-Saint-Victor ; il avait particulièrement connu cette dame lorsque, du temps de l'abbesse Johnson, elle était élève au couvent de Gravelines. A chaque voyage il n'avait pas manqué, soit seul, soit avec sa famille, d'aller la saluer, ainsi que Mme Lancaster, supérieure de la communauté, et de s'entretenir des religieuses de Gosfield, au souvenir desquelles elles se rappelaient toujours. En 1803, ces dames, victimes aussi de la révolution, n'avaient pu obtenir que la jouissance de leur maison conventuelle, malgré la protection du Consul Bonaparte, de son ancien collègue Lebrun et des premiers fonctionnaires de l'Etat. Elles vivaient pleines d'espoir et comptaient persister dans leurs réclamations pour obtenir la restitution de leurs autres biens, ou, du moins, des indemnités équivalentes ; mais, comme il en arrive souvent dans ce monde de désillusions, l'une d'elles ne devait pas connaître ici-bas les résultats de leurs affaires temporelles. La mort guettait une proie : elle n'attendait que le moment favorable de séparer ces deux ames si noblement unies dans une parfaite conformité de pieux sentiments et d'intelligences hors ligne.

M. Rivière abandonnait bien des affections en quittant Paris ! Il connaissait intimement M. John Daniel avec lequel il s'était lié à Gravelines en 1791, quand celui-ci, président du grand collége anglais de Douai, était venu visiter Mme Penswich, sa cousine. Depuis lors, M. Daniel avait émigré en Angleterre et y avait vu sa parente, à laquelle il ne négligeait pas de rendre de petits services comme abbesse de sa communauté. Revenu en France à la fin de l'hiver de 1802, M. Daniel avait rencontré plusieurs fois M. Rivière chez les religieuses de la rue des Fossés-Saint-Victor, ou ailleurs. Il s'intéressait sérieusement aux affaires du monastère de Gravelines et ne négligeait jamais l'occasion d'être agréable aux dames de Gosfield. Sur ces entrefaites, le respectable M. Daniel était en instance pour être réintégré dans la propriété de son bel établissement de Douai. Plus tard le Ministre de la guerre le lui avait fait rendre ; mais au moment de quitter la capitale, M. Rivière apprenait que les autorités de Douai se disposaient à s'en emparer une seconde fois pour y établir de nouveau des prisons. Cela n'était que trop vrai, ainsi qu'il s'en assura au ministère. Jusque-là ces nobles victimes des calamités publiques, n'avaient-elles pas bu tour-à-tour au calice d'amertume? Mais, grace à Dieu, elles savaient souffrir sans murmurer et se résigner à leur funeste sort!

M. Rivière ne retourna plus à Paris. En vieillissant il cherchait le repos qu'il méritait à juste titre. Il avait noblement servi son pays et il n'avait pas à craindre le reproche de cesser ses fonctions de membre du Corps législatif. Il refusa toute réélection. Au reste, il n'avait pas la pensée de rester inactif; il rentra dans l'administration municipale comme conseiller et fut nommé président du canton de Gravelines.

De 1803 à 1809, M. Rivière éprouva dans sa gestion une infinité de désagréments. Le gouvernement tenta cent moyens pour saisir et faire vendre les propriétés rurales des Clarisses. Toujours on voulait les considérer comme des biens nationaux. M. Rivière soutenait et prouvait sans cesse qu'ils ne l'étaient pas. D'abord on les mettait sous le sequestre, puis les receveurs des Domaines en donnaient la main-levée; ensuite on recommençait le même jeu. L'Etat voulait aussi vendre l'établissement de Gravelines, sous le prétexte que les bâtiments tombaient en ruines; les employés du fisc appuyaient cette prétention et publiaient que l'on était sûr de trouver des amateurs, « parce que bien des gens cherchaient à en acquérir des portions. » Dans toutes les occasions, l'honorable mandataire était sur la brèche et combattait vaillamment. Il formait opposition à tous les obstacles et démontrait l'erreur de ses adversaires. Mais quand, en 1806, parut le décret du blocus daté de Berlin du 21 Novembre, M. Rivière craignit de ne pouvoir longtemps soutenir la lutte et éprouva d'inextricables embarras. Il soutint que les dispositions du décret ne pouvaient pas regarder les communautés religieuses étrangères, et fit formuler en ce sens deux remarquables mémoires par M. Drouart de Lézey, son neveu, nouvellement admis dans la magistrature. Il en écrivit à Mme Canning, devenue supérieure des dames anglaises à Paris, après la mort de Mme Lancaster, et lui soumit ses projets et ses moyens de défense. Le 16 Décembre, cette religieuse lui répondit en ces termes : « C'est avec peine, Monsieur, que nous apprenons que l'on recommence à inquiéter nos chères et bonnes dames de Gravelines! Nous ne pouvons croire que le décret dont vous parlez, puisse les regarder, et nous espérons qu'en gagnant du temps par votre zèle et votre prudence, vous ne les tiriez encore d'affaire cette fois-ci. Les moyens que vous proposez, nous paraissent les plus convenables. Quant à nous, nous avons été reconnues par le gouvernement cette année, avec permission de reprendre notre costume et de faire des religieuses. Ce qui nous met à l'abri de tout danger. De plus on nous a rendu définitivement notre maison conventuelle... Permettez-moi de vous exciter au courage, en pensant aux obstacles que vous avez vaincus pour être utile à ces respectables dames... »

Fort de son bon droit et des conseils dont il s'entourait, M. Rivière soutint glorieusement la lutte pendant plus d'une année. Il n'y eut pas que Mme Canning et M. Drouart qui s'occupassent de cette affaire : M. Peter Torris, négociant à Paris, s'était chargé de tout ce qui regardait les démarches à faire près des puissances et dans les bureaux des ministères. En 1808, le gouvernement ordonna d'en finir, et les employés des domaines, pressés par leurs directeurs et en vertu notamment de l'arrêté du Préfet du 16 Février, mirent le sequestre sur les immeubles des Clarisses situés dans les départements du Nord et du Pas-de-Calais, avec cette condition qu'il n'aurait d'effet que jusqu'à la paix, conformément à une décision particulière de l'Empereur Napoléon du 17 Mars ; ils contraignirent aussitôt le mandataire de ces dames de rendre compte de sa gestion et de verser au trésor les sommes qu'il avait reçues des fermiers et qui s'élevaient à 12,592 francs 78 centimes. On n'en resta pas là : le Préfet du Nord prit le 16 Novembre un arrêté ordonnant l'inventaire avec estimation de l'orgue et des tableaux de l'église du monastère, et de 1,166 livres anglais, latins et français déposés au domicile de M. Rivière. On parlementa quelque temps ; mais, comme la mesure était prise en vue de la vente et de son produit, l'inventaire eut lieu le 20 janvier 1809, à la requête de M. J^n B^{te} Malot père, receveur de l'enregistrement à Bourbourg. M. Rivière persista encore, fit opposition à la vente et en écrivit au directeur de Lille qui en référa au Préfet. Le moyen réussit ; l'affaire n'eut pas de suites. Bon nombre de projets se trouvèrent ainsi déjoués. Un facteur d'instruments, du nom d'Alliaume, offrait d'acquérir l'orgue au prix de son estimation de 500 francs, et se disposait à le céder moyennant le prix du double à un curé voisin de Gravelines qui voulait lui-même faire un bon marché pour son église. Cela se sut dans le public ; mais ce qui resta ignoré, c'est que M. Rivière était détenteur de choses infiniment précieuses appartenant aux Clarisses. Il avait, en outre, chez lui les chandeliers et le tabernacle de l'autel, la croix du clocher, la relique du Saint Martyr Libérat, l'urne qui contenait le cœur de M. Gensse, les portraits des anciennes abbesses, divers tableaux, un clavecin, etc.

Malgré ses 71 ans, M. Rivière n'en était pas moins aussi actif et laborieux qu'au meilleur temps de sa jeunesse. Mais pour tant de travaux et de fatigues dont il était accablé, il ne recueillait que peines et soucis ! Ainsi, depuis quelques années, il avait perdu plusieurs amis parmi lesquels il comptait M. de Durfort, l'ancien gouverneur, qui, ayant les mêmes vues que lui, avait extrêmement protégé, avant et pendant la révolution, le monastère de Nazareth. Il était mort le 18 Juin 1805, après quarante-trois ans de résidence à Gravelines. Toutefois, comme si Dieu eût voulu enfin récompenser M. Rivière, il lui donna la douce joie de voir avantageusement établir M{}^{lle} Sophie, sa plus jeune fille, qui, le 4 Septembre 1809, épousa à Gravelines son cousin, M. Drouart de Lézey, Procureur impérial près du tribunal civil de première instance séant à Dunkerque. Déjà sa haute réputation de probité avait valu à M. Rivière l'avantage de devenir le receveur d'une partie des biens de la sénatorerie de M. le comte Jean-Jacques-Ignace Jacqueminot qu'il avait connu à Paris lorsque celui-ci était membre du Conseil des 500 et plus tard du Sénat conservateur.

Tandis que toutes ces choses se passaient, les religieuses de Gosfield étaient sans nouvelles de Gravelines. Chaque jour elles perdaient de plus en plus l'espérance de revoir jamais la France, et leurs plus chères illusions tombaient une à une ! Cependant elles se remémoraient quelquefois les souvenirs de leurs jeunes années. C'était une ineffable compensation à leurs peines. Dans l'exil ou l'infortune, tout ce que l'on n'a plus paraît si beau, si riant ! Il semble que Dieu le veuille ainsi pour nous rendre moins douloureuse la perte d'un heureux passé. Elles se revoyaient encore pleines de vie et de santé, le cœur gai et tranquille, tantôt priant au chœur de l'église de leur monastère, ou donnant des leçons aux jeunes demoiselles de leur pensionnat ; tantôt se promenant dans le charmant jardin contigu au couvent, nouvel Eden où la vue se reposait agréablement sur une tendre verdure et les plus jolis parterres de fleurs, en même temps que l'on respirait un air pur, exhalant ses balsamiques senteurs. Elles se rappelaient aussi les délicieux fruits de leur jardin, qu'elles avaient tant de bonheur d'offrir à leurs amies et à leurs élèves bien méritantes. Mais tout cela n'était plus qu'un rêve pour ces dames qui subissaient bientôt le joug d'une affligeante réalité ! Alors des larmes amères roulaient dans leurs yeux et elles n'osaient plus penser à ce pays d'affection, à cette patrie adoptive où elles vivaient naguère tranquilles et indépendantes. Tout espoir s'éteignait dans leur ame, car l'Europe était en feu : l'Empereur Napoléon promenait ses armes victorieuses sur tous les champs de bataille et menaçait, d'asservir le monde sous la puissance de son génie et de son invincible courage. Les émigrés français, poursuivis partout, ne trouvaient plus de refuge sur le continent, si ce n'est en Russie. L'Angleterre, quoique souvent menacée, était encore le pays le plus sûr; aussi l'on y voyait accourir constamment une foule d'étrangers qui ne trouvaient plus le repos en d'autres lieux.

C'est ainsi que, pour se soustraire aux désagréments d'une vie errante sur le continent, le roi Louis XVIII passa dans la Grande-Bretagne et acheta en 1809 la terre d'Hartwell près de Londres. L'année suivante, il alla l'habiter en compagnie de la Reine son épouse, de M. le duc d'Angoulème, de Madame Marie-Thérèse de France, duchesse d'Angoulême, et de plusieurs autres membres de la famille royale. Le malheur semblait inséparable de ces illustres fugitifs. Sa Majesté avait à peine pris possession de son château que la Reine y mourut (13 Novembre) ; et c'est à la suite de ce triste évènement que l'auguste famille, cherchant des distractions à ses infortunes, résida alternativement à Hartwell, à Wenstend et à Gosfield. Quand, en 1812, elle vint séjourner en ce dernier endroit, elle se trouva dans le voisinage du refuge des Pauvres Clarisses. Un rapprochement eut lieu ; et durant dix-huit mois, il exista entre ces dames, le roi Louis, les princes et les princesses de la famille royale, des rapports excessivement agréables et affectueux. Ils s'entretenaient de la France que tous regrettaient avec amertume. Ils se consolaient dans leurs doux épanchements, et parlaient de leurs projets qu'ils ne désespéraient pas de voir se réaliser si un bouleversement social, que la Providence pouvait tenir en ses mains toutes puissantes, venait subitement changer la face des affaires et la politique de l'Europe. Les religieuses avaient pour Père spirituel M. de Saint-Pierre et relevaient de l'autorité du révérend docteur Guillaume Poynter, évêque d'Halie, vicaire apostolique du district de Londres, ancien religieux du collége anglais de Douai. La famille royale avait plusieurs directeurs, et celui qui remplissait les fonctions de grand-aumônier, était l'archevêque de Reims, Mgr Alexandre-Angélique de Talleyrand-Perigord, que Louis XVIII s'était attaché en 1803. Monseigneur, lui aussi, venait fréquemment au refuge de Gosfield et savait inspirer par d'éloquentes paroles la patience et la résignation dont les religieuses du couvent de Nazareth se sentaient le besoin. A la fin de 1813, le roi retourna définitivement au château d'Hartwell. Toutefois les relations amicales entre les Clarisses, les princes et les princesses du sang n'en restèrent pas moins fréquentes ; c'était tantôt les uns, tantôt les autres qui venaient visiter la pieuse communauté. Puis, comme témoignage de délicate attention, on savait faire parvenir aux bonnes religieuses, de ces petites offrandes qui, données avec grace, sont toujours reçues avec un extrême plaisir.

Dans le cours des années 1811, 1812 et 1813, une famille de Dunkerque se rendait en été à Gravelines où son chef avait un poste assez important comme officier d'artillerie. Un tout petit garçon, âgé de huit à dix ans, faisait partie de cette famille. Gai et folâtre comme les enfants de son âge, il se plaisait à parcourir, pendant ses heureuses vacances, les promenades des remparts et les jardins de Gravelines où le conduisaient ses intrépides camarades qui lui faisaient gracieusement les honneurs de leur ville. Parfois on l'introduisait avec quelques amis dans le jardin du couvent où, comme ailleurs, il se permettait de cueillir furtivement des fruits auxquels on recommandait avec soin de ne jamais toucher. Le monastère était un lieu enchanteur pour l'enfance : les jeunes privilégiés y jouaient volontiers à la cligne-musette, à cause de l'immensité des bâtiments ; et le petit dunkerquois dont on voulait faire un guerrier, ne ne se doutait pas, en jouant bruyamment, qu'un jour, adonné aux goûts simples d'une vie calme, il écrirait l'histoire du couvent des Pauvres Clarisses anglaises de Gravelines. M. James de Rothschild, qui se rendait alors de temps à autre en cette ville comme banquier se mêlait fréquemment aux jeux et aux exercices des enfants des familles où il était reçu. Il y montrait toujours la douceur et la charmante bienveillance d'un jeune homme de vingt ans, aimant à rire et à s'amuser.

M. Rivière, à cette époque, vivait paisiblement à Gravelines. Il sortait rarement de la ville; ses voyages se bornaient à aller voir à Dunkerque sa fille chérie, Mme Drouart de Lézey. De retour chez lui, il se livrait à son penchant pour la lecture, dans les moments de loisir que lui laissait sa charge de membre du conseil municipal et celle de gérant des biens de la sénatorerie de M. le comte Jacqueminot. Le soir, pour se délasser et se distraire des occupations pénibles du cabinet, il aimait à faire une partie de whist avec d'honorables amis qui venaient le visiter.

Les bonnes religieuses exilées faisaient l'objet de leurs entretiens ; et, ne pouvant leur être utile, M. Rivière attendait patiemment des temps meilleurs où, de nouveau, il pourrait mettre en œuvre son zèle et son dévouement au service de ces dames dont il conservait le plus précieux souvenir, malgré l'absence et le défaut de nouvelles. Soigneux en tout, il se tenait avec constance au courant de ce qui pouvait les concerner. Il sut ainsi, — et c'était pour lui une consolation, — que l'Empereur Napoléon avait approuvé, le 26 Janvier 1812, un arrêté du Ministre des finances décidant que la régie des biens sequestrés des Clarisses anglaises de Gravelines et autres, avait lieu pour le compte du domaine extraordinaire de la Couronne et non pour celui de la Caisse d'amortissement.

Dans ces derniers temps, M. Rivière qui s'occupait tant du bonheur des autres, éprouva de bien grandes satisfactions à l'occasion de deux évènements qui auraient réjoui le cœur des dames de Gosfield si elles eussent été à Gravelines : le mariage des deux filles aînées de leur Père temporel de France. D'abord celui de Mlle Adélaïde qui, le 12

Mars 1812, épousa M. Eugène Mery, chevalier de l'ordre impérial de la Légion-d'Honneur, capitaine des grenadiers au 129me régiment d'infanterie de ligne; puis celui de Mlle Gabrielle qui, le 7 Avril 1813, s'unit à M. François-Joseph Thomas, docteur en médecine.

Lorsque M. Rivière prenait part à la joie de sa famille, il ignorait que de l'autre côté de la mer, une vieille et respectable religieuse gisait malade au refuge de Gosfield et était même en danger de mort. C'était la vénérable Mme Penswick. Brisée avant l'âge par les chagrins qu'elle n'avait pu que difficilement supporter, surtout depuis la rupture de la paix d'Amiens en 1803, la très digne mère s'était vue forcée de déléguer quelquefois ses pouvoirs à la sœur Mary-Eloysia Martin, pour l'administration de la communauté. Elle prolongea sa vie de quelques années par les plus minutieuses précautions; mais au commencement de l'été de 1813, alors que la douceur de la température aurait pu laisser espérer une réaction dans sa santé, la révérende mère Mary-Victoria s'alita pour ne plus se relever! Elle mourut le   Juillet, à l'âge de 67 ans, après quarante-sept ans et demi de sainte profession et dans la quinzième année de sa prélature, sans emporter la consolation d'avoir fait prendre le voile noir à aucune des jeunes personnes qu'elle avait eues sous sa direction.

1813-1829.

Mary Martin, 12ᵉ abbesse.

> Dans votre amour, Seigneur, répandez vos bénédictions sur Sion, relevez les murs de Jérusalem.
> Psaume, 51, v. 18.
>
> Je ramènerai les captifs de mon peuple d'Israël et de Juda dans la terre de leurs pères.
> Jérémie, ch. 30, v. 3.

A la fin du mois de Juillet 1813, une sainte cérémonie avait eu lieu au monastère de Gosfield. Il s'était agi d'élire une abbesse en remplacement de Mme Penswick, décédée; et, selon la règle, chacune des religieuses de chœur, après avoir assisté à la messe du Saint-Esprit, avait déposé son bulletin dans l'urne. Comme d'usage, le dépouillement en avait été fait avec le plus profond recueillement; et, dès le premier tour de scrutin, les votes ayant offert le nom de sœur Mary-Eloysia, Mme Martin avait été proclamée sur-le-champ abbesse et supérieure du couvent. La joie comprimée au fond des cœurs, éclata avec une naïve émotion; et pour remercier Dieu de ce merveilleux résultat, les pieuses filles de Sainte Claire chantèrent ensemble le Te Deum avec une admirable piété. Le reste de la journée fut consacré aux doux épanchements de bonheur et à de longs entretiens sur la France en général et sur Gravelines en particulier.

Née à Londres le 1ᵉʳ Octobre 1769, Mme Martin avait été admise à 17 ans, en 1787, comme novice au monastère de Gravelines, où elle était élève depuis son enfance. Sœur Mary-Eloysia y avait pris l'habit le 29 Juin de l'année suivante à l'âge de 18 ans et neuf mois, sous les yeux de l'abbesse Johnson, et elle parvenait ainsi à la prélature dans la force de l'âge, à moins de 44 ans. Depuis sa sortie de France au mois d'Avril 1795, sœur Mary-Eloysia avait rendu d'importants services à la communauté ; et en lui conférant à l'unanimité la charge d'abbesse, ses compagnes avaient voulu lui donner un témoignage de leur estime, de leur amour et de leur reconnaissance. Douée d'un adorable caractère, d'une amabilité charmante et soutenue, bienveillante et serviable dans toutes les circonstances possibles, elle se conciliait tous les cœurs. Une figure ouverte, un air riant, un maintien plein de simplicité, mais empreint d'un cachet de dignité, prévenaient en sa faveur et attiraient irrésistiblement vers sa personne. On la chérissait à l'égal d'une véritable mère ; et quand des étrangers avaient eu un entretien avec elle, ils la quittaient enchantés et pris d'admiration. Pour le ton, l'esprit et la figure, elle rappelait Mme Johnson, dont elle avait été l'élève. Pour la piété, la prudence et la sagesse de son administration, elle n'était pas au-dessous de cette excellente et regrettable abbesse.

A Gosfield, Mme Martin s'était assez tôt créé un certain nombre d'amies qui lui restèrent constamment attachées. Toutes, à son élévation, s'empressèrent de venir lui offrir leur compliment de congratulation. La duchesse d'Angoulême et les autres dames de la famille royale accoururent au couvent et ne furent pas de celles qui exprimèrent le moins chaleureusement à la nouvelle élue leur affection et leur bonheur. De ce jour l'amitié qui existait entre sœur Mary-Eloysia et la duchesse devint plus intime que jamais. Celle-ci la rendait la confidente de ses pensées, de ses espérances, et lui communiquait les nouvelles plus ou moins secrètes qu'elle savait sur la France et la situation de l'Europe. Mg^r Louis-Joseph de Bourbon, prince de Condé, respectable vieillard de 77 ans, venait fréquemment se mêler aux entretiens de ces dames. L'abbesse sut ainsi les revers des armées françaises en Espagne et en Allemagne après les désastres de la Russie ; la marche des alliés vers la Belgique, le Rhin, les Alpes et les Pyrénées ; les projets de Louis XVIII et de la famille royale ; les représentations de la commission du Corps législatif à l'Empereur Napoléon (Décembre 1813) ; l'invasion de la France par un million de baïonnettes ennemies en Janvier 1814 ; les intrigues et les sourdes menées du Prince Charles-Maurice de Talleyrand-Périgord qui abandonnait la cause de son bienfaiteur ; les défections de plusieurs maréchaux, généraux et autres officiers supérieurs ; la déchéance de Napoléon prononcée le 2 Avril par le Sénat conservateur ; l'établissement d'un gouvernement provisoire ; l'abdication de l'Empereur à Fontainebleau et la signature du traité de paix par les puissances coalisées à Paris, le même jour 11 Avril ; enfin la signature du monarque déchu au traité de l'avant-veille.

Tandis que ces mémorables évènements se déroulaient dans le monde, M. Rivière, de Gravelines, suivait avec autant d'intérêt que d'anxiété, les péripéties successives de ce grand drame. La nouvelle de l'abdication de l'Empereur fut connue à Gravelines vers le 15 Avril. Le lendemain, sans attendre les derniers résultats, l'ex-Père temporel des Pauvres Clarisses, écrivait les lignes suivantes aux religieuses de Gosfield, sous le couvert de Mme Penswick qu'il croyait encore vivante: « Depuis le mois de Mai 1803, notre correspondance a cessé par des évènements politiques prévus alors ! En voilà d'autres assez inattendus qui nous permettent déjà de renouveler nos anciennes liaisons pour le bien des intérêts de votre communauté... Il serait trop long de vous donner des détails sur vos affaires. Je me borne aujourd'hui à demander de vos nouvelles. » Le souvenir des Pauvres Clarisses était resté vivace à Gravelines, et cependant dix-neuf années s'étaient écoulées depuis leur départ ; aussi M. Rivière ne se rendait-il que l'interprète de la population, en ajoutant : « Je désire bien vous trouver disposées à revenir dans notre ville où vous êtes toujours aimées et désirées. » Il conservait pour ces dames les meilleures dispositions comme homme d'affaires, et leur marquait avec cordialité qu'aussitôt après la conclusion de la paix (il ignorait encore qu'elle fût conclue), il pétitionnerait pour les faire rentrer dans la jouissance de tous leurs biens.

Le 20, la lettre de M. Rivière parvenait à sa destination d'Angleterre ; et, à l'instant, Mme Martin apprenait à son « très cher commettant » la mort de Mme Penswick, qu'elle n'avait pu lui annoncer en son temps ; la réduction des anciennes sœurs au nombre de six, leur désir de revenir en France, les rapports agréables qu'elles avaient eus avec la famille des Bourbons, leur persuasion qu'elles auraient de puissantes protections à la Cour de France, surtout auprès de son Altesse Royale la duchesse d'Angoulême. Puis, faisant un appel à la bonne volonté de leur correspondant, elles le suppliaient de leur donner quelques renseignements positifs et sur leurs propriétés et sur les personnes qu'elles avaient connues à Gravelines.

La politique marchait à pas de géants. Le même jour Napoléon quittait Fontainebleau ; et, quatre jours après, le roi Louis XVIII débarquait à Calais. Sans perdre une minute, M. Rivière mandait le 29 à ses chères filles d'Angleterre : « Plus que jamais je suis persuadé que vous ne tarderez pas à rentrer dans la jouissance de vos propriétés en France et que vous reviendrez avec vos dignes sœurs pour continuer à remplir à Gravelines, l'objet de votre ancien établissement : tous les habitants pauvres et riches, vieux et jeunes, désirent votre prompt retour dans leur ville et le regardent comme un bonheur pour eux. Nos magistrats et le conseil municipal dont je suis membre, s'empresseront même de présenter de respectueuses et pressantes pétitions au Roi pour qu'il vous rappelle et vous rende vos biens et les avantages dont vous jouissiez autrefois. De votre côté et du mien, nous ferons usage des puissantes protections qu'un hasard heureux vous a procurées à Gosfield... Nous devons tout espérer : dès que je trouve en vous, Madame, de la constance, du courage et de la patience, nous obtiendrons les plus grands succès. La Providence, qui a déjà tant fait pour nous et pour vous, fera le reste ; invoquons-la dans nos humbles et ferventes prières... »

Après avoir épuisé ce sujet, M. Rivière disait : « Je suis resté en correspondance avec les religieuses anglaises de la rue des Fossés-Saint-Victor, à Paris. Je vais leur donner de vos nouvelles, car elles se sont toujours intéressées vivement à votre sort. M. Daniel, le cousin de votre défunte abbesse, ne les a pas quittées ; il va tâcher de rentrer dans son beau collége de Douai. La mort de votre respectable Mme Penswick et des autres dames, m'a fait du chagrin. Tout cela me rappelle la perte de la vertueuse et spirituelle abbesse Johnson, notre bonne et affectueuse amie. Je me souviens qu'elle me fit venir de Dunkerque, où j'étais nommé juge, pour recevoir ses derniers adieux et me faire promettre au pied de son lit que je n'abandonnerais jamais ses chères religieuses. Je crois, Madame, si ma mémoire est fidèle, que vous étiez tout en pleurs, à l'entrée de la chambre, et je désirais dès lors vous voir un jour remplir le même rang dans cette communauté. Je puis donc vous dire qu'il m'est agréable de pouvoir correspondre avec une dame qui sait et écrit bien le français ; cela donne des facilités dans une correspondance comme la nôtre qui va devenir d'une certaine importance pour vos intérêts. Je me flatte que vous aurez pour moi la même confiance, la même amitié et toute la franchise des quatre dernières abbesses. »

Par post-scriptum, M. Rivière ajoutait : « La pauvre Isabelle est décédée depuis six mois, toujours vous aimant beaucoup ! Susanne est restée en Angleterre avec Fasquel son mari ; on n'en a aucune nouvelle. » On se souvient qu'Isabelle, dont il est question ici, était une des personnes de confiance que M. Rivière avait laissées au couvent comme gardiennes en 1795. Depuis lors, elle n'avait pas quitté la maison et y avait vécu du produit d'une école d'enfants, et de petites douceurs dont quelques Gravelinois la gratifiaient. Isabelle, fille d'un nommé Villers, de St-Omer, avait épousé dans sa jeunesse un Anglais du nom de Charwille. Devenue veuve et restant sans ressource, elle vint offrir ses services aux religieuses de Gravelines qui se l'attachèrent. Isabelle n'eut qu'à s'en louer ; ces dames l'aimaient infiniment et lorsqu'elles vinrent à quitter la France, l'abbesse Keith lui proposa de les suivre ; mais la craintive veuve s'y refusa et resta à Gravelines avec l'espérance de les y voir revenir. Elle mourut sans avoir eu cette satisfaction, le 2 Octobre 1813, à l'âge de 74 ans. Malgré sa pauvreté et sa vieillesse, Isabelle n'en laissa pas moins des regrets en ce monde ; et, dans l'autre, elle emporta l'estime de tous les honnêtes gens.

En moins de trois mois, M. Rivière avait écrit plusieurs fois aux directeurs de l'enregistrement et des domaines à Arras et à Lille, à leurs receveurs de Bourbourg et d'Audruick, à l'abbesse Martin, elle-même ; à Mme Canning, supérieure de l'établissement des dames anglaises, de Paris; à M. Auguste Drouart de Lézey, Procureur du roi à Dunkerque, qui revenait de Paris comme membre de la députation de la ville de Dunkerque, chargée de présenter l'adhésion de cette ville aux actes mémorables du Sénat. Il avait écrit aussi à diverses reprises à M. le Ministre de la guerre, à M. Peter Torris, son parent, qui habitait, comme maire de sa commune, le château de Bessancourt dans la vallée de Montmorency près Paris ; à M. Dambrai, Grand-Chancelier de France ; à M. le baron Louis, Ministre des finances ; à Mgr de Talleyrand-Périgord, archevêque de Reims, grand aumônier de France, nommé nouvellement duc et pair ; à M. le comte de la Châtre, ambassadeur de France à Londres ; enfin à M. Dufresnes de St-Léon, commissaire français à la liquidation des réclamations des sujets de Sa Majesté Britannique à Paris. Les lettres de M. Rivière tendaient à obtenir la main-levée du sequestre mis en 1808 sur les biens de ses mandantes. Heureux du nouvel ordre de choses et plein d'espoir pour l'avenir de ses chères filles les Clarisses, il était aussi actif qu'à vingt-cinq ans. Il recevait de flatteuses réponses à toutes ses missives ; chacun lui fournissait des renseignements, traçait la marche à suivre pour mieux réussir, promettait d'appuyer les pétitions. Encouragé de la sorte, il redoublait ses efforts et s'écriait souvent : « On ne doit pas craindre d'importuner ; il faut importuner pour réussir. » Toute sa correspondance était pleine de souvenirs intéressants.

Par sa lettre du 15 Mai à l'archevêque de Talleyrand-Périgord, il disait : « Monseigneur, les religieuses Clarisses Anglaises du couvent de Gravelines ont dû, comme vous le savez, aller se réfugier à Gosfield jusqu'au retour de la paix. C'est là que ces pieuses religieuses se sont trouvées pendant dix-huit mois dans le voisinage de l'auguste famille de nos rois. Louis XVIII, Son Altesse Royale Mme la duchesse d'Angoulême et les autres princes français, les ont honorées de leur présence, ainsi que vous, Monseigneur ». Puis l'ayant entretenu de tout ce qu'il avait fait pour ses mandantes, il ajoutait : « C'est dans ces heureuses circonstances de paix, Monseigneur, que ces bonnes religieuses anglaises m'ont écrit pour m'inviter à faire les démarches convenables afin d'obtenir la main-levée pure et simple du dernier séquestre, et d'être remises en possession de tous leurs biens situés en France. Je viens à cet effet d'adresser au Ministre des finances une pétition au nom de ces religieuses, et je prends la liberté, Monseigneur, d'après leur vœu, de vous en envoyer une copie ; elles vous supplient humblement d'être leur protecteur auprès du Roi et de ses Ministres, et de daigner mettre cette pétition sous les yeux de Son Altesse Royale Mme la duchesse d'Angoulême. Elle les a trop comblées de ses augustes bontés pour ne pas se rappeler que ces dames ont été assez heureuses de se trouver dans le même refuge où Son Altesse Royale les a honorées de sa haute bienveillance, et qu'elle a bien voulu joindre ses ferventes prières aux leurs pour demander au

Très-Haut, le calme et le bonheur des Français par le retour de leur légitime souverain au trône des Bourbons ».

Arrivé à ce point de sa lettre, M. Rivière recevait des nouvelles des Clarisses de Gosfield. Il ajoutait alors : « Ces dames vous supplient, Monseigneur, de les rappeler auprès de Son Altesse le prince de Condé, qui les a comblées de ses bontés. Elles me parlent aussi du bon et saint évêque de Londres (M. Poynter), que j'ai connu à Douai lorsque j'étais administrateur du département du Nord et avec qui j'étais très lié d'amitié, ainsi qu'avec M. Daniel, président du grand collége anglais de la même ville, auquel M. le maréchal Mortier, duc de Trévise, doit sa bonne éducation. Il est dans ce moment à Paris près des dames anglaises, dont l'abbesse actuelle, religieuse très spirituelle qui parle et écrit comme un ange, a été élevée au couvent de Gravelines ».

Toutes choses marchaient à souhait, quand un jour M. Rivière reçoit des nouvelles des dames de Gosfield : elles lui expriment leurs craintes de retourner à Gravelines à cause de l'état de vétusté de leur établissement, et cela sur le dire d'un jeune officier anglais revenant de France. Selon lui, le couvent était ruiné à tel point que l'on avait pratiqué une rue à travers. Heureusement, quelque temps après, M. le prince de Condé passant par là incognito et se rappelant ses entretiens avec les abbesses Penswick et Martin, avait admiré avec plaisir les hautes et solides murailles du monastère dont il était allé faire le meilleur rapport aux religieuses de Gosfield.

Les nouveaux évènements politiques n'amenèrent que peu de changements dans le personnel de l'administration de Gravelines. M. Rivière fut maintenu au conseil municipal et à la présidence du canton, et son gendre, M. Thomas, conserva sa charge d'adjoint du maire qui lui avait été confiée l'année précédente. Ce fait fut pour eux une preuve d'estime publique, et une garantie pour les Pauvres Clarisses.

Malgré ses nombreuses occupations, M. Rivière mettait tout en œuvre dans l'intérêt de ses clientes; il ne se contentait pas d'écrire aux sommités sociales, il faisait écrire de leur côté les Clarisses. Le 15 Juin, elles adressaient de Gosfield à la duchesse d'Angoulême, une lettre où se remarquaient les passages suivants : « Depuis que votre altesse royale a quitté cet asile que son auguste présence a rendu célèbre, et que nous avons été assez heureuses de partager pendant dix-huit mois avec sa Majesté et les princes, notre désir de retourner dans cette belle France où les décrets de la Providence viennent de vous rappeler, Madame la duchesse, pour votre bonheur et celui des Français, notre désir, disons-nous, redouble encore de jour en jour, et nous ne serons heureuses que du moment où votre altesse royale nous aura fait connaître que Sa Majesté nous permet de rentrer en possession de nos biens... C'est alors, Madame la duchesse, que, retournées en France, nous continuerons à nous livrer à nos anciens devoirs religieux, à nos douces et pieuses occupations, à l'instruction des jeunes demoiselles dans la religion catholique, apostolique et romaine, objet primitif et nécessaire de notre établissement, constamment protégé... Daignez, Madame la duchesse, nous vous en supplions, engager Sa Majesté, d'ordonner qu'il nous soit rendu une prompte justice pour que nous puissions, dès cet été, faire rétablir notre église et notre maison conventuelle que nous serons à portée de pouvoir habiter vers l'automne prochain; sinon notre retour dans cette chère patrie adoptive, sera encore éloigné d'une année. Que ce terme sera long, Madame la duchesse, pour des exilées comme nous, pour de pauvres recluses sorties de France depuis 1795, et qui mettent la plus grande importance et leur bonheur à aller vivre de nouveau sous le même ciel où la Providence et l'amour des Français viennent de rappeler votre altesse royale et son auguste famille. »

Cette lettre était à peine lancée à la poste que de nouvelles appréhensions de retourner en France s'offraient à l'esprit de ces dames : M. l'aumônier de Saint-Pierre leur avait fait croire que Gravelines était une ville malsaine et déserte où elles trouveraient la mort. M. de Saint-Pierre était normand et voulait peut-être rire ; mais M. Rivière, prenant la chose au sérieux, écrivit à l'abbesse Martin une longue épître où l'on remarquait le passage suivant qui devait éclairer le directeur de la communauté : « Dites-lui, Madame, qu'il est dans l'erreur sur le mauvais air prétendu de Gravelines; ce préjugé date de cent cinquante ans, parce qu'à cette époque reculée (1) la ville était entourée de marais fangeux. Tous nos environs sont desséchés et bien cultivés. L'air y est plus sain qu'à Dunkerque et Calais ; les santés languissantes viennent se rétablir chez nous. On y vit très vieux et les médecins n'y font pas fortune. J'ai vu ici des vieillards de cent ans ; mon père y est mort à 95 ans ; ma mère, par accident, à 84 ans, pour être restée à prier dans l'église où elle s'était laissée enfermer ; M. Wante, ancien magistrat, dont les filles ont été en pension à votre couvent, est mort à 92 ans ; M. de Durfort, à 98 ; M. de Lézey, major, père de mon gendre, à 94 ; et vingt autres exemples de cette espèce doivent prouver que l'air n'est pas si mauvais à Gravelines, et suffiront à faire revenir M. le directeur de son injuste préjugé. Vous y trouverez un établissement de plus au Fort-Philippe : c'est une petite ville fortifiée au bout du grand canal vers la mer, que le

(1) M. Rivière faisait erreur sur l'époque. Voici ce que disait le docteur Tully dans son Essai sur les maladies de Dunkerque, imprimé à Dunkerque même, en 1760, p. 49 et suiv. « Dès que la chaleur se fait sentir à Gravelines, on y voit régner des fièvres putrides et bilieuses, longues et difficiles à guérir, avec de très mauvais symptômes, un délire rapprochant de la frénésie, un pouls presque aussi dur que dans les fièvres inflammatoires des parties membraneuses... Une espèce de mouches jaunes qui sortent par essaims d'entre les pavés de cette place, sont les avant-coureurs des fièvres dont nous parlons... Les mêmes maladies règnent dans les hameaux des environs de Gravelines... Il est à présumer que les exhalaisons putrides de la terre Hems St-Pol, sont la source d'où elles dérivent. » Il est donc certain que M. Rivière se trompait d'une centaine d'années.

gouvernement impérial a fait construire. Il y existe force canons et garnison, dont l'objet est de favoriser le commerce des Smoggleurs anglais qui y viennent en foule acheter des eaux-de-vie, des genièvres, des soieries, etc. Il en vient parfois quinze à vingt bateaux par marée, et, quoique la paix puisse déranger ce commerce d'interlope, par la surveillance des douaniers anglais, M. le directeur n'en verra pas moins que notre ville n'est pas si déserte qu'on le lui a dit, par plaisanterie assurément. »

Comme s'y attendait le dévoué mandataire, sa missive produisit le meilleur effet sur l'esprit des crédules religieuses. Il en profita pour les exciter à poursuivre leurs vues primitives. C'est ainsi qu'elles écrivirent, le 25 Juin, à Son Altesse Royale Monsieur, comte d'Artois (1), une lettre qui rappelle certains souvenirs que l'on reproduit ici : « Monseigneur, nous avons appris votre maladie avec douleur ! et nous apprenons aujourd'hui avec joie le rétablissement de la santé précieuse de Votre Altesse Royale... Nous osons nous rappeler respectueusement à votre honorable souvenir, Monseigneur ; vous avez daigné nous témoigner tant de bonté et prendre tant d'intérêt à notre sort dans l'humble asile de Gosfield... que nous ne craignons pas d'oser supplier Votre Altesse d'être notre plus puissant protecteur auprès de Sa Majesté, son auguste frère, pour nous faire rentrer en possession de ceux de nos biens qui n'ont pas été vendus. Nous avons en France deux cents arpents de terre qui ont été sauvés du naufrage ; c'est notre fondé de pouvoirs à Gravelines qui les a soustraits à la vente... » Puis parlant de la main-levée du sequestre mis en 1808, elles ajoutent : « C'est de ce dernier sequestre, Monseigneur, que nous avons demandé, dès le 11 Mai, au Ministre des finances, la main-levée avec la liberté de rentrer aussitôt en possession de nos biens. C'est uniquement de vous, Monseigneur, et de la prompte

---

(1) Ce fut lui qui régna jusqu'en Juillet 1830, sous le nom de Charles X.

justice du Roi, que nous espérons cette grace après laquelle nous aspirons ardemment pour nous acheminer vers notre ancien couvent de Gravelines. »

Généralement on répondait à toutes les lettres et l'on promettait beaucoup ; mais au gré de ces dames, leurs affaires n'avançaient pas. Elles se laissaient facilement décourager et elles pleuraient ! Le 22 Juillet, M. Rivière était de nouveau obligé de relever leur moral ; il disait : « Ecrivons encore une fois aux puissances et ne négligeons rien; nous devons réussir et cela ne tardera pas. Je vous écris à la hâte pour vous tranquilliser un peu, car je vois que vous avez du chagrin !... » M. Rivière donna l'exemple ; et deux jours après, il adressait au Roi une supplique conçue en ces termes : « Les religieuses Clarisses anglaises réfugiées à Gosfield, — où elles ont été assez heureuses de partager l'asile que Votre Majesté a rendu à jamais célèbre par son séjour et où vous avez daigné, Sire, porter sur elles quelques regards de bonté, en les consolant dans leur infortune ! — viennent réclamer aujourd'hui avec une respectueuse confiance, au pied de votre trône, la justice et la munificence royale de Votre Majesté ! Dans un des honorables entretiens que ces religieuses ont eu le bonheur d'avoir avec Votre Majesté, elles lui ont fait connaître la situation de leurs affaires ». M. Rivière entra alors dans quelques détails indispensables et finit par rappeler au Roi sa promesse de leur faire rendre un jour toute justice si la divine Providence lui permettait son retour en France.

Enfin ce dernier moyen réussit, et le 5 Août, M. Peter Torris annonçait à M. Rivière que M. le Ministre des finances avait signé, le 1er, la main-levée pure et simple du sequestre ; il ajoutait : « L'expédition de la décision pour la mise en possession a été envoyée tout de suite à l'administration des domaines et aux préfets des départements du Nord et du Pas-de-Calais, où les biens de vos Clarisses sont situés » Le 9, à la réception de la lettre de son parent,

M. Rivière annonçait la nouvelle à Mme l'abbesse; le 12, il lui écrivait encore : « J'ai fait part de cette bonne nouvelle à la municipalité, à notre curé M. Janssoone, à toutes les personnes pieuses et gens de bien de cette ville; tout le monde en est enchanté et voudrait vous posséder dès cet hiver... Cette circonstance m'a fait éprouver une si grande joie, en l'apprenant, que si j'avais trouvé à mes pieds mille guinées, je n'en aurais pas ressenti un plus grand plaisir...»

La municipalité n'avait pas attendu la décision ministérielle pour prendre une délibération relativement aux dames de Gosfield (28 Mai), et l'adresser à son excellence M. l'abbé de Montesquiou, Ministre de l'intérieur et des cultes, en sollicitant l'autorisation en faveur de ces dames de rentrer en France et de prendre possession de leur ancien établissement pour y continuer leur état religieux et recevoir des novices. La requête du conseil municipal disait aussi que le rétablissement de la maison conventuelle offrirait de précieux avantages non-seulement sous le rapport de la religion, mais encore sous celui de l'éducation des jeunes demoiselles et du soulagement des pauvres du pays. (1) De leur côté, les Clarisses adressaient le 15 Juin à M. de Montesquiou, par l'intermédiaire de la duchesse d'Angoulême, une requête tendante aux mêmes fins; et comme le Ministre dut en référer à M. le Préfet du Nord et à Mg^r Belmas, évêque de Cambrai, sous la juridiction duquel les Clarisses allaient entrer, le 12 Septembre, M. Rivière était encore sans nouvelles et en écrivait ce jour à M. l'abbé de Montesquiou.

Dès le 20 Août, M. Rivière avait fait commencer au couvent les réparations et les reconstructions les plus urgentes. En même temps six experts avaient été chargés de faire l'estimation des travaux indispensables. Il n'y avait pas moins de trente ouvriers dans la maison; et, comme il fallait penser

---

(1) Manuscrit cité de feu M. Wagnet.

à les payer aux quinzaines, M. Rivière en écrivit à Mme Martin et lui proposa de se procurer de l'argent au moyen d'emprunts à Calais ; mais en homme prudent, le digne Père temporel était déjà en instance pour obtenir la restitution des 12,592 francs de fermages qu'il avait été obligé de verser en 1808 aux receveurs de l'enregistrement de Bourbourg et d'Audruick, par suite du sequestre ; somme claire et liquide qui ne devait pas subir, comme il l'annonçait le 25 Août à la duchesse d'Angoulême, la formalité de la liquidation générale dont six commissaires allaient s'occuper dans l'intérêt de tous les ordres religieux anglais qui avaient dû quitter la France en y délaissant forcément leurs biens. Il s'occupait aussi de la rédaction de l'état des indemnités que ses commettantes auraient à demander et à faire valoir près de la commission de liquidation.

Grace au bon vouloir et à l'activité de M. de Montesquiou, grace au concours de Son Altesse Royale la duchesse d'Angoulême qui n'avait cessé d'honorer les dames de Gosfield de son auguste protection, elles obtinrent la permission de revenir en France ; ce qui avait fait l'objet d'une ordonnance commune à leurs co-religionnaires et signée du Roi le 16 Août. M. Rivière l'ignorait et, quelque temps après, à la fin de Septembre, on lui adressait de Gosfield une dépêche que M. le comte de la Châtre écrivait de Londres comme ambassadeur, sous la date du 2, à l'abbesse Martin, pour lui annoncer les dispositions prises à cet effet par le gouvernement.

Les travaux avançaient au couvent. M. Rivière y allait chaque jour pour veiller les ouvriers. Le 9 Septembre, il écrivait à l'abbesse que le clocher était rétabli et couvert, sa croix replacée et surmontée d'un coq de cuivre provenant de l'église paroissiale ; « première opération qui avait causé une sensation agréable parmi tous les habitants ». Il ajoutait que la chambre des pensionnaires, complètement restaurée, n'attendait plus que les douze lits qui devaient y être montés. A la fin d'Octobre, ainsi que M. Rivière le mandait, le 28, à Mme Martin, les principaux toits de l'établissement, le quartier des pensionnaires, la maison du directeur, la boulangerie, les cuisines, la sacristie, étaient finis ; puis il laissait espérer que le chœur et l'église seraient achevés vers le 20 Novembre et le quartier des religieuses avec trente cellules vers la fin du même mois. Le diligent Père temporel craignait néanmoins que le logement ne fût pas terminé à l'époque du retour de ces dames qui, par lettre du 8 Novembre, avaient annoncé leur départ de Gosfield pour le 24 ; et, dans la crainte de retarder leur voyage, il manda à Mme Martin que ses compagnes et elles trouveraient une habitation convenable chez lui et chez M. le curé pendant tout le temps nécessaire à l'achèvement des travaux ; mais, comme une pareille mesure n'était pas sans difficultés, il en écrivit à l'évêque diocésain pour qu'il permît à ces dames d'en agir ainsi au besoin. Monseigneur ne fit pas attendre la réponse ; son ordonnance était libellée en ces termes :

« Louis Belmas, par la permission divine et la grace du Saint Siége Apostolique, Evêque de Cambrai, Baron... membre de la Légion-d'Honneur. A nos chères filles en Jésus-Christ la supérieure et les religieuses Clarisses de la maison de Gravelines, Salut et Bénédiction. Instruit de votre prochain retour dans le lieu que vous aviez choisi pour vous y consacrer à l'époux de votre ame, nous nous sommes réjoui et nous vous félicitons dans le Seigneur dont la puissance rappelle, quand il lui plaît, les morts à la vie, et appelle comme présentes les choses qui n'existent pas encore. L'état actuel des bâtiments de votre couvent, ne vous permettant pas de les occuper jusqu'à ce que des réparations convenables les aient rendus propres à cette destination, nous vous autorisons à rester, en attendant, ensemble dans une autre maison, ou même séparément dans plusieurs, si votre réunion dans une seule n'était pas absolument possible ; suspendant à cet effet, pendant tout le temps que dureront ces réparations, l'obligation du vœu de clôture. Et cependant comme la nécessité de s'écarter de la lettre de la règle ne dispense pas d'en suivre l'esprit, nous vous exhortons à garder, autant que vous le pourrez, la retraite pour y écouter plus librement la voix de Celui par qui le monde est mort et crucifié pour vous, comme vous êtes vous-mêmes mortes et crucifiées pour le monde. Donné à Cambrai le 23 Novembre 1814. Signé ✝ Louis, évêque de Cambrai, et scellé. Par ordonnance : Signé De Muyssart, chan. secret. »

Le 2 Décembre 1814, les Pauvres Clarisses prirent la mer et débarquèrent à Calais où les attendaient le Doyen-Curé Tribout et plusieurs personnes recommandables. Elles passèrent le samedi, le dimanche et le lundi à visiter la ville et à expédier à Gravelines leurs malles et leurs bagages par les voitures que M. Rivière avait envoyées à Calais dès la première nouvelle de leur arrivée. Le lendemain mardi 6, jour de Saint-Nicolas, l'essaim religieux arriva à Gravelines; il se composait de Mmes Martin, abbesse; Elisabeth Jump, Catherine Lee, Ann Mennell, Jane Green, qu'accompagnaient deux sœurs de l'ancien couvent des Pauvres Clarisses de Dunkerque.

Ces dames reçurent le plus noble accueil en arrivant. Toutes voulurent rendre graces à Dieu de leur retour et se transportèrent immédiatement à leur église où elles trouvèrent l'autel et les ornements du chœur aussi en ordre que si la communauté n'eût jamais été abandonnée ; puis se sentant satisfaites de l'accomplissement de ce pieux devoir, elles allèrent prendre possession des logements que leur avaient fait apprêter MM. Rivière et Janssoone. Les autorités et leurs anciens amis MM. Decarpentry, Demarle, **Jean Torris**, etc.. vinrent les saluer et les féliciter sur leur heureux retour. Tous leur faisaient des offres de service et se disputaient à l'envi l'honneur de les recevoir et de pouvoir leur faire accepter quelque politesse. On ne tarissait pas de soins et d'égards envers leurs vertueuses personnes; et les témoignages de sympathie et d'attachement qu'on leur donna pendant plusieurs jours, dépassèrent tout ce qu'avait pensé, tout ce qu'avait exprimé M. Rivière dans sa correspondance. Ce fidèle et dévoué Père temporel était au comble de l'allégresse. Il ne savait comment témoigner sa joie, exprimer ses sentiments d'affection. On eût dit que c'étaient ses propres enfants qu'il revoyait après une longue et douloureuse séparation.

Lorsque l'on eut consacré plusieurs jours au repos et à l'expression du bonheur que le cœur éprouve en pareille circonstance, M. Rivière et Mme Martin s'entretinrent sérieusement des affaires de la communauté. Avant tout il s'agissait de mettre la dernière main à l'état des indemnités dues par le gouvernement français. Ils s'en occupèrent; et quand ce volumineux travail fut terminé, M. Rivière l'adressa à MM. l'amiral T. Martin, sir G. Wood, officier d'artillerie, et Tucker, intendant de la marine, commissaires anglais de Sa Majesté britannique à Paris, chargés de la liquidation des indemnités des sujets anglais. Quelques semaines après, le 28 Janvier 1815, Mme l'abbesse leur fit parvenir une pétition ayant pour but d'appuyer la demande de son commettant et en solliciter la prompte expédition.

Alors que les esprits tranquilles espéraient jouir des douceurs de la paix, une nouvelle alarmante pour eux vint se répandre en France. Le 10 Mars, elle circulait à Gravelines. On annonçait le débarquement de Napoléon à Cannes dans le Var, le 1er Mars, et sa marche triomphale vers la Capitale. Le sort en était jeté! L'Empereur entrait au Palais des Tuileries que, le 20, le Roi Louis et sa famille quittaient pour se diriger vers la Belgique.

Quand cette dernière nouvelle parvint au couvent de Nazareth, la sainte communauté éprouva le plus profond chagrin. Savoir ses bienfaiteurs dans l'infortune, exposés à mendier l'hospitalité sur la terre étrangère, était pour elle un sujet de désolation, une cause d'amers regrets, un évènement, enfin, des plus malheureux ! Les travaux de restauration dont on s'occupait au monastère, furent subitement suspendus ; l'abbesse, incertaine de ce qui allait surgir de ces changements politiques si subits et si peu attendus, avait cru devoir prendre cette résolution d'économie et avait promis aux ouvriers, en les congédiant, de les occuper aussitôt que de bonnes nouvelles parviendraient à Gravelines. Trois mois se passèrent entre la vie et la mort pour la partie honnête et paisible de la population, malgré les généreux procédés de M. le colonel Kail, ancien officier de la glorieuse 46me demi-brigade, remplissant les fonctions de gouverneur pendant les Cent-Jours (1). Puis le 18 Juin vint rompre inopinément la chaîne des faits mémorables accomplis en si peu de temps. Vingt jours après, le 8 Juillet, Louis XVIII et la famille royale rentraient dans Paris, suivis des phalanges armées des puissances coalisées de l'Europe : la carrière politique du grand Napoléon était à jamais terminée ! « Il n'était plus, selon sa propre parole, qu'un simple particulier » déchu de toutes les grandeurs, destiné à mourir obscurément sur un rocher inculte de l'Océan.

Les travaux du monastère, momentanément suspendus, reprirent assez tôt leur activité. Les religieuses, l'ame tranquille pour leur avenir, s'adonnèrent avec confiance à leurs saintes occupations journalières. Aux heures de loisirs, ces dames se livraient à des promenades aux environs de la ville. Elles allaient parfois voir la mer au Petit-Fort-Philippe, récemment réduit à ses simples habitants par la cessation du commerce des smoggleurs anglais ; d'autres fois,

---

(1) M. Kail fut l'ami de ma famille ; je suis heureux de tracer ce souvenir pour celui qui ne dédaignait pas de prendre part souvent aux jeux de mon enfance.

elles se rendaient chez leurs fermiers d'Oye et de Bourbourg-Campagne où on leur ménageait un bon accueil. Souvent elles s'acheminaient vers le hameau des Huttes et se plaisaient partout à recueillir des souvenirs et à rechercher les vieilles gens qui avaient survécu à la révolution. Un jour, étant assises chez un jardinier-cultivateur des Huttes, du nom de François Fasquel, ces dames virent entrer un Anglais qu'il leur semblait avoir vu quelque part. Cet homme se prit à les regarder attentivement, avec un certain intérêt même : ces dames en firent autant. Enfin, après quelques moments d'hésitation, l'abbesse ayant hasardé une question, apprit qu'elle se trouvait en présence d'un Français, de l'ancien jardinier du couvent, Simon Fasquel, qui n'avait d'anglais que le costume. On le fit causer, et cet homme eut vite instruit les bonnes religieuses que Susanne, sa femme, était morte en Angleterre où résidaient ses trois enfants ; puis il raconta ses malheurs et sa misère qui l'avaient forcé de venir demander l'hospitalité à son bon frère François Fasquel, de Gravelines.

En cette année 1815, Mme l'abbesse n'avait qu'une unique pensée : celle de relever son établissement et de le faire prospérer. Par malheur elle éprouvait un embarras financier : la maison était en dettes ! Une minime partie des travaux avait été acquittée au moyen de l'emprunt fait à Calais l'année précédente, et des fonds que les religieuses avaient apportés d'Angleterre. D'assez fortes sommes restaient encore dues ; et comme la prévoyante supérieure se proposait de faire restaurer la totalité des bâtiments et des murs d'enceinte et que l'on ne pouvait compter de sitôt sur les indemnités dues par l'Etat, M. Rivière et l'abbesse se résolurent à vendre les 37 hectares 27 ares de terres de Bourbourg-Campagne, Saint-Omer-Cappel et Saint-Folquin, que la communauté avait acquises en 1659, 1665, 1723 et 1727, et qu'elle louait à quatre cultivateurs moyennant le fermage annuel de 902 francs. Il en fut dressé, le 27 Novembre 1815, un état que signa Mme Martin et par suite duquel M. Decarpentry, maire de Gravelines, délivra un certificat attestant « la nécessité d'aliéner ces immeubles, afin d'acquitter les réparations urgentes sans lesquelles on ne pouvait espérer de relever l'établissement et de rendre à la ville de Gravelines l'une de ses institutions les plus utiles. »

Au commencement de 1816, ces pièces, appuyées des titres de propriété, furent adressées à M. le conseiller d'Etat ministre des cultes ; et, dans l'espoir d'accélérer cette affaire et celle des indemnités dues au couvent, Mme Martin se rendit à Paris à la fin d'Avril, avec la sœur Jane Green, connue en religion sous le nom de Winefride, et Mlle Torris, de Gravelines, qui connaissait parfaitement la Capitale pour l'avoir habitée à plusieurs reprises sous la République et sous l'Empire. L'abbesse prit son logement au monastère de Mme Canning, son ancienne élève et son intime amie, qui lui réserva une cordiale réception. Chaque jour était employé à visiter ses protecteurs et ses honorables connaissances. On l'accueillit admirablement aux Tuileries : le Roi, la duchesse d'Angoulême, la duchesse de Sérent, née Montmorency, première dame d'honneur de Son Altesse royale Madame, étaient charmants de soins et de prévenances pour sa personne. Elle eut l'occasion de voir Mg^r De Talleyrand-Périgord, grand-aumônier de France ; l'évêque Poynter, le bienveillant M. Daniel ; MM. les membres de la commission des indemnités, etc.

Dès avant le départ de l'abbesse, les pensions de 5 à 600 francs allouées aux Clarisses lors de leur rentrée en France, avaient été retirées par la raison qu'elles avaient recouvré leurs biens non vendus et qu'elles n'étaient pas Françaises. Mais, comme il leur était dû des indemnités, la révérende mère crut pouvoir solliciter à ce sujet. Elle le fit en vain ; seulement le Roi, voulant donner à la pressante solliciteuse un témoignage d'estime particulière, lui alloua une pension de 280 francs par an sur sa cassette, et chargea son Ministre de rédiger l'ordonnance de la vente que Sa Majesté signa le 5 Mai; nouvelle agréable que la digne supérieure apprit plus tard au château de Bessancourt où elle était allée passer quelques semaines chez M. Peter Torris, en compagnie de Mlle Torris et de la sœur Winefride.

Sur ces entrefaites, M. Augustin-Joseph Depoix, grand-doyen-curé de Dunkerque, vint à Gravelines le 14 Mai, à l'occasion d'un dîner qu'offrait l'abbé Janssoone à un général-inspecteur et à plusieurs personnes de distinction. Il se rendit au couvent avec le doyen Janssoone et M. le juge-de-paix. Les religieuses reçurent ces messieurs au petit salon d'en-bas et leur firent visiter une partie de l'établissement. Ils furent enchantés de l'ensemble du monastère dont ils ne s'étaient pas fait d'idée. M. le grand-doyen en répandit des larmes de joie et admira surtout l'église. Le doyen fit maintes instances pour avoir à dîner chez lui les sœurs Marie, Anne-Thérèse, Dorothée et Robertine; mais celle-ci seule consentit à accepter son invitation. Ces dames n'osaient pas trop se récréer en l'absence de leur supérieure dans le doute du résultat de leurs affaires; elles attendaient impatiemment des nouvelles de Paris. Aussi ce fut avec une véritable jubilation qu'elles apprirent, à quelques jours de là, le prochain retour de leur affectionnée abbesse, et la signature par le Roi de l'ordonnance relative à la vente. Pénétrées de reconnaissance, les religieuses se transportèrent au chœur et entonnèrent le chant du Te Deum afin de remercier Dieu de la grace dont il venait de les gratifier.

Au retour de Mme Martin, dans les derniers jours de Juillet, le notaire Cornette, de Dunkerque, exposa en vente les biens de la communauté. L'adjudication en eut lieu le 21 Août, moyennant 24,000 francs que l'abbesse reçut en Septembre des mains des trois acquéreurs, parmi lesquels se trouvait le gendre de M. Rivière, le docteur Thomas. En moins d'un mois toutes les dettes de la maison furent littéralement acquittées; et, au moyen d'un reliquat qui lui restait de disponible, la supérieure se voyait pour longtemps à l'abri des besoins.

En ce temps-là, M. Tribout, l'ancien doyen de Calais, se rendait fréquemment à Gravelines ; il était devenu, en quelque sorte, le principal directeur du monastère en remplacement de M. De Saint-Pierre, qui n'avait séjourné que peu de mois à Gravelines après son retour en France. Une sœur, Marguerite Danel, ancienne dominicaine de Calais, terminait son année de probation au couvent de Nazareth, et quand vint le 17 Septembre, M. Tribout lui donna la vêture en vertu de la délégation de l'Evêque et de sa permission antérieure de la recevoir au nombre des Clarisses, à cause de sa qualité de Française. Elle avait 64 ans; on l'appelait Mme de Sainte Dorothée ou sœur Dorothée-Claire.

Une autre cérémonie eut lieu ensuite au monastère. Les autorités de la ville et plusieurs ecclésiastiques du pays y étaient venus prendre part. Il s'était agi de la bénédiction de la cloche qui avait été élevée à la tourelle du couvent. La cloche portait l'inscription suivante :

« Marie-Louise Martin, née à Londres, abbesse des Clarisses Anglaises, 1816. Nommée Marie-Claire, bénite par M. Tribout, ancien doyen de Calais. Ses parrain et marraine sont : M. Rivière, ancien maire de cette ville, père temporel du couvent, et dame Reine-Charlotte Hornet (1). M. Decarpentry, maire de Gravelines. »

Mg^r Guillaume Poynter se trouvait à Gravelines. Il venait de Paris où il était resté plus de temps que ses prévisions, et s'en retournait définitivement en Angleterre où on l'attendait. Il n'est pas de politesses affectueuses qu'il ne reçût de M. Rivière, de l'abbesse et de M. le doyen Janssoone. Le prélat admira le monastère et fit ses sincères compliments à la supérieure et au respectable Père

---

(1) Dame de Dunkerque, qui était veuve de M. Pierre-Nicolas-Charles Torris, lequel était le cousin-issu-germain de feu Mme Rivière née Torris.

temporel dont le dévouement était sans bornes pour les intérêts de la communauté. Toutes ces personnes si bien faites pour se comprendre et s'apprécier, passèrent plusieurs jours ensemble dans une union parfaite.

La communauté marchait résolument dans une voie de prospérité en 1816. On admit d'une seule fois quatre demoiselles françaises au noviciat; mais elles laissaient peu d'espérance d'accomplir leur profession et se retirèrent avant l'année. On ouvrit les classes du pensionnat, et pour donner à l'institution toute la publicité possible, l'abbesse rédigea divers prospectus qu'elle fit imprimer et distribuer vers le mois de Janvier 1817. On ne se fait pas une idée du sentiment de répulsion qui existait en France contre les établissements religieux. Bien peu de personnes en comprenaient l'utilité; le clergé seul en sentait le besoin. Aussi, quand Mgr Louis Belmas eut l'occasion d'écrire à Mme Martin (30 Juin), il lui exprima sa pensée avec bonheur. Il disait: « Je vous remercie de l'envoi de vos prospectus, et plus encore d'avoir conçu le projet qu'ils annoncent. Lorsque l'instruction et surtout l'instruction religieuse manque presque partout depuis un trop long temps, je bénis la Providence de ce qu'elle a daigné recréer dans mon diocèse un établissement qui peut contribuer efficacement à réparer les maux qu'ont faits à la France l'absence et les vices de l'éducation. »

La dernière solennité de cette année eut lieu le 24 Novembre. Sœur Margaret Cullen prit le voile à l'âge de 46 ans et neuf mois, sous le nom de Marguerite-Marie-Xavier, après une année de probation pendant laquelle elle avait fait preuve de douceur, de respect pour ses supérieures et d'une capacité très grande.

Quelques mois après cette solennité (1818), entra au noviciat une charmante personne du nom de Juliana Page, âgée de 30 ans. Douée d'un esprit conciliant et attachant, d'une rare piété, de toutes sortes de connaissances utiles et agréables, elle plut à l'abbesse et celle-ci se prit d'amour pour cette gracieuse fille. Puis, en souvenir de l'abbesse Taylor dont Mme Martin admirait la sainteté de vie, le caractère affable et les autres qualités, elle fit prendre à la novice le nom de Louise-Claire que portait en religion cette béate mère du couvent de Nazareth. Dans la pensée de Mme Martin, sa protégée Juliana Page rappelait assez exactement l'officieuse, l'humble et fervente sœur Juliana Clifton qui avait vécu au monastère de Gravelines de 1726 à 1756.

L'élan était donné : une autre Anglaise suivit de près au noviciat l'intéressante sœur Page.

Au mois de Juillet, deux personnes qui s'entendaient à merveille, étaient souffrantes : l'une était le doyen Tribout; l'autre était l'abbesse qui, dans un questionnaire adressé à l'évêque, disait — en réponse à cette demande : Quels sont vos titres aux secours accordés par l'ordonnance royale du 20 Mai 1818 ? — Que ses titres personnels étaient ses infirmités prématurées, sa faible santé, fruit de la révolution ; la ruine de la communauté par le rétablissement du mobilier, de l'église et des bâtiments du couvent. La supérieure aurait pu ajouter que la direction qu'elle avait eue du monastère depuis la mort de Mme Penswick en 1813 ; les fatigues, les tracasseries, les déceptions, les préoccupations de tout genre qu'elle avait subies dès sa rentrée en France, avaient porté une grave atteinte à sa forte constitution. Cela était aussi vrai que fâcheux ; mais enfin la vénérable mère pouvait espérer un meilleur sort pour l'avenir. La communauté, par suite de la vente d'une partie de ses terres, se trouvait en avance de fonds ; les élèves des classes qu'elle avait ouvertes l'année précédente, augmentaient d'une manière satisfaisante ; on recevait des novices et des professes ; la maison était propre à loger un grand nombre de pensionnaires. Toutefois la supérieure ne devait pas s'attendre à ce qu'elle n'éprouvât jamais de chagrins ni d'inquiétudes; elle avait, au reste, trop de connaissance du monde et trop de jugement, pour n'en pas douter. En tous les cas, ses amis étaient là pour la consoler dans une foule de circonstances, et parmi les personnes honorables avec lesquelles elle avait des relations, on pouvait citer, en première ligne, l'évêque de Cambrai qui lui écrivait fréquemment. Le 19 Octobre, elle en reçut la lettre suivante datée du 17 :

« Madame, diverses raisons m'ont empêché jusqu'ici de répondre à votre bonne lettre du 4 de ce mois. L'ayant, depuis ce temps, relue plus d'une fois, je me suis toujours réjoui avec vous dans le Seigneur de l'accroissement qu'il donne à votre communauté, de la régularité qu'il y a établie par vos soins, des espérances que cet ordre de choses fait concevoir pour l'avenir, en un mot de toutes les graces et les faveurs que vous avez reçues. Encore plus que vous, Madame, je désire que vous viviez assez longtemps pour conduire à bonne fin l'établissement que vous avez recommencé. Je le désire plus que vous, parce que je le puis sans aucun danger. En le désirant, vous avez à craindre cette tentation de l'amour-propre qui nous porte à nous croire nécessaires à l'achèvement d'une entreprise ; tandis que Dieu seul est nécessaire. Il peut, sans aucune intervention, opérer ce qu'il veut... Soyez donc à cet égard, Madame, sans inquiétude. Désirez, j'y consens et je le demande moi-même à Dieu, désirez, comme l'apôtre, de vivre encore pour l'avantage de votre communauté, comme l'apôtre, dis-je, le désirait pour celui des Philippiens; mais que ce désir soit, comme le sien, subordonné à un autre bien meilleur sans comparaison et qui doit toujours dominer en nous, le désir d'être dégagés des liens de chair pour être avec Jésus-Christ. J'apprends avec peine que votre communauté craint de perdre M. le doyen de Calais. Je désire bien vivement le rétablissement de sa santé et l'autorise à examiner vos postulantes et à leur donner l'habit. Un adoucissement à cette peine, c'est le bien que vous me dites de votre vicaire que j'affectionne singulièrement... Je finis, comme l'apôtre terminait sa seconde épître aux Corinthiens, en exprimant pour vous, Madame, et pour votre communauté, le vœu bien sincère : Que la grace de Notre Seigneur J.-C., l'amour de Dieu et la communication du Saint-Esprit demeurent avec vous ! »

L'année suivante, l'abbesse eut l'occasion d'écrire encore à Monseigneur ; et, selon sa louable et gracieuse habitude, Sa Grandeur répondait par des paroles agréables et consolantes. Il lui mandait le 20 Avril 1819 :

« Madame, je prends à votre position tout l'intérêt que peut inspirer la charité la plus compatissante. L'état de votre santé m'afflige, et je vous invite à la ménager. Lorsque, dans ma dernière lettre, je cherchais à éloigner de vous les inquiétudes que vous aviez sur votre communauté, si vous lui étiez ravie; lorsque je vous portais à la confiance en Dieu, j'étais loin de penser que vous ne deviez point prendre tous les soins nécessaires à votre conservation ; je serais bien fâché que vous l'eussiez entendu autrement. Je désire vivement et je demande à Dieu avec instance qu'il vous conserve à la tête de votre maison jusqu'à ce qu'elle soit amplement fournie de sujets qui puissent vous remplacer. Ce n'est point, ce semble, en perdant les postulantes qui en avaient fait concevoir l'espérance qu'il faille s'attrister. Sous ce rapport, j'apprends avec chagrin que deux ont quitté le voile; mais si, comme vous le dites, elles n'avaient pas une véritable vocation, nous devons nous réjouir, plutôt que nous affliger, de leur sortie. Elles peuvent, dans un autre état, faire leur salut, et se seraient infailliblement perdues dans le cloître ; il est fort difficile d'assurer par la suite une vocation défectueuse dans son origine. Espérons que tout ce qu'elles ont vu dans votre maison, ne sera point perdu pour elles, et qu'elles s'en souviendront pour se sanctifier dans le monde. Admirez en cette occasion, comme en tout autre, combien le Seigneur est bon. S'il nous frappe, il nous soutient ; s'il nous afflige, il nous console. Vous n'avez pas été sans doute jusqu'ici sans le remercier de vous avoir donné deux novices qui, par leur exactitude, leur ferveur et leur zèle, édifient la communauté, lui promettent pour l'avenir et lui rendent déjà d'utiles services... La lettre que m'a écrite sœur Louise-Claire, me donne d'elle une idée favorable et me fait désirer qu'elle puisse être admise à faire ses vœux le jour de l'Ascension, ainsi qu'elle le désire elle-même. C'est déjà vous dire que je consens à ce que vous l'admettiez avec une rente au lieu de dot... N'oubliez pas que sœur Louise-Claire sera non-seulement utile au pensionnat, mais qu'elle y remplacera les maîtres de musique et de dessin, dont vous pourrez dès lors recevoir les honoraires et qui donnent souvent des sujets de scandale ou de désagrément en se disant maîtres d'agréments... Si j'étais moins éloigné, si surtout et plutôt je savais parler l'anglais, j'irais recevoir moi-même les vœux de la novice et l'examiner. Ne le pouvant pas par ces raisons, je vous envoie, Madame, la délégation demandée pour M. Tribout ou tout autre qu'il serait obligé de déléguer lui-même. »

Monseigneur ne manquait jamais de répondre spécialement à tous les points des lettres qu'il recevait. Mme Martin l'avait entretenu aussi des vices de la société ; elle lui avait cité notamment le peu de piété des chrétiens, le manque de respect pour les choses saintes, la vulgarité des idées contraires même à la morale ; toutes choses que l'on voyait et entendait dans le monde. A cela Son Eminence répondit douloureusement en ces termes : « Je ne suis pas surpris que vous ne trouviez pas dans les parents dont vous élevez les enfants, les ressources qu'ils devraient vous offrir sous le rapport de la Religion. C'est vraiment une chose affligeante que cette indifférence que montrent les pères et les mères pour l'éducation religieuse de leurs enfants ; mais ce qui est plus pénible encore, c'est que, souvent, par leurs discours et leur autorité, presque toujours par leurs exemples, ils détruisent eux-mêmes le bien que nous nous sommes efforcés de faire. — Ne vous découragez cependant pas, ma chère et bonne abbesse ; Dieu est infiniment plus puissant pour le bien que les méchants ne le sont pour le mal. Plus ils en font dans le monde, plus vous avez à le remercier de vous avoir séparée d'eux, et de vous avoir choisie de préférence pour vous mettre à l'abri de la contagion. Ne vous découragez point. S'il est vrai, et ce l'est bien assurément, puisque J.-C. l'a annoncé et prédit à ses disciples, qu'on ne peut faire le bien sans contradiction de la part des autres, félicitez-vous lorsque vous en éprouvez ; ce sont autant d'indices auxquels vous pouvez reconnaître que vous marchez dans la voie qu'il vous a indiquée ; et si ces contradictions vous semblaient quelquefois trop pénibles, souvenez-vous que vous vous êtes par votre profession et plus particulièrement engagée à porter chaque jour votre croix à la suite de J.-C. »

Le prélat avait le talent d'introduire dans ses lettres pastorales d'adroits et excellents conseils. Il terminait de cette sorte celle du 20 Avril: « En cherchant à soutenir votre courage, en le demandant à Dieu pour vous et votre communauté, avec autant d'instance que je le lui demande, et que je vous prie de le lui demander pour moi-même, je finis ma lettre, comme St Pierre finissait la sienne, en vous disant : « Prenez garde à ne pas tomber de l'état ferme et
» solide où vous êtes établies ; mais croissez de plus en plus
» dans la grace et dans la connaissance de Notre Seigneur
» et **Notre Sauveur J.-C.**, à lui soit gloire et maintenant
» et jusqu'au jour de l'Eternité » ; et à vous toutes, mes très chères filles, salut et bénédiction. »

Cette lettre de Mg^r Belmas causa une vive satisfaction à l'abbesse : elle lui porta bonheur et quelques jours heureux semblèrent lui sourire. D'abord elle toucha une première part des 300,000 francs que l'ordonnance royale de 1818 accordait à titre de secours aux religieuses âgées et infirmes résidant en France. Puis le jeudi 20 Mai 1819, le jour même de l'Ascension, comme on l'avait demandé, M. le doyen Tribout fit prendre l'habit à Miss Juliana Page, la sensible et savante sœur Aloysia-Clara dont parlait Son Eminence dans sa dernière lettre. Enfin, le lundi 26 Juillet, Miss Mary-Ann Thompson fit sa sainte profession sous les noms de sœur Ann-Aloysia ; touchante solennité qui, comme la précédente, réjouit singulièrement le cœur de l'abbesse.

Au commencement de l'automne, Mme Martin, mieux portante depuis un an, devint sérieusement malade. Quand Monseigneur de Cambrai apprit cette triste nouvelle par une religieuse que la supérieure avait chargée de lui écrire en son nom, le prélat répondit le 23 Octobre : « Je connais toutes vos occupations, ma chère et bonne abbesse, et le désir que vous avez de remplir vos obligations. Pourquoi donc vous amusez-vous à trembler la fièvre ou à suer dans votre lit ? C'est bien mal à elle de vous dérober un temps que vous voudriez et que vous sauriez employer plus utilement, au moins pour les autres. Pour vous seule je m'en réjouirais peut-être, puisque la vertu se perfectionne dans la souffrance. Mais pour mon compte, je sais bien mauvais gré à cette maudite fièvre d'abord de ce qu'elle vous fait souffrir, et ensuite de ce qu'elle ne vous laisse pas le temps de m'écrire tout ce que vous auriez à me dire pour votre avantage et celui de votre communauté. Je désire tant de vous être utile que je dois en vouloir à tout ce qui vous empêche de m'en fournir l'occasion... »

Mme Martin se guérit de sa maladie à l'ouverture de l'hiver, en suivant avec rigueur le régime sévère que lui avait imposé le docteur Thomas. La moindre chose l'émouvait ; aussi la mort inattendue (3 Février 1820) de son ancienne élève et amie, Mme Thomas née Gabrielle Rivière, ébranla sa santé ; mais les consolations qu'elle eut à donner au pauvre vieux père de cette dame, la soulagèrent elle-même, et le printemps fit le reste. Vers ce temps, le monastère eut aussi à déplorer la mort de son principal directeur, M. Tribout, qui était très utile à la maison conventuelle, parce qu'il parlait l'anglais avec facilité et se rendait à Gravelines toutes les fois qu'on le demandait. Par suite de cette perte, l'embarras de l'abbesse fut grand ; mais M. le doyen et le vicaire de Gravelines vinrent offrir obligeamment leurs services qu'elle agréa avec reconnaissance, du consentement de Monseigneur de Cambrai.

La supérieure était dans une mauvaise époque de sa vie: à la fin de l'été, elle menaça de redevenir malade, comme l'annonçait M. Rivière par sa lettre du 18 Septembre à la duchesse de Serent, quand il eut à lui écrire pour la prier de recommander près de Son Altesse royale Mme la duchesse d'Angoulême, les intérêts de la communauté dont il était « encore le Père temporel nonobstant ses 81 ans passés.» L'indisposition de l'abbesse n'eut pas de suites et l'hiver la rétablit. Elle profita de l'amélioration de sa santé pour se rendre à Dunkerque ; voici comment cela arriva. La vénérable mère, en allant un jour visiter le doyen Janssoone, avait remarqué le portrait à l'huile de cet ecclésiastique et admiré son extrême ressemblance. Il lui prit alors l'envie de faire faire le sien pour en doter le couvent, ainsi que les abbesses antérieures en avaient consacré l'usage; et comme l'artiste, M. Jean-Louis Elshoecht (1), n'habitait pas Gravelines, M. le doyen offrit une lettre de recommandation à la supérieure près de la dame de son cousin, M. Jean-Baptiste Janssoone, salinier, place Louis XVIII à Dunkerque (2). Au mois de Décembre, elle quitta Gravelines en toilette séculière et prit son logement chez Mme Janssoone où on la retint huit jours durant lesquels M. Elshoecht lui

(1) Père, né à Bergues le 24 Mai 1760, mort à Dunkerque le 16 Septembre 1826.

(2) Aujourd'hui et antérieurement à cette époque, nommée place Napoléon.

donnait audience tous les matins (1). Il la représenta dans le costume de Clarissse, dont elle s'était pourvue, méditant avec ferveur et tenant un livre fermé à la main.

C'est vers cette époque que cessa la correspondance de Mme Martin avec les sœurs Mary-Anastasia Lancaster et Mary-Anna Innes, religieuses Clarisses de Rouen, réfugiées à Scorton-Hall. Ces deux dames s'étaient constamment refusées à revenir habiter la France, à cause des obstacles et des difficultés qu'elles présumaient devoir y trouver. Longtemps elles avaient eu la pensée de visiter amicalement le monastère de Nazareth; mais la crainte de passer deux fois la mer, leurs infirmités et leur grand âge, les en avaient toujours empêchées. Comme à Gravelines, il était difficile en Angleterre d'obtenir de jeunes demoiselles au noviciat, par l'empêchement des parents qui les en détournaient même dans le temps où elles faisaient leur éducation au pensionnat de ces dames. Au reste, les vocations étaient aussi rares à Scorton-Hall qu'ailleurs. « J'ai appris, disait en 1818 la sœur Lancaster à Mme Martin, que quelques maisons de notre pays avaient des novices ; mais que celles-ci s'arrêtaient toutes en chemin et s'en retournaient dans le monde. » Les religieuses de Scorton-Hall vivaient avec assez d'aisance et faisaient tenir quelquefois de petits dons d'argent aux professes de Gravelines par l'intermédiaire de la maison de banque Wright, de Londres. Le sort des religieuses était plus heureux en Angleterre qu'en France : le 27 Juin 1820, la sœur Innes écrivait à ce sujet ces lignes dignes d'être conservées comme éclaircissement historique : « Nous sommes curieuses de savoir comment vous vous gouvernez par ces temps difficiles. Il est vraiment

---

(1) Nous devons ces curieux documents à M. Félix Janssoone, fils, négociant à Dunkerque, l'un de nos plus anciens amis avec lesquels nous avons conservé, depuis l'enfance, d'inaltérables rapports affectueux. M. Félix possède comme souvenir le portrait de son cher cousin et parrain le doyen de Gravelines.

odieux que vous ne receviez point d'assistance du gouvernement, ainsi que nous en avons en Angleterre, quoique vous ayez été excitées à retourner en France avec cette promesse. Je doute très fort maintenant que ceux qui vous firent cette proposition, avaient le pouvoir d'accomplir leur promesse ; mais je crains que le pauvre roi ait peu de pouvoir ; je le crois entouré de mauvais conseillers surtout en matière religieuse. Quelques-uns disent même qu'il a peu de religion lui-même. »

Cela était vrai, et Mme Martin avait dû s'en apercevoir lorsqu'elle avait eu l'occasion de se trouver avec Sa Majesté Louis XVIII. Elle savait bien que le pauvre roi, comme le nommait la sœur Innes, ne dissimulait pas ses principes de philosophie voltairienne; mais elle ne se doutait pas que l'impiété dont il ferait parade à ses derniers moments, éloignerait les prêtres de ses funérailles.

La sœur de Scorton-Hall disait encore dans la même lettre : « J'espère que vous n'éprouverez pas de mauvais effets de l'esprit révolutionnaire qui règne en France et qui semble viser à l'entière destruction de la famille royale (elle faisait allusion au duc de Berri, assassiné à Paris le 13 Février précédent) ; nous espérons que Dieu protégera ses membres contre leurs ennemis ; et s'ils peuvent être persuadés que leur conservation est due aux prières des bons et à la Providence, cela les amènera à nous donner le secours nécessaire dont nous avons tant besoin. »

D'autres nouvelles arrivaient également au monastère, et l'on apprit ainsi que M. De Saint-Pierre, l'ancien directeur des religieuses de Gosfield, était devenu le chapelain d'une famille anglaise. N'ayant pu trouver d'emploi en France, il était retourné en Angleterre avec l'idée de ne jamais la quitter. Les prêtres catholiques étaient très rares et très recherchés dans ce pays. Il était même impossible, comme l'avait exprimé l'évêque qui régissait les Clarisses de Scorton-Hall, de remplir toutes les places qui manquaient de pasteurs.

Près d'un an se passa d'une manière satisfaisante pour la santé de la supérieure, et n'eût été le chagrin qu'elle éprouvait de voir la sainte profession être l'objet de peu de recherches, l'auguste mère se serait entièrement rétablie. Au mois de Janvier 1822, elle se sentit souffrante, et le mal ne faisant qu'augmenter, son affectueuse sœur Page en écrivit secrètement à Mgr Belmas afin de recommander à sa sollicitude sa bien-aimée abbesse. Le 22 Mars, Sa Grandeur adressa à la respectable supérieure une lettre qui dépeignait admirablement son cœur bon et compatissant.

La missive était ainsi conçue : « Madame, j'étais vraiment étonné de notre silence réciproque et je crois que je n'aurais pas été longtemps sans le rompre si vous ne m'aviez prévenu. Certaines pensées, que d'autres appèleraient pressentiments, me faisaient craindre pour votre santé que je savais d'ailleurs n'être pas très bonne, puisque vous-même me l'aviez écrit plusieurs fois. Mes alarmes n'étaient pas vaines ! Votre chère fille Louise m'en parle dans sa lettre, non pas précisément de manière à me donner de l'inquiétude pour le moment ; mais pourtant de manière à me faire conclure qu'il est nécessaire de prendre des moyens pour empêcher des progrès qu'on ne pourrait plus ensuite arrêter. Votre médecin m'a fait dire que, dans l'état où vous êtes, le régime de votre maison vous est contraire ; qu'il est indispensable, si je veux vous conserver, que j'apporte quelque adoucissement à la rigueur de l'abstinence, en vous permettant l'usage au moins de bouillon gras. Je désire trop, ma chère et bonne abbesse, vous voir longtemps encore à la tête d'une maison qui a besoin de vous, pour que je ne m'empresse pas d'accorder à la nécessité la dispense qu'elle réclame impérieusement. Je sais que les exceptions tuent la règle ; mais je sais aussi que toute loi cède à la nécessité. Je n'ignore pas que les médecins, en général, n'aiment pas trop que l'on mange maigre et qu'ils ne se font pas scrupule de dire qu'il est nuisible dans des cas où il ne l'est pas. Mais le danger qui résulterait de leur facilité n'est point à craindre, lorsque leur avis est corroboré par celui du directeur ou du confesseur. Pour éviter les inconvénients qui naissent d'une rigueur excessive ou d'une trop facile condescendance, j'autorise le directeur ou le confesseur de la communauté, à dispenser, en mon nom, dans le cas de maladie, chaque religieuse, de la loi de l'abstinence et du jeûne, lorsque, de l'avis du médecin, il jugera cette dispense nécessaire. »

Puis quittant la gravité du prêtre et laissant parler son cœur d'homme et d'ami, l'évêque ajoutait avec un certain ton d'affectueuse autorité: « Maintenant, Madame, je vous prie, si tel est, comme je crois, l'avis de ces deux juges, d'user vous-même la première de cette dispense. Remarquez bien que je me sers des mots: « je vous prie » pour ne pas débuter par le terme « j'ordonne » : j'aime mieux devoir votre soumission à une déférence qu'à l'obéissance. Je vous la demande dans l'intérêt de votre communauté. Vous n'avez pas oublié qu'autrefois vous étiez bien inquiète sur son sort futur, si Dieu vous appelait à lui. J'ai été obligé de modérer vos craintes parce qu'elles vous nuisaient; je serai aujourd'hui forcé de réveiller votre ancienne sollicitude pour une maison qui nous est chère, si ses intérêts ne vous sont plus assez chers pour vous faire tenir à votre conservation. Plus que vous, peut-être, l'apôtre désirait d'être dégagé des liens du corps pour être avec J.-C., et néanmoins il trouvait plus avantageux pour les Philippiens de demeurer encore en cette vie. Combien celle que vous appelez la « pauvre enfant » voudrait que vous y fussiez longtemps ! Je suis sûr que l'attachement qu'elle vous porte entre pour beaucoup dans la cause de sa désolation, et qu'elle serait en partie consolée si vous consentiez à rester encore au milieu de nous, en prenant pour cela les moyens nécessaires. »

Après avoir de la sorte mis au jour la mansuétude et la sensibilité de son âme, le prélat est ramené par ce sentiment inquiet de prudence et de sagesse, attaché au ministère du prêtre, dans cette voie où le caractère de supériorité domine naturellement; il termine sa lettre en ces termes : « Dans toute sorte de loi il faut moins en suivre la lettre que l'esprit. L'austérité des règles a pour but de mortifier notre chair, mais non pas de la tuer ; de châtier notre corps et de le réduire en servitude ; mais on ne peut pas faire un esclave de celui à qui l'on donne la mort, et nous n'avons pas plus le droit de nous la donner à nous-mêmes qu'aux autres... Méditez ces vérités que m'a inspirées moins encore l'affection que je vous porte, que celle que j'ai pour votre communauté. Vous voyez combien il est difficile de la multiplier ; si nous ne pouvons pas acquérir, conservons au moins avec soin ce que nous avons. Que le Dieu de bonté, le Père des miséricordes daigne vous visiter par sa grace dans votre infirmité; qu'il vous en fasse triompher par votre patience, et pour nous par votre rétablissement ! »

A la lecture de cette lettre si paternelle et si amicale, le courage pénétra dans le cœur de l'abbesse. Elle médita sur les réflexions, les avis, les conseils qui y étaient tracés. Les forces physiques aussi bien que les forces morales, si fortement affaiblies en sa personne, lui revinrent insensiblement. Cette révérende mère était digne à tous égards de jouir de quelques années de calme et de bonheur ; mais la divine Providence, impénétrable dans ses secrets, ne lui réservait plus qu'une vie de souffrances et de peines !

Au mois d'Octobre 1823, le couvent de Nazareth perdit une excellente et vieille religieuse de 77 ans, Elisabeth Jump dite sœur Clare-Frances, qui, comme l'abbesse, s'était exilée et était revenue fidèlement à son monastère lors de la Restauration.

En Février 1824, la communauté se trouvait dans la plus complète pénurie d'argent, et la pauvre supérieure se vit obligée de recourir à un emprunt de 3,750 francs que lui prêta à court terme Mgr Guillaume Poynter, par l'intermédiaire de la maison de banque de M. Wright et compagnie, et dont l'abbesse fut assez heureuse de se libérer peu de temps après.

Le 29 Juin suivant, elle eut la douleur de perdre sa sincère et ancienne amie, Sophie Rivière, la veuve de M. Auguste Drouart de Lézey, qui comptait à peine 39 ans. Cette dame, dont elle avait partagé les chagrins, n'avait eu qu'une existence langoureuse depuis la mort de son époux, enlevé inopinément à son affection au milieu de la plus brillante carrière, le 6 Août 1818. Elle laissait un fils, Charles-Eugène-Auguste Drouart de Lézey, jeune garçon de onze ans, né le 23 Septembre 1813, à Dunkerque.

Un évènement qui arrive loin de nous, nous touche beaucoup moins que s'il s'accomplissait à nos yeux : la douleur est plus calme. Il en fut ainsi pour Mme Martin, à la mort de Sa Majesté Louis XVIII, Roi de France et de Navarre, le 16 Septembre 1824, comme à celle du Prince de Condé, qui avait eu lieu le 13 Mai 1818. Elle se ressouvint alors, avec une sainte reconnaissance, de ces deux hommes célèbres dont elle n'avait reçu que des bienfaits et des témoignages d'affectueuse estime, à Gosfield comme à Paris ; puis elle se demanda si Dieu n'allait pas se lasser de lui enlever impitoyablement une à une toutes les illusions de sa vie déjà si prématurément remplie de déceptions et d'amertume ! L'impressionnable mère ne formulait là qu'une plainte inutile : la Providence lui réservait encore d'autres épreuves!

Le 4 Mars 1825, la mort vint ravir à la communauté et à l'attachement de l'abbesse, la sœur Ann Mennell, qui avait atteint sa 77me année. Elle aussi s'était enfuie en Angleterre et était revenue religieusement à Gravelines à la rentrée des Bourbons.

Mais la douleur la plus profonde que l'abbesse était appelée à subir, ce fut celle que lui causa, le 28 Mai, la mort de M. Rivière. Quoique l'on s'attendît de jour en jour à cet évènement, car cet homme honorable avait près de 86 ans, la nouvelle que l'on en rapporta au couvent, n'en fut pas moins un coup affreux pour le cœur sensible et aimant de la très digne mère. Elle fut plusieurs jours inconsolable. Mme veuve Mery, Adélaïde, la seule fille qui restât à M. Rivière, et dont le mari, officier supérieur, avait été tué à Waterloo, accourut à Gravelines et vint mêler ses pleurs à ceux de l'abbesse. En voyant ces deux femmes si profondément affectées, on eût pu se demander si toutes deux ne perdaient pas un père chéri, si toutes deux n'étaient pas unies par les liens du sang à l'homme dont elles venaient d'être séparées à jamais dans cette vallée de larmes.

Selon le vœu du défunt, le portrait de M. Rivière, représenté en costume de membre du Corps législatif, fut donné à Mme Martin qu'il s'était plu si souvent à nommer sa fille. Mme Mery, qui aimait cordialement la bonne abbesse, et M. Thomas, qui en était le médecin, lui procurèrent une agréable surprise en le lui envoyant. Ce témoignage inappréciable de la plus tendre affection, flatta le cœur de l'abbesse; et comme Dieu met des bornes à tout et sait, quand il le faut, prodiguer des bienfaits et des consolations, Mme Martin sembla reprendre une nouvelle vie et parut tout-à-coup résignée à son sort. Elle sut comprimer sa douleur et ses larmes. La vue des traits de cet homme qui n'avait vécu que pour les autres, et pour ceux qui lui réclamaient des services, fit un bien extrême au cœur de l'abbesse. Elle plaça l'inestimable portrait dans sa chambre, et lorsqu'à certaines heures du jour, elle venait méditer au pied du Christ sur le passé et l'avenir de sa vie de religieuse, elle remerciait la Providence de ne l'avoir pas rendue plus malheureuse. Puis se tournant vers l'image de celui que Dieu avait pris à lui, elle remerciait le ciel de nouveau et priait pour le repos de l'ame du défunt qu'elle se plaisait à voir dans le ravissement au milieu du séjour des élus sous les regards bienveillants du Tout-Puissant. Elle était là renfermée dans cette chambre où, trente-deux ans auparavant, une grande ame, Mme Johnson, la vertueuse et spirituelle abbesse, comme la qualifiait M. Rivière, avait fait appeler le Père temporel du monastère, pour lui exprimer en un dernier et solennel adieu, les vœux et les désirs d'une mourante. Mme Martin affectionnait cette chambre parce qu'elle y voyait sans cesse les portraits de la plupart des abbesses qui avaient possédé le gouvernement du monastère, parce qu'elle y conservait soigneusement de précieux objets offerts par l'amitié et rappelant des souvenirs qui la consolaient ; enfin parce qu'elle y avait pris ses habitudes dont il lui eut été difficile de se défaire.

La mort de M. Rivière avait laissé une pénible impression parmi la population de Gravelines. Chacun des habitants se voyait privé d'un ami, d'un conseil, d'un guide, d'un bienfaiteur, et l'on se redisait tout ce que, dans sa longue carrière, il avait fait de bien comme homme public et comme homme privé. Il n'y eut personne qui ne se reconnût son obligé et ne se plût à bénir sa mémoire, tellement le défunt avait su rendre service avec autant de grace que de modestie. Pour leur part, les Clarisses lui avaient de grandes obligations. Il avait été cinquante-cinq ans leur Père temporel avec le plus noble désintéressement, et avait su conserver par son habileté, ses démarches et son énergique persévérance, la majeure partie de la fortune de ces dames : exemple unique en France, où les communautés religieuses avaient été complètement ou presque complètement dépossédées de leurs biens. Ce fut pour lui une espèce de célébrité. Gravelines peut s'en glorifier et redire à jamais, avec un certain orgueil, qu'il doit à cet homme généreux et dévoué une éternelle reconnaissance pour la conservation du plus bel et du plus utile établissement de la ville et des environs.

La vie la plus active et la plus pure avait commencé pour M. Rivière dès avant son entrée dans les emplois publics.

Il parcourut ensuite la carrière la plus honorable pendant toute la révolution. Il put maintes et maintes fois s'enrichir; il ne voulut jamais le faire; il put acheter quantité de biens d'émigrés et d'églises, il ne voulut jamais en avoir la moindre parcelle dans sa famille. Il mourut laissant une modeste fortune qui lui suffisait à peine, quoique ses goûts fussent tout-à-fait simples. Il était très instruit et avait une conversation fort aimable, très spirituelle et des plus intéressantes, parce qu'il avait beaucou plu et beaucoup vu avec attention. Il s'était fait une telle habitude du cabinet que le travail ne le fatiguait pas; il alternait ses occupations et jouissait de la sorte d'une lucidité d'esprit remarquablement soutenue. Son corps vieillit, mais sa tête et son cœur restèrent jeunes. Il ne négligeait jamais de se procurer le plaisir de la famille; sa femme, ses enfants et ses petits-enfants faisaient toute sa joie. Malheureusement il eut l'amère douleur de les voir presque tous mourir avant lui! Soutenu par la religion, il supporta ses infortunes avec dignité et ne se découragea jamais. Il trouva toujours des distractions dans le travail comme il puisait des consolations dans son ardente piété.

M. Rivière fut, jusqu'à la fin de sa vie, le gérant d'affaires des Clarisses, et le receveur des revenus des biens de l'ancienne sénatorerie de M. Jacqueminot, situés à Gravelines. Par une considération fort honorable, à la mort de M. le comte, le 13 Juin 1813, M. Rivière resta le receveur du trésor lorsque le gouvernement, en vertu d'une ordonnance royale du 4-10 Juin 1814, réunit aux domaines de la Couronne les terres des Hems-Saint-Pol, sises entre la ville de Gravelines et la mer, à droite et à gauche du port; terres qui, avec d'autres propriétés, avaient composé la dotation de la sénatorerie de Douai.

Quand les derniers devoirs religieux furent rendus à M. Rivière, l'abbesse songea à doter la communauté d'un Père temporel. Elle jeta les yeux sur le Maire de la ville qui, sous tous les rapports, se recommandait à son attention. Le doyen Janssoone se chargea de la démarche, et M. Bernard-Nicolas Decarpentry, qui en remplissait les fonctions, vint annoncer lui-même à la supérieure qu'il acceptait volontiers la charge dont elle voulait bien l'honorer.

La place d'administrateur des Hems-Saint-Pol fut recherchée, dès le jour de la mort de M. Rivière, par une foule de personnes qui avaient en vue le bénéfice du traitement y attaché. Le 21 Juin, la question était résolue; et M. de Calissane, administrateur du domaine de la Couronne pour les biens des anciennes sénatoreries, écrivait à M. Louis-Désiré Malot, receveur de l'enregistrement à Bourbourg, le fils de celui qui, dans ses anciennes relations avec M. Rivière, avait rendu aux Pauvres Clarisses de Gravelines d'importants services avec une délicate et consciencieuse obligeance. Il lui disait: « La régie, Monsieur, que le décès de M. Rivière laisse vacante, est convoitée par divers habitants de Gravelines; la plupart puissamment recommandés. Dans le nombre des concurrents, j'ai cru devoir distinguer particulièrement ceux qui manifestaient l'intention de renoncer à une portion des honoraires affectés à cette régie, en faveur de Mme Mery, fille de l'agent décédé. M. Rivière m'avait depuis longtemps exprimé le désir de voir passer son emploi dans les mains de cette dame. J'ai vivement regretté que les convenances s'y soient opposées; mais si son sexe n'a pas permis qu'elle fût investie de mes pouvoirs, il m'est agréable de remplir au moins en partie le vœu de son « respectable père » en ajoutant à ses moyens d'existence une rétribution annuelle. — Après avoir ainsi réglé ce que l'équité semblait me prescrire, mon choix s'est dirigé sur ceux des candidats qui doivent avoir l'habitude de la comptabilité. « Les témoignages honorables dont vous êtes l'objet » m'ont déterminé, Monsieur, à le faire reposer sur vous, sous la condition expresse que vous remettrez annuellement à Mme Mery, aussi longtemps que les Hems-Saint-Pol seront régis par vos soins, une somme de....

francs. — Si cela entre dans vos vues, vous pouvez vous considérer dès à présent comme suffisamment investi de mes pouvoirs... » (1).

Avec le noble cœur qui ne lui faillit jamais, M. Malot donna le lendemain son adhésion à la dépêche de M. de Calisanne ; dépêche qui faisait autant d'honneur à celui-ci, qu'à M. Malot lui-même, à l'ancien titulaire et à Mme Mery, sa fille. Les dames Clarisses en reçurent la nouvelle avec joie, comme une douce consolation au milieu de leurs incessantes tristesses, et s'empressèrent dans de ferventes aspirations de rendre graces à Dieu de ce qui arrivait d'heureux à ceux qu'elles estimaient et aimaient.

L'année 1825 devait être fatale à la pauvre abbesse de Nazareth ! Ce fut à la fin de cette année que Mme Martin cessa de correspondre avec la sœur Mary Haeys, religieuse Clarisse du couvent de Killarney en Irlande. La mort de celle-ci vint mettre un terme à leurs relations si tendrement amicales. Lors du séjour de Mme Martin en Angleterre, ces dames s'étaient vues familièrement. La dernière lettre qu'écrivit la sœur Mary mentionnait quelques doux souvenirs du passé, puis elle lui disait en terminant : « Rappelez-moi à toutes les sœurs que j'ai connues dans votre maison (de Gosfield); je ne puis oublier leurs bontés. Votre bonté en particulier m'a laissé une profonde impression dans le cœur ; je pense fréquemment avec plaisir et avec édification à vous toutes, et j'ai souvent charmé notre communauté de ce récit. » Hélas ! la sœur Haeys ignorait ce qui se passait au couvent et le chagrin de l'abbesse. La sœur Page, qui naguère encore était si aimée de la supérieure, commençait à prendre sur Mme Martin un ascendant si grand qu'elle finit par la dominer. Le mauvais exemple est pernicieux, et bientôt la sœur Thompson marcha sur les traces

(1) Lettre que M. Malot possédait dans son cabinet et qu'il m'a communiquée avec la plus gracieuse obligeance en Septembre 1856.

de son insoumise consœur. Ni l'une ni l'autre n'obéissaient à la voix de leur abbesse.

L'année suivante fut stérile en évènements pour la maison conventuelle ; mais en 1827, deux circonstances vinrent attrister la communauté. Le 26 Avril, la mort de M. Thomas, médecin de l'établissement et ami de l'abbesse ; puis le 31 Octobre, la mort de la sœur Jane Green, âgée de 77 ans, sœur pour qui la supérieure professait une haute vénération dès avant le départ pour Gosfield.

L'année 1828 débuta mal : le 21 Janvier, la communauté se voyait enlever une excellente religieuse à l'âge de 88 ans, Catharina Lee, qui, comme son abbesse, avait fui en Angleterre pendant la révolution.

Un an après, le 15 Janvier, sœur Dorothée-Claire Danel disparaissait également de ce monde où elle avait passé 73 années, dont douze dans le monastère de Gravelines. On constata alors un singulier fait. Quand le fossoyeur déposa le corps dans la terre du cloître, sans cercueil, couché sur une simple planche, comme il en était d'usage chez les Clarisses, l'un des bras de la défunte éprouva une contraction musculaire et se leva. Cette circonstance excita un saint étonnement et donna lieu à quelques pieuses réflexions.

Les rangs des Clarisses et des anciens amis de la maison conventuelle s'étaient considérablement éclaircis depuis peu d'années. Dans leur tristesse et le silence du cloître, les dames survivantes ne tenaient pas à faire de nouvelles connaissances, parce que le monde est ainsi fait qu'il fuit généralement l'infortune où elle se trouve ! Mme Martin, toujours souffrante, cherchait le repos ; mais pleine de savoir-vivre, elle ne manquait jamais de recevoir avec urbanité et convenance, les personnes de Gravelines, de Dunkerque, de Bourbourg et de Calais, qui venaient la visiter d'amitié. Elle parlait rarement de ses peines ; mais elle se plaignait de voir se perdre l'amour de la vie claustrale. C'était un mal de l'époque. Au reste, on n'ignorait pas que les jeunes demoiselles anglaises préféraient la liberté, et que celles qui se consacraient à Dieu aimaient mieux se cloîtrer en Angleterre, où il n'existait pas de persécutions ouvertes contre les catholiques, que de se rendre en France où une nouvelle révolution pouvait éclater.

Le pensionnat perdait chaque jour de ses élèves. La bonne abbesse s'en tourmentait, sans cesser toutefois de se montrer diligente et remplie de sollicitude pour son établissement. Elle dépérissait à vue d'œil ; son visage portait les traces des ravages que les chagrins avaient exercés dans son ame. Une seule chose la consolait pourtant au milieu de ses malheurs : la considération et l'estime dont les habitants de Gravelines l'honoraient, et qu'elle avait su acquérir et conserver par l'égalité et l'amabilité de son caractère, par ses bons rapports avec les commerçants de la ville auxquels elle n'ôta jamais la clientèle de la maison, par son amour pour les enfants du riche aussi bien que de l'honnête ouvrier, qu'elle accueillait avec un cœur vraiment maternel. La pauvre abbesse était mortellement atteinte ! Les soins incessants et toute la science de M. le docteur Bouillier-Delille, qui avait remplacé M. Thomas dans la maison, ne firent aucun effet sur sa santé. Elle s'alita ; et, après plusieurs jours d'une fièvre ardente, elle expira le 22 Janvier 1829, à sept heures du soir.

Mme Martin comptait 59 ans trois mois et vingt-deux jours à sa mort ; 40 ans et sept mois de profession, et près de 15 ans et six mois de prélature. Peu favorisée du sort, son zèle et ses nobles efforts restèrent impuissants : elle ne put obtenir plus de quatre novices à la sainte profession.

La cloche du couvent, cette cloche où le nom de l'abbesse se trouvait inscrit, annonça bientôt à la population gravelinoise la perte qu'elle venait d'éprouver !

1829-1838.

Margaret Cullen, 13ᵉ et dernière abbesse.

> La terre est dans le deuil; elle languit, elle s'éteint.
> Isaïe, ch. 24, v. 4.
>
> Que leur mémoire soit en bénédiction ! Que leurs os se raniment dans leurs sépulcres.
> L'ecclésiastique, ch. 46, v. 14.

Au mois de Février 1829, le doyen-curé Janssoone, de Gravelines, se rendit au monastère de Nazareth et conféra, en vertu d'une délégation de l'évêque de Cambrai, la charge d'abbesse à Mme Cullen, professe de 1817, du temps de Mme Mary Martin.

Sœur Marguerite-Marie-Xavier était la religieuse la plus âgée du couvent. Elle avait 58 ans d'âge et douze années de profession comme Clarisse au moment de son élévation à la prélature.

Une ancienne religieuse visitandine, du nom de Jane Latham, femme pleine de moyens et d'une inaltérable piété, faisait, à cette époque, son année de probation au couvent de Nazareth. Le mercredi 9 Septembre, second jour de l'Octave de la Nativité de Notre-Dame, sœur Jane-Frances-Xaveria, qui venait d'atteindre sa quarante-huitième année, prit le voile noir de Clarisse dans une sainte cérémonie à laquelle vint présider le doyen Janssoone.

L'abbesse et la sœur Latham s'entendaient à merveille. Il y avait entre ces dames une uniformité de goûts, de pensées, d'habitudes qui les appelaient naturellement l'une vers l'autre ; seulement celle-ci avait beaucoup de calme dans le caractère et s'accommodait facilement de toutes choses sans s'inquiéter ni s'émouvoir; tandis que l'autre sœur était très vive à cause de fréquentes surexcitations que subissait son système nerveux ; mais bonne à l'excès, douée d'un cœur excellent et d'une piété exemplaire, elle revenait instantanément avec une imperceptible facilité à des sentiments d'admirable douceur et de bonté. Comme supérieure on la craignait ; mais on l'aimait.

La sœur Louise-Claire Page prenait rarement part à leurs entretiens. Son caractère, autrefois si bon, si gai, s'était insensiblement assombri. La mort de Mme Martin avait fait sur son esprit une si douloureuse impression, et lui avait inspiré tant de regrets, qu'elle n'aimait plus que la solitude. Son piano restait muet ; le cloître ne retentissait plus de ses chants qu'elle interprêtait jadis d'une voix si flexible et si suave ; le dessin et la peinture qu'elle pratiquait avec tant de plaisir et de talent, à l'exemple de la première abbesse Mary Goudge, n'entraient plus dans ses goûts.

La sœur Thompson, la plus jeune des dames du monastère, car elle n'avait que 32 ans, se tenait aussi assez isolément. Elle rêvait souvent à son pays natal ; et quand il lui arrivait de causer, sa préférence était donnée à sœur Page dont la pensée était également dirigée avec amour vers sa chère Angleterre.

Jamais plus le monastère ne présentait de ces moments délicieux d'expansion et de tendre gaieté que n'excluait pas la règle et que permettaient les heures de récréation. Les infirmités qui commençaient à assaillir l'abbesse et qui la rendaient fréquemment chagrine et silencieuse, contribuaient à cet état de choses ; et n'eût été de Mme Latham, qui jouissait d'une santé robuste et qui avait le caractère le plus enjoué et le plus résolu, le couvent eut présenté l'image d'un sépulcre où l'on ne voyait plus errer que des ombres affligées et souffrantes.

La mort de l'abbé Janssoone, survenue le 24 Juin 1830, et la révolution de Juillet vinrent encore augmenter le chagrin des religieuses Clarisses. Les 280 francs que le couvent avait touchés annuellement sur la cassette du Roi, et que n'avait pas cessé de payer le gouvernement de Charles X, qui venait de tomber, cessèrent d'être servis à la communauté. Nouvelle ruine qu'elles durent supporter patiemment après tant d'autres et que ne furent pas disposés à relever les hommes qui entouraient le nouveau Roi Louis-Philippe.

Depuis dix-sept mois bien d'autres tristes nouvelles étaient parvenues au monastère. On y avait appris successivement la mort de Mgr Guillaume Poynter, du révérend M. Daniel et de M. Bishop, ancien aumônier à Dunkerque, qui, tous encore du temps de Mme Martin, avaient eu de fréquentes relations avec le couvent de Nazareth. Le très vénérable évêque Guillaume était l'un de ceux qui s'étaient le plus occupés de la réclamation des indemnités auxquelles prétendait la communauté de Gravelines pour pertes de biens, à la charge du gouvernement français, en exécution de la convention particulière du 20 Novembre 1815 entre la France et l'Angleterre, par suite du traité de paix du 30 Mai 1814. En 1824 encore, Monseigneur écrivait de Londres que le principe de la réclamation était reconnu juste et qu'il avait de grandes espérances que la décision serait favorable. Mais bientôt on sut que la commission de liquidation, après un plus mûr examen, avait rejeté définitivement la demande ; ce qui faisait perdre d'un seul trait de plume, une somme de 145,696 francs.

M. Janssoone était à peine inhumé que Mgr Belmas avait pourvu à son remplacement. M. l'abbé Philippe Lamotte, qui était un vieil et sincère ami des dames du couvent, fut appelé à Gravelines comme doyen et devint immédiatement pour les Pauvres Clarisses d'un important secours en sa qualité de directeur spirituel de leur maison.

Lorsqu'il se fut écoulé près de deux années depuis la mort de Mme Martin, les quatre sœurs qui vivaient au monastère, éprouvèrent un profond sentiment de tristesse en se voyant plongées dans une sorte de fatalité qui semblait peser sur l'établissement.

Le pensionnat n'avait presque plus d'élèves. Les vocations religieuses ne s'offraient plus et le monastère ne se relevait pas. Il se présentait cependant parfois des personnes qui demandaient à visiter la maison, en laissant entrevoir quelque espoir à ces dames ; mais jamais on n'y revenait. Enfin, lassée de se confier à l'avenir, Mme Cullen prit le parti d'exposer à ses consœurs de Plymouth, la situation de sa communauté et de leur demander des sujets. Quelques lettres furent échangées, et vers le printemps de l'année 1833, trois religieuses anglaises de Plymouth, les dames Jane Harris, Elisabeth Crump et Mary-Ann Meade, s'embarquèrent à bord d'un paquebot qui les amena à Calais d'où elles se dirigèrent vers Gravelines.

Entre temps, la sœur Thompson avait quitté Gravelines ; et, lorsque les trois religieuses de Plymouth parurent au couvent de Nazareth, il n'y restait plus que la sœur Latham, la sœur Page et l'abbesse Margaret Cullen, accablée de nombreuses infirmités.

Ces dames ne tardèrent pas à arrêter un accord avec les nouvelles venues, et le 20 Juin 1833, elles le signèrent toutes en présence de M. le doyen-curé Lamotte, de M. Thomas Grafton, prêtre anglais, que les religieuses de Plymouth avaient amené comme aumônier, et de M. Decarpentry, Père temporel du couvent.

Les nouvelles sœurs ne purent s'habituer à Gravelines, et, quelques mois après, les dames Harris et Meade, s'étant déliées de leur engagement, s'en retournèrent en Angleterre. La sœur Crump les vit partir à regret et eût bien voulu les suivre ; mais la maladie dont elle était atteinte, ne lui laissa que l'espoir de les rejoindre plus tard. Gravelines ne plaisait pas plus à l'aumônier, et un jour, quand on s'y attendait le moins, il fit ses adieux à l'abbesse.

La communauté de Nazareth était véritablement une maison de deuil ! Sur quatre religieuses qui y restaient, deux étaient presque constamment alitées. La sœur Latham seule résistait à tout. Cette vie d'abnégation était très fatigante ; et déjà le docteur François Noel et M. le doyen lui avaient plusieurs fois conseillé d'y remédier. Enfin la sœur Latham prit une détermination, et, du consentement de l'abbesse, elle écrivit aux Clarisses de Scorton-Hall pour les supplier de lui venir en aide, en soumettant à ces dames des conditions d'affiliation excessivement avantageuses. Celles-ci se laissèrent tenter, et dans les premiers jours du mois d'Août 1834, les sœurs Ann Charnock, Mary Squise, Mary Darcy, Frances Summers, Margeret Unswortte et Alice Palling, religieuses Clarisses, firent leur entrée au monastère de Gravelines. Le 7, elles signaient pour cinq ans, au grand parloir du couvent, une convention par-devant M. Jacques-François Waguet, adjoint au maire de Gravelines, en présence et de l'intervention de Mme Cullen, assistée du Père temporel de l'établissement, et de M. le doyen Lamotte, représentant Monseigneur l'Evêque de Cambrai, en vertu de son autorisation. Cette convention se bornait à la clause suivante rédigée en style de palais : « Lesquelles comparantes nous ont déclaré être dans l'intention de s'affilier à mesdames Clarisses Anglaises du couvent de cette ville où elles demeurent maintenant, et comme de fait elles s'affilient à elles, par ces présentes, sous l'obligation la plus formelle de suivre et exécuter ponctuellement les statuts de l'association ou de la communauté sous l'autorité desquels elles vivent. »

Parmi les nonnes venues de Scorton-Hall, il y en avait une qui s'y était fait recevoir religieuse en 1808. Ses brillantes qualités la firent distinguer de ses consœurs, et avec le temps elle devint abbesse de son monastère qui s'était composé primitivement des Pauvres Clarisses sorties de la maison de l'Immaculée-Conception d'Aire, lors de la Révolution. Cette religieuse d'élite était la sœur Frances Summers, née le 8 Août 1781, dans la paroisse de Gateshead, province de Northumberland, de parents catholiques qui se nommaient John Summers et Frances Sebby.

La bonne abbesse avait le désir de voir la France et d'aider, en même temps, à remonter le couvent de Gravelines. Malheureusement cette bien-aimée mère était maladive depuis quatre ou cinq ans, et les fatigues qu'elle éprouva dans la reconstitution de la communauté de Nazareth, lui ruinèrent complètement la santé. Trois mois ne s'étaient pas écoulés qu'elle dut renoncer aux travaux de la maison et se renfermer dans sa cellule. La pauvre sœur n'y resta que peu de jours, car pleine de courage, elle avait usé ses forces avant d'y entrer. Une fièvre ardente la saisit et elle expira le 24 Novembre à deux heures du matin. Le même jour, le nouvel aumônier du couvent, M. Louvel, qui avait assisté à ses derniers moments, fut l'un des deux signataires de son acte mortuaire. En témoignage de leur affection, ses saintes filles de Scorton-Hall lui consacrèrent une pierre tombale qui fut posée sur sa dépouille dans le cloître du monastère de Nazareth. Elle fut ainsi conçue :

Here leith the body of Revnd Mother Mary Josephina Frances Summers Abbess of the english poor Clares of Aire, whi departed this life nov^{ber} 24 Anno Domini 1834. Aged 53, and professed 26 years. R. I. P.

Inscription qui se traduit de la sorte : Ici repose le corps de la révérende mère Marie-Joséphine-Françoise Summers, abbesse des Pauvres Clarisses anglaises d'Aire ; laquelle a quitté cette vie le 24 Novembre de l'an du Seigneur 1834, à l'âge de 53 ans, après 26 ans de profession. Qu'elle repose en paix.

La mort s'était réservé d'autres proies. Le 11 Juin 1835, une religieuse, qui n'avait fait que languir depuis son arrivée à Gravelines, y mourut ; elle n'avait que 46 ans : c'était sœur Elisabeth Crump, native de Backley. On jugea à propos de signaler la place que son corps occupait dans le cloître en le recouvrant d'une dalle où l'on inscrivit simplement le millésime de 1835. Plus d'une année se passa avec tranquillité ; puis un autre sujet d'affliction éclata au monastère : le directeur, M. Louvel, tomba malade, et, après de longues souffrances, il mourut le 23 Juin 1837, laissant la communauté dans la désolation. Le respectable confesseur n'avait que 51 ans !

Lorsqu'au mois de Février 1820, Louis-Pierre Louvel eut assassiné le Duc de Berri, à la sortie de l'Opéra et au moment où le Prince royal montait en voiture, l'abbé Jean-Baptiste-Christophe Louvel eut une telle horreur de son nom, qu'il se pourvut près du gouvernement afin d'être autorisé à le changer contre celui de Delerisse ; nom que portait son aïeul. La demande reçut accueil, et le 20 Septembre de la même année, parut une ordonnance royale qui lui en accordait l'autorisation. On ignore s'il se fit appeler jamais de ce nouveau nom ; mais il est certain qu'on le nomma toujours à Gravelines, sous celui de Louvel, et que partout où il apposait sa signature, il signait Christophe Louvel. L'honorable abbé n'était pas parent de son homonyme ni natif du même pays. L'assassin était de Versailles, et M. l'abbé, de Rouen.

La mort de M. Louvel porta un coup funeste à la communauté ! L'auguste confesseur possédait la confiance intime de toutes les dames de la maison conventuelle ; et semblable au pilote expérimenté, au milieu des flots rugissants de l'Océan, il maintenait avec une froide et persistante énergie le vaisseau près de sombrer dans l'abîme. Ce guide, à la main si sûre, manqua bientôt ; et les pauvres religieuses de Scorton-Hall, livrées à elles-mêmes, subirent la conséquence de la perte irréparable qu'elles venaient d'essuyer. C'est alors qu'elles s'aperçurent de l'inutilité de leurs efforts pour soutenir la communauté. Le découragement s'empara de leurs personnes ; et n'ayant plus là une voix amie et toute puissante, pour reculer le temps d'une résolution désespérée, elles prirent congé de Mme Cullen et de la sœur Latham pour retourner toutes cinq dans leur maison de Scorton-Hall, sans attendre l'expiration du terme de leur engagement.

Les deux religieuses délaissées étaient au désespoir. Chaque jour leur Père temporel venait les consoler et relever leur courage. Il les distrayait par tous les moyens en son pouvoir ; il emmenait ou envoyait très souvent au monastère ses filles, Mme Le Cointe des Iles, née Eulalie Decarpentry, et Mme Butor, née Caroline Decarpentry, pour tenir compagnie aux pauvres recluses. A tout moment il faisait à ces dames d'aimables surprises en leur envoyant de petits cadeaux que la règle de l'Ordre ne défendait pas d'accepter. Type de bonté et de douceur, le vénérable homme était adoré par elles comme un excellent père l'est de ses enfants. Il prévenait tous leurs besoins et allait au-devant de ce qui pouvait leur faire plaisir. Un jour, dans leur reconnaissance, elles voulurent lui donner un témoignage éclatant de leur affection, et proposèrent de lui léguer toute leur fortune. Une pareille offre fut rejetée ; elles persistèrent; mais elles n'obtinrent que des refus formels. Il répugnait à la délicatesse du cœur noble et désintéressé de M. Decarpentry d'accepter pour lui et les siens un don de cette importance. Il tint bon et ne voulut jamais recevoir que des souvenirs de peu de valeur, mais d'un grand prix à ses yeux ; souvenirs que ces dames venaient, avec une délicate attention, lui présenter la veille de sa fête, la saint Bernard. Il était bien digne, ce respectable vieillard, de porter la décoration de la Légion d'Honneur que le gouvernement de Louis-Philippe lui avait décernée le 21 Juillet 1832, en récompense de ses longs services comme administrateur. A l'époque de la Révolution, on le voit déjà s'occuper des affaires publiques. Le 17 Juin 1800, on le choisit pour adjoint au maire, M. Debette. Le 11 Avril 1813, il devient maire en remplacement de M. Antoine Catrice. En 1837, au temps où ce récit est parvenu, on le retrouve toujours à la tête de l'administration où son dévouement le retiendra encore pendant trois années.

En quittant Gravelines, la sœur Thompson s'était dirigée toute malade sur Dunkerque et y avait été accueillie par M. l'abbé Pierre Dezitter, aumônier de l'hospice civil de Saint-Julien, qui l'avait fait entrer dans cet établissement. Au bout de trois ans, sœur Thompson était retournée au couvent; mais n'y trouvant plus de sympathie, elle avait pris immédiatement la route de l'Angleterre. Entre temps la sœur Page avait été éloignée du monastère et s'était retirée dans son pays.

A cette fatale époque de 1837, les dernières élèves quittèrent le pensionnat! La sœur Jane Latham, ne pouvant suffire à la fois aux travaux de la maison, à ses devoirs religieux et à la tenue des classes, dut renoncer aux embarras qui naissaient de la complication de sa position. En aucun temps l'intérieur du couvent n'avait offert une image aussi complète de désolation; d'un côté, une sœur gisante presque toujours dans un lit d'éternelles douleurs, et de l'autre une femme affaissée par les charges et les fatigues; mais grace au ciel, elles n'avaient pas jusqu'alors souffert de besoins; elles jouissaient, outre le produit de leur jardin, d'un revenu annuel de 2,450 francs qui leur était payé de la location de leurs propriétés rurales.

Les intérêts du monastère étaient gravement compromis; et Dieu sait ce qu'il en serait résulté si la divine Providence, qui pourvoit à tout quand le temps en est arrivé, n'avait maintenu là le respectable et officieux M. Decarpentry et n'était venue lui adjoindre, comme un autre ange gardien, le nouveau doyen de Gravelines, M. Pierre Gobrecht qui, au mois d'Août de l'année précédente, avait succédé à M. Lamotte, décédé vers ce temps à Dunkerque, sa ville natale.

Après la mort de l'aumônier Louvel, M. l'abbé Gobrecht était devenu le confesseur de ces dames. Il trouvait en elles de la résignation et une grande piété, et prenait plaisir à cultiver leur connaissance. C'était un acte de charité qu'il accomplissait avec une grace particulière, à l'exemple du Père temporel de la maison. Souvent elles avaient des entrevues avec le digne ecclésiastique, et quand il fallut pourvoir aux moyens de remplacer les religieuses qui venaient de les quitter, M. Gobrecht eut la pensée de leur proposer de s'associer aux Ursulines de Boulogne-sur-Mer ; elles leur présenteraient, disait-il, bien autrement de garanties de stabilité que les Anglaises qui, tour-à-tour, avaient résidé au couvent. Il avait crainte qu'en ne se liant pas vite avec les Ursulines par un acte quelconque de donation, de testament ou de cession, il n'advînt prochainement, par l'extinction des deux seules propriétaires restantes, que les biens de celles-ci ne tombassent dans le domaine public en vertu de la loi française. (1) Sa combinaison était ingénieuse ; il ne s'agissait que de la mûrir. Les Clarisses l'approuvèrent infiniment, sans en deviner la cause, et lui laissèrent le soin de traiter l'affaire. Il en écrivit immédiatement aux Ursulines ; il fit même expressément un voyage à Boulogne et offrit à ces dames, au nom de ses commettantes, de souscrire un acte qui leur transmettrait, sous certaines conditions, les propriétés mobilières et immobilières du couvent de Nazareth, si elles voulaient venir se mettre en communauté à Gravelines et y établir un pensionnat. La proposition convint et quelques jours après des religieuses Ursulines arrivèrent. Aussitôt toutes les parties contractantes se lièrent par un acte sous signatures privées à la date du huit Novembre, et vécurent ensemble. Mais alors surgirent les difficultés ! Lorsque les sœurs Latham et Cullen s'adressèrent au Ministre de la justice et des cultes, pour lui demander l'autorisation de réunir la communauté de Gravelines à celle de Boulogne, Son Excellence rejeta la demande en déclarant que cette affaire n'était susceptible d'aucune suite, attendu que les

---

(1) Lettre datée de Lille, de M. le doyen Gobrecht, à M. De Bertrand, du 1 Septembre 1856.

constitutions de la congrégation des Ursulines interdisaient à la communauté de cet Ordre existante à Boulogne, la faculté de former une annexe à Gravelines (1). Cette entrave imprévue avait quelque chose de désespérant et l'on s'en affligea au couvent.

Tout n'était pas perdu cependant. Il restait aux dames Cullen et Latham un moyen de réussite; M. le maire Decarpentry et M. le doyen le proposèrent: c'était de présenter la demande sous un autre point de vue, de telle sorte que les Ursulines de Gravelines se constitueraient en communauté indépendante.

Par suite de cette nouvelle combinaison, trois Ursulines, les dames françaises Maquignon, dite sœur de Saint-Angèle; Augustine Lecomte, nommée sœur de Saint-Joseph, et Cécile Baudray, dite sœur de la Visitation, vinrent déclarer ce fait; et tandis que, vers la fin de Décembre 1837, elles adressaient à Mgr le Garde des sceaux, par l'intermédiaire de Mgr l'évêque Belmas, une demande en autorisation de fonder à Gravelines une maison de leur Ordre, les sœurs Latham et Cullen faisaient parvenir au Ministère une requête tendante à céder les biens de leur institution à l'établissement des Ursulines (1). Les pétitionnaires se fondaient sur l'impossibilité où, réduites à deux membres, elles se trouvaient de pouvoir utiliser la maison conventuelle et leurs biens à l'éducation des jeunes demoiselles, comme il en était autrefois. Elles ajoutaient que leurs anciennes consœurs et elles avaient fait en vain, depuis leur retour en France, toutes les démarches convenables dans le but de se procurer des sujets capables de les aider dans l'œuvre pour laquelle, pendant plus de deux siècles, avaient toujours été consacrés les immeubles qu'elles possédaient par la transmission de leurs devancières.

(1) Archives de la mairie de Gravelines.
(2) Mêmes archives.

M. Alphonse de Lamartine, député de l'arrondissement de Mâcon, ancien député de celui de Dunkerque, et M. Louis Dehau de Staplande, alors député de ce dernier arrondissement, s'entremirent en faveur de toutes ces dames, à la sollicitation de M. le doyen Gobrecht et de M. Decarpentry. Il y avait d'immenses chances de succès ; mais la respectable abbesse des Clarisses ne devait jamais en connaître les résultats.

Mme Cullen était horriblement malade. Tout son corps était rongé de chancres que nettoyaient, avec un soin sans exemple, sa chère compagne sœur Latham et les Ursulines qui habitaient la maison. Elles accomplissaient cette œuvre de charité pour l'amour de Jésus ; et, en cela, on pouvait les comparer à Sainte Claire, fondatrice des Pauvres Clarisses ; à Sainte Elisabeth de Hongrie, sa contemporaine ; à Sainte Catherine, de Sienne ; à Sainte Odile, d'Alsace ; à Sainte Judith, de Pologne, et à Sainte Jeanne, de Chantal, toutes nobles et généreuses femmes qui se plaisaient à rendre aux lépreux les plus humbles services (1).

La pauvre abbesse devint à rien. Elle supportait avec une patience inouïe d'horribles tortures et témoignait sans cesse sa reconnaissance aux religieuses qui la soignaient ainsi qu'à M. Decarpentry et à M. Gobrecht, qui venaient la voir. Le 1er Janvier 1838, sa vie ne tenait plus qu'à un fil ; enfin il n'y eut bientôt plus d'espoir ; mais, chose remarquable, sa résignation et sa douceur augmentaient à mesure de l'affaiblissement de son être ; elle priait toujours, et c'est sans doute le bon Dieu qui, dans sa miséricorde, lui accordait cette grace dans les derniers moments qu'elle avait encore à passer ici-bas pour atteindre les portes de l'Eternité. Mme Cullen mourut le 19, à six heures du soir, entre les bras des Ursulines qui ne l'avaient pas quittée un instant. Elle avait 67 ans d'âge, onze ans et deux mois de

---

(1) Histoire de Sainte Elisabeth, citée, ch. 24.

profession comme Clarisse et près de neuf années en qualité d'abbesse dans le couvent de Nazareth.

Toutes les religieuses, en ce moment solennel, étaient en pleurs ; mais celle que l'on ne pouvait consoler de cette cruelle séparation, était la sœur Jane-Frances-Xaveria, la dernière des Clarisses, qui, dès son entrée au couvent, s'était prise de la plus tendre affection pour sa chère supérieure, et qui, s'en voyant privée à jamais, s'abandonnait à la douleur la plus poignante.

La sœur Latham était la seule religieuse à qui Mme Cullen eût donné la vêture. M. le doyen Gobrecht et M. le maire Decarpentry, qui comprenaient parfaitement l'amertume de son ame, vinrent lui donner des consolations et réitérer leurs offres de service. La pauvre sœur en avait bien besoin, car elle se trouva comme anéantie pendant plusieurs jours sous le poids du chagrin.

L'abbesse Cullen fut inhumée au cimetière communal. Avant elle aucune religieuse n'avait reçu la sépulture hors du couvent. C'était une nouveauté pour Gravelines.

1838-1849.

La dernière Clarisse et les premières Ursulines.

> Priez le Dieu de toutes les créatures.. afin qu'il nous donne la joie du cœur, et que, pendant nos jours et pour jamais, il donne la paix à Israël.
> L'ecclésiastique, ch. 50, v. 24 et 25.
>
> La sagesse s'est répandue sur vous comme un fleuve et toute la terre a été découverte à votre intelligence.
> L'ecclésiastique, ch. 47, v. 6.

A la mort de Mme Cullen, la sœur Latham, religieuse Clarisse, les dames Ursulines de chœur, sœurs de Sainte-Angèle, de Saint-Joseph et de la Visitation, ainsi que deux sœurs converses, habitaient le couvent de Nazareth. Le personnel resta le même, et la mort de l'abbesse ne changea en rien les dispositions que l'on avait prises. L'affaire pendante au Ministère n'éprouva aucun retard : elle se poursuivait, au contraire, avec célérité.

Le 18 Février, M. Randouin, sous-préfet de l'arrondissement de Dunkerque, transmettait à M. Decarpentry, maire de Gravelines et Père temporel du monastère, copie d'une lettre de M. le Ministre de la justice et des cultes, indiquant les formalités à remplir pour compléter l'instruction de la demande des parties. Quelques jours après s'ouvrit une enquête de commodo et d'incommodo ; puis enfin le conseil municipal donnait, en assemblée générale, un avis favorable au projet de formation à Gravelines du couvent d'Ursulines, en remplacement de la communauté de Sainte-Claire (1).

A peine le dossier de cette affaire était-il parvenu au Ministère, qu'il parut à Paris, sous la date du 12 Juin

(1) Archives de la mairie de Gravelines.

1838, une ordonnance royale ainsi conçue : Louis-Philippe, Roi des Français, à tous présents et à venir, salut : Sur le rapport de notre Ministre secrétaire d'Etat au département de la justice et des cultes ; — Vu la demande formée par les dames Maquignon, Lecomte et Baudray, religieuses ursulines, en autorisation de fonder à Gravelines une maison de leur Ordre ; — Vu la loi du 24 Mai 1825 ; — la délibération du conseil municipal de Gravelines et le procès-verbal d'enquête de commodo et incommodo ; — Vu l'acte sous seings privés du 8 Novembre 1837, par lequel les dames Cullen et Latham, agissant au nom de l'association des Clarisses anglaises dont elles sont les derniers membres, cédant à la future communauté des Ursulines de Gravelines, les biens de leur institution ; ensemble les avis de l'évêque de Cambrai et du préfet du Nord ; — Le comité de l'intérieur de notre Conseil d'État entendu ; — Nous avons ordonné et ordonnons ce qui suit : Art. 1er. Est autorisé l'établissement dans la ville de Gravelines (Nord) d'une communauté d'Ursulines, à la charge par ses membres de se conformer aux statuts de leur Ordre approuvés par ordonnance royale du 7 Mai 1826. Art. 2. L'association des Clarisses anglaises établie à Gravelines est réunie à la dite communauté d'Ursulines. Art. 3. La supérieure de cette dernière maison est autorisée à accepter la cession d'une propriété sise à Gravelines, et d'autres immeubles situés à Bourbourg-Campagne et Oye. Ladite cession consentie en faveur dudit établissement par les dames Cullen et Latham, aux termes d'un acte sous seings privés du 8 Novembre 1837, dont il sera passé acte public, etc. (1)

Dès cet instant toutes choses ne tardèrent pas à se conclure. Le 30 Juin, M. le sous-préfet de Dunkerque adressait à M. le maire de Gravelines une ampliation de l'Ordonnance royale, et le jour de la fête de Notre-Dame du Mont-Carmel, 16 Juillet, aux termes d'un contrat passé devant

(1) Archives de la mairie de Gravelines.

Mᵉ Waguet, notaire à Gravelines, en présence de M. le doyen Gobrecht, supérieur de la communauté des Ursulines, de M. le maire Decarpentry, Père temporel, et d'autres personnes, Mᵐᵉ Latham vendit tous les biens du monastère de Nazareth, à la communauté des dames Ursulines, établie en cette ville dans le couvent des Clarisses anglaises; ce qu'accepta la sœur de Sainte-Angèle, supérieure provisoire des dames Ursulines, à la charge par celles-ci : 1° de recevoir à perpétuité gratis (selon la fondation de M. Geusse) deux pauvres demoiselles anglaises, écossaises ou irlandaises de nation pour y être religieuses ; 2° de nourrir, vêtir et loger Mᵐᵉ Latham, sa vie durant, ou de lui payer une rente viagère et annuelle de mille francs, du jour où elle se retirerait ; 3° de faire faire tous les actes religieux indiqués dans la donation (Geusse) en date du 4 Août 1708, savoir : un service funèbre quatre fois par an, à chaque époque des Quatre-Temps, en vertu de la dispense réformatrice de Mgʳ l'évêque de Saint-Omer, en date du 14 Février 1723.

C'en était fait ! l'institution de l'Ordre de Sainte Claire n'existait plus à Gravelines : cette maison y avait subsisté glorieusement aux yeux de Dieu comme aux yeux des hommes, pendant deux cent vingt-neuf ans, à dater de l'arrivée en 1609 de cinq religieuses de chœur au monastère de Nazareth. Ces dames, sous l'habile direction de leur première abbesse, Mary Goudge, avaient été appelées, par l'exemple de toutes les vertus chrétiennes, à amener successivement après elles, aux pieds du Seigneur, 296 pieuses et humbles femmes qui n'ambitionnaient, pour récompense de leur noble sacrifice terrestre, qu'un rayon de la céleste lumière réservée aux élus de Dieu.

Mᵐᵉ Latham survivait à toutes ! Son ame ulcérée gémissait sans cesse, et sa forte constitution, que rien, à son entrée au couvent, ne semblait devoir ébranler, avait subi la conséquence du martyre qu'une série d'évènements adverses lui avaient fait éprouver pendant huit longues et mortelles années.

Les dames Ursulines et leur nouvelle mère supérieure appréciaient toute l'amertume de la pauvre sœur et s'ingéniaient à lui prodiguer des témoignages de sympathie et d'affectueuse compassion. C'était vainement ! L'ennui dans le cœur, sœur Jane voyait tout en noir. Ces lieux, autrefois si pleins d'attraits à ses regards et si convenables à sa sainte vocation, ne lui offraient plus que des souvenirs déchirants d'un passé malheureux. Elle aussi fut prise du mal du pays ; elle ne rêvait plus qu'à sa chère Albion ; et, comme la liberté d'action lui était laissée, elle se résolut enfin à quitter Gravelines et à se rendre à Liverpool au sein de sa famille qui la rappelait avec instance. C'était le seul remède qu'elle pût choisir avec certitude pour conserver sa santé et recouvrer, dans une existence moins austère mais toujours religieuse, ce caractère aimable et aimant dont elle était douée lors de son arrivée en France.

Dans ces derniers temps, elle eut un jour un moment de satisfaction ; ce fut quand elle apprit que M. Charles-Eugène-Auguste Drouart de Lézey, le neveu de Mme veuve Méry, épousait le 25 Septembre (1838), Mlle Pauline-Rosine-Gabrielle Torris, fille de M. le juge-de-paix de Gravelines. Elle se ressouvint alors que les deux aïeuls du fiancé, M. le major de Lézey et surtout M. Rivière, dont on l'avait souvent entretenue, avaient rendu d'immenses services au monastère.

Sœur Jane partit pour l'Angleterre aux beaux jours de l'année 1839, les larmes dans les yeux et des paroles de reconnaissance dans la bouche pour toutes les bontés que les religieuses Ursulines avaient eues pour elle, depuis le premier jusqu'au dernier jour de leur co-habitation.

Dix ans plus tard, en 1849, alors qu'elle jouissait d'une santé florissante, Mme Latham revint passer huit jours au milieu des Ursulines du monastère de Gravelines. Elle trouva de considérables changements et d'admirables améliorations dans la maison conventuelle. Les nouvelles religieuses avaient fait construire, avec un goût parfait, des salles de classes et d'étude, des dortoirs, des parloirs, une autre église, et elles avaient disposé de l'ancienne pour leur chœur. Déjà ces dames répandaient dans tous les rangs de la société les bienfaits de leur institution, et leur pensionnat et les classes, connus avantageusement, recevaient plus de cent cinquante élèves que dirigeaient avec habileté des maîtresses instruites. Les Sœurs de la Providence qui s'étaient fixées à Gravelines en 1827, avaient quitté la ville ; et dès lors les Ursulines possédaient toutes les jeunes demoiselles de la ville et un grand nombre de pensionnaires du dehors, qui, selon leur âge, suivaient les classes de différents degrés tenues par ces dames. L'institution offrait aussi déjà à la localité d'immenses avantages, en ce que, moyennant une indemnité allouée sur la caisse municipale, les enfants des pauvres ou de parents peu aisés recevaient gratuitement une bonne éducation et une instruction solide.

Mme Latham fut enchantée d'aussi beaux résultats et en félicita du fond du cœur ses aimables hôtesses et surtout la digne mère supérieure de la communauté.

Comblée de soins et d'attentions, sœur Jane revit son ancienne maison avec d'autres yeux qu'autrefois. Tout semblait lui sourire, s'animer, renaître des âges écoulés ; elle voyait apparaître toutes ces ombres chéries, toutes ces filles du Seigneur issues des plus riches et des plus nobles familles de l'Angleterre, qui avaient vécu humbles et ignorées du monde dans le silence des cloîtres du couvent de Nazareth ; et sous la délicieuse influence de son bonheur extatique, elle voyait une à une toutes les grandes figures des abbesses qui avaient gouverné l'institution de Sainte Claire de Gravelines, avec autant de distinction et d'humilité que d'amour et de sagesse. Une auréole céleste ceignait la tête angélique de chacune de ces bienheureuses femmes au milieu desquelles trônaient les mères supérieures Goudge, Tildesley, Luysia Taylor, Ann Bedingfield, Bagnall, Petre de Fitblers, Johnson, Martin, sans offenser la modestie de leurs compagnes les sœurs Gage, Cannell, Keith, Penswich, Cullen, qui, pour avoir été moins heureuses dans leur mission par des circonstances tout-à-fait indépendantes de la volonté humaine, n'en portaient pas moins au ciel la couronne radieuse des élus, dont Dieu seul est le dispensateur.

Une autre fois sœur Latham jeta encore les yeux vers les temps écoulés. Dans une perspective éloignée, elle aperçut, sur plusieurs points, des groupes de religieuses, et comme si elle les eût toujours connues, elle vit passer successivement d'un pas grave toutes ces saintes femmes qui, élevées dans la maison de Gravelines, s'en étaient allées, au dix-septième siècle, dans d'autres monastères pour remplir la dignité d'abbesses en vertu de la règle de la sainte obédience. C'étaient Catharina Keynes et Elisabeth Evelinge, à Aire; Ellenor Dillon, Ann Browne, Ann Blundell, Mary et Frances Roockwood, à Dunkerque; sœur Ellenor Dillon, encore, à Nieuport, puis en Irlande; Cecily Dillon, en Irlande également; Mary Taylor, Margaret Bedingfield et la nonogénaire Winefride Giffard, à Rouen.

L'impressionnable sœur Latham faisait un rêve.

Eclairées par une lumière aussi tendre qu'éclatante, toutes ces blanches et belles figures avaient quelque chose de surhumain, de merveilleux, de séraphique, qui tenait de la nature des anges du Ciel, et dont on ne peut se faire d'idée sur la terre. Elles se dirigeaient toutes, comme à un jour de résurrection, vers leurs excellentes mères de Nazareth qui, en souriant, semblaient les appeler d'un regard bienveillant pour admirer ensemble la face du Très-Haut dont elles avaient bien mérité. Tout-à-coup, dans ce moment solennel, le sol s'agita : plusieurs pierres sépulcrales se soulevèrent, et sœur Jane vit sortir lentement de leurs tombes froides et humides une phalange de nonnes parmi lesquelles elle remarquait les unes après les autres les Salisbury, les Warner, les Newton, les Fox, les Ratlyffe, les Bradgshagh, les Clifton, les James, les Alcock, les Talbot et tant d'autres ravissantes créatures resplendissantes de l'éternelle béatitude.

Bientôt apparut un dernier et délicieux tableau. Toutes les religieuses, comme en un congrès céleste, se réunirent et entrèrent au chœur d'une église. Elles étaient précédées des treize abbesses de Gravelines et des deux plus vieilles sœurs qui y étaient mortes; l'une Clara-Coletta Thwaytes, à 83 ans, en 1675, et l'autre Catharina Lee, à 88 ans, en 1828, marchant en compagnie des abbesses étrangères. A l'instant l'orgue de sa voix sonore retentit avec éclat et majesté sous les voûtes du temple et plus de trois cents voix, aux accents les plus justes et les plus mélodieux, se firent entendre à la fois : elles redisaient un cantique d'actions de graces et de louanges de la bonté infinie de la miséricorde de Dieu...

Au milieu de ces accords harmonieux, sœur Jane se réveilla en sursaut dans une fébrile agitation. Le soleil éclairait déjà le monde et promettait une magnifique journée d'été. Elle se leva, et, plongeant les yeux par la croisée de sa cellule, elle entrevit les religieuses Ursulines qui se promenaient dans le jardin, à l'abri des regards indiscrets, avec le calme des ames heureuses et tranquilles.

Les huit jours que passa Mme Latham à Gravelines s'évanouirent comme la fumée. Elle y eut des entrevues avec plusieurs de ses anciennes amies, entr'autres Mme veuve Lecointe des Iles, si bien connue par son amour et sa charité pour les pauvres et les malheureux.

L'ex-religieuse ne formula qu'un regret : c'était celui de n'avoir pas revu Mme veuve Méry-Rivière, son ancienne amie, morte à Saint-Omer en Mai 1839 ; M. le doyen

Gobrecht, qui avait quitté Gravelines, au printemps de l'année 1844, et M. le maire Decarpentry mort à Gravelines le 3 Juillet suivant.

Heureuse de l'accueil qu'on lui avait fait au monastère et en ville, elle partit ; et ce fut pour ne plus revenir !

1849-1857.

Derniers souvenirs.

> Souviens-toi de tous ceux qui t'ont précédé et de tous ceux qui te suivront.
> Ecclésiastique, ch. 44, v. 5.

Bien peu de personnes qui ont eu des relations avec les dernières Clarisses, existent encore.

Mgr. le baron Louis Belmas, évêque de Cambrai, est mort le 21 Juillet 1841, à l'âge de 85 ans.

M. l'abbé Carpue, qui accompagnait à Gravelines les Pauvres Clarisses anglaises de Dunkerque pendant la Révolution, a fini sa carrière en Angleterre depuis quelques années à un âge très avancé, chanoine honoraire d'Arras où il avait reçu jadis le diaconat.

M. Waguet, ancien notaire des Clarisses, l'auteur de l'histoire manuscrite de Gravelines, est mort à Dunkerque le 6 Avril 1851, à l'âge de 60 ans.

M. Gobrecht, devenu doyen-curé de Saint-André à Lille, a succombé à Paris aux suites d'une opération chirurgicale à l'âge de 60 ans, le 16 Décembre 1856 (1).

Enfin M. Malot, le receveur de l'enregistrement de Bourbourg, a été enlevé à sa famille et à ses nombreux amis, le 14 Mars 1857, dans la 70me année de son âge.

A l'exception de M. de Staplande et du grand poète M. de Lamartine, un seul homme survit à tous, comme il survit à toute sa famille dont il est l'unique membre existant dans la ligne paternelle et la ligne maternelle : c'est M. Charles-Eugène-Auguste Drouart de Lézey, Procureur-Impérial près

---

(1) Voir ma notice nécrologique insérée p. 44 du Bulletin du Comité Flamand de France, 1857.

du tribunal civil de Douai, petit-fils de feu M. Gabriel Rivière, l'ex-Père temporel et le bienfaiteur du couvent de Gravelines.

La dernière Clarisse vit encore. Elle habite toujours Liverpool. L'auteur de cette histoire écrivit à Mme Latham, il y a quelques mois, et la bonne vieille religieuse trouvait encore assez de force pour répondre à la lettre qu'il avait eu l'honneur de lui adresser.

Avant de clore notre livre, nous sommes heureux de pouvoir dire que l'établissement des Ursulines est dans une heureuse voie de prospérité. La communauté se compose actuellement de 20 religieuses de chœur, de 9 sœurs converses, de 40 pensionnaires et de 200 élèves externes. Parmi les dames directrices, on cite une religieuse très habile que Dunkerque a vue naître.

Maintenant que nous avons retracé tous les souvenirs de cet antique monastère, il n'est pas inutile de rappeler ce que sont devenues en Angleterre les Pauvres Clarisses, et les Bénédictines anglaises de Dunkerque qui s'étaient réfugiées au couvent de Gravelines en 1793, et qui l'avaient quitté en 1795.

Celles-ci, en rentrant dans leur patrie, se mirent en communauté à Hammersmith dans le comté de Middlesex, et les Clarisses, à Church-Hill près de Worcester. (1)

Les Pauvres Clarisses anglaises de Rouen se retirèrent aussi dans leur patrie. Elles habitèrent d'abord le château d'Haggerstone à Belford dans le Northumberland, puis en 1808, elles s'établirent à Scorton-Hall près de Catterick, Yorkshire (2).

Quant aux Pauvres Clarisses anglaises d'Aire, voici ce qui leur advint. A la Révolution elles obtinrent comme étrangères, la faveur de rester dans leur maison d'Aire, sise au nord de l'hôtel-de-ville et ayant accès sur la rue de

1 et 2) Edward Petre. Notices citées.

Saint-Omer et la grand'place, à l'endroit même qu'occupent aujourd'hui les Ursulines. Toutefois les terroristes s'emparèrent de leur église à cause de sa position à proximité de l'échafaud, pour y établir le club destiné à le pourvoir de victimes. Ces infortunées religieuses furent soumises à toutes sortes d'humiliations, et subirent des contrariétés de toute nature; elles furent même souvent appelées dans les assemblées républicaines et obligées d'y chanter sur les orgues le « Réveil du Peuple ». Enfin lassées de toutes les choses insolites qu'elles entendaient et voyaient journellement, elles se déterminèrent en 1793 à retourner en Angleterre. (1). En quittant la France, elles se réfugièrent à Britwell-House près de Watlington, Oxfordshire, puis dans la maison de Coxside à Plymouth ; enfin vers 1834, elles quittèrent ce lieu et se fusionnèrent à l'ancienne communauté de Rouen qui vivait à Scorton-Hall. (2).

(1) Extrait des œuvres de M. l'abbé Caboche, mort à Aire,
(2) Notices citées d'Edward Petre.

Texte du bref cité p. 50.

VRBANUS PP. VIII.

Dilectæ in Christo filiæ, salutem et Apostolicam benedictionem. Virgines, quas e communi Anglicanæ ecclesiæ naufragio manus omnipotentis, atque aura spiritus sancti deduxit in portum Catholicæ Religionis, par est Pontificis Maximi et patrocinio muniri et laudatione decorari.

Ergo quæ in Belgico littore aditum ad Cœlestem patriam quæsivistis, audite nunc vestræ pietatis et fortitudinis, non minus decora quam solatia.

Cantate Domino hiinnos laudis sponsæ omnipotentis. Ipse enim fortia salutaris navigationis consilia mentibus vestris é cœlo detulit, et ab hæreticæ pestilentiæ contagione secretam in loco pascuæ collocavit tam illustrem Dominici gregis partem, quam princeps tenebrarum videbatur, tamquam opimas victimas, sœvienti inferno destinasse.

Per vos sane nostra ætas iis muliebris virtutis exemplis abundat, quæ cum antiquis conferat et consequentibus sæculis objiciat.

Sprevisse periculorum minas, avitæ domus delicias deseruisse, eam solummodo patriam existimare ubi regnet fides orthodoxa principia sunt et rudimenta vestræ gloriæ. Per cœlestes enim illas Divinæ legis semitas properabatis ad voluntariam vitæ austeritatem, ad studium religiosæ paupertatis, ad Angelicam morum sanctimoniam.

Tantarum virtutum odor, qni in horto isto concluso é lilijs virginitatis halat, mirifice recreat Pontificam mentem. Sed heu ! quam lacrimabile nostræ mentis oculis spectaculum prœbuit acerbum illud incendium, quo sacrum istud asylum conflagrasse nuper accepimus ! Non mediocriter tamen nos in tam luctuoso rerum vestrarum discrimine consolatur vestra incolumitas. Sœvisse enim flamma in parietes solummodo dicitur, atque ad eam coercendam accurisse videntur custodientium Angelorum cohortes, quæ sponsas Deo selectas igne minime violari paterentur.

O gloriosas mulieres, quarum saluti neque terrarum minæ, neque Oceani procellæ, neque ignis incendia obesse hactenus potuerunt, ne ulla elementa carerent vestris trophæis, ambustæ illæ cellularum ruinæ erunt memorabilis vestræ constantiæ monumenta.

Exultate igitur in Domino, et gratias agite Deo nostro, qui inter innoxios Babilonicæ fornacis vortices triumphalem hymnum edocuit trium puerorum chorum.

Ipse qui vos é patriæ commodis eripiens videtur et ex æterni ignis periculis velle arcere, idem Divinæ gratiæ favore vos ubique communicat.

Nostræ autem pastoralis charitatis patrocinium numquam vobis deesse patiemur, quas hoc apostolicarum litterarum alloquio dignas censuit Pontificia sollicitudo Vobisque benedictionem nostram peramanter impartimur.

Datum Romæ, apud sanctam Mariam Maiorem sub Annulo Piscatoris, die XXIJ Maij MDCXXVIJ. Pontificatus Nostri Anno Quarto. Joannes Ciampolus.

INDEX ALPHABÉTIQUE.

A

Aa, rivière, 130, 144.
Abbesse usurpatrice (Margaret Ratlyffe — professe, 26 ; — usurpation, 48; — exilée à Dunkerque, 49 ; — à Aire, 54 ; — sa mort, 70, 71 ; — souvenir, 273.
Adieux touchants, 33, 65, 98, 117, 139, 148, 159, 171, 185, 248.
Affection catarrhale, 111, 117 ; — humaine, 31, 33, 201, 206, 246, 247, 266.
Amiens, — passage, 199 ; — Paix, 198, 210.
Amour et charité, 33, 110, 137, 143, 150; — du cœur, 122.
Angoulême, duc et duchesse, 207, 212, 217, 219, 224, 230, 240.
Apogée et prospérité, 62, 109, 175, 276.

B

Barrie (Paul), écrivain, 104.
Bataille — des Dunes, 73 ; — de Worcester, 61 ; — de Waterloo, 247.
Bedingfield (Margaret) professe à Gravelines, 45; — vicaire à Rouen, 60; 2ᵉ abbesse à Rouen, 81; — sa mort, 91; — souvenirs, 93, 272.
Belmas, évêque de Cambrai, — consulté, 223, 264; — délégations, 232, 258; questionnaire, 234; — consentement, 240 ; — nomination de doyen, 256; — lettres pastorales, 225, 233, 235 à 239, 244 à 245; — sa mort, 275.
Bergues, séjour, 73; — magasin des dépouilles des églises, 180 ; — son directoire, 183.
Berri (duc de) assassiné, 242; — son assassin, 260.
Betefort, mayeur à Calais, 124.
Bienfaiteurs, 11, 40, 117, 120, 189.
Birckbreck, aumônier, 126, 129, 137, 143.
Blundeel (Ann), professe à Gravel., 56; — envoyée à Dunkerque, 63; — 2ᵉ abbesse à Dunkerq., 81; — sa mort, 82; — souvenir, 272.
Boulogne-sur-mer, ville, 199; — évêque, 127; — son couvent d'Ursulines, 263, 264.
Bourbourg-Campagne, institué en commune, 72; — terres, 186, 229, 268.
Brefs de papes, VII, 50, 53, 58, 74, 278.
Browne (Ann), professe à Gravel., 45, 62; — 1ʳᵉ abbesse à Dunkerq., 63; — sa mort, 80; — souvenirs, 81, 272.
Buckingham (duchesse), 185, 188.
Bulles, 1, 2, 15, 124.
Bynion, aumônier, 145, 148.

C

Calais, — emprisonnement singulier, 124; — deux hommes charitables, 120 à 128; — noms de notaires, 121, 122, 124; — écoles chrétiennes, 122; — ville de passage, 12, 183, 185, 191, 199, 214, 226, 257; — état sanitaire, 220; — souvenir, 252.
Calissanne (M. de), 250, 251.
Carpue, aumônier, 177; — sa mort, 275.
Charles X, roi, 221, 256.
Château de Gravelines, 67 à 79, 112.
Cœur légué, 121, 123, 125, 126, 205.
Coghlan (M.) — ses bons offices, 188, 199; — sa mort, 197.
Concile de Trente, 45.
Condé (le prince de), sa bonté, 212; — à Gravelines, 218; — sa mort, 246.
Couvent de Nazareth des Pauvres

Clarisses Anglaises fondé à Gravelines, 19; — sa dissolution, 185; — son établissement en Angleterre, 185, 188; — autorisation de retour en France, 224; — sa reconstitution à Gravelines, 226 à 232; — son existence, 233 à 266; — sa cession aux Ursulines, 267, 268.
Couvents d'autres l'auvres Clarisses Anglaises fondés—à Aire, 46 et 47; — à Nieuport, 54; — en Irlande, 55; — à Rouen, 58 et 60.

D

Dambrai, grand chancelier, 216.
Daniel (John), 202, 215, 218, 230, 256.
Decarpentry (Bernard-Nicolas), administrateur à Gravelines, 180; — maire, 226, 250, 232; — Père temporel des Clarisses, 249, 257, 258; — son désintéressement, 261; — son dévouement, 262 à 266, 267, 269; — sa mort, 274.
Décrets de l'Assemblée nationale, 166; 167, 178; — de blocus, 206; — de la Providence, 47, 134, 173, 196, 219.
De La Châtre, ambassadeur, 216, 224.
De la Motte, gouverneur de Gravelines, 4
De Saint-Pierre, aumônier, 207, 220, 232, 242.
Dezitter, aumônier, 262.
Dillon (Cecily) professe à Gravelines, 45, 47; — religieuse à Nieuport, 54; — supérieure en Irlande, 55; — souvenir, 272.

Dillon (Ellenor), professe à Gravelines, 45; — supérieure à Dunkerque, 47; — à Nieuport, 54; — en Irlande, 55; — souvenir, 272.
Dispenses, 29, 242.
Douai, 49, 101, 166, 202, 249, 276.
Dots, 9, 18, 24, 128, 144, 237.
Drouart de Lezey (le chevalier), son emploi, 158, 165; — son origine nobiliaire, 166; — sa mort, 166; — son âge, 220; — souvenir, 275.
Drouart de Lezey (autres) 195 à 275.
Dufresnes de St-Léon, 216.
Dunkerque, port de mer, 4; — couvent des Clarisses, 46; — curé, 73; — guerre, 73; — boulevard de la France, 93; — noms d'habitants, XI, 158, 172, 185, 197, 206, 216, 231, 240, 262; — ordres religieux, 176, 179, 185; — simples citations, 186, 275.
Durfort (le chev. de), 165, 205, 220.

E

Economie, 28, 65, 128, 144, 170.
Elections d'abbesses et des autres officiers, —premières, 14, 27; —subséquentes, 85, 86.
Elschoecht, père, peintre, 240.
Enterrements chez les Clarisses, 33, 125, 252; — autre, 125.
Erreurs signalées, 10, 36, 44, 63, 71,

74, 205, 220.
Esprit de la loi, de la règle, 243.
Evelinge (Elisabeth), professe à Gravelines, 45, 54; —devient 2ᵉ abbesse à Aire, 63, 71; — sa mort, 91; — souvenir, 272.
Examen de noviciat, 134, 237.
Exceptions (les), 243.

F

Fabrique de salpêtre, 181.
Famille royale, 207, 208, 212, 214, 217, 219.
Faits inouïs, 221, 248; — insolites,

131, 168; — curieux, 83, 207, 212.
Fatalité, 67, 256.
Femme mystérieuse, 101.
Fondateurs, 7, 14, 44, 47, 57, 60, 80.

G

Gage (sir), II, 26, 27, 38, 40, 83.
Gensse (MM.), le père, 120, 121, 269; —le fils, 120 à 128, 205, 269.
Giffard (Winefride), professe à Gra-

velines, 56; — religieuse à Rouen, 60; —3ᵉ abbesse à Rouen, 93, 114; — sa démission, 115; — sa mort, 120; — souvenir, 272.

— 282 —

G

Gaîté, 17, 110, 117, 192.
Gobrecht (le doyen) à Gravel. 262 à 265, 269; — son départ, 274; — sa mort, 275.
Gosfield en Angleterre,—château,185; — refuge des Clarisses, 188 à 225;
— souvenirs, 242, 251, 252.
Grafton, aumônier, 257.
Gresy (l'abbé) à Calais, 130.
Guérisons extraordinaires, 28, 130.
Guernonval (Philippe de), gouverneur de Gravel., 19, 23 à 25, 31.

H

Hanmer (les), 89, 90.
Hems-Saint-Pol, 220, 249, 250.
Histoire de Dunkerque, 46; — de St-Omer, 45; — de Mardick, X; — d'Elisabeth de Hongrie, 5; — de Gravelines, XI, 2 et 275; — Religieuse de la Flandre maritime, 177; —du monde, 147;— du couvent des Pauvres Clarisses anglaises de Gravelines, VIII, 208;—de Calais, 124.
Hospitalité, 3, 228.
Hyde (M.), 136, 143, 144.

I

Immaculée Conception, 44, 111.
Incendies à Gravelines, 48, 51, 67, 106.
Inscriptions tombales, VIII, 36, 66, 89, 97, 99, 108, 121, 140, 259; — commémoratives, 24, 26, 144, 124;
—de cloche, 232.
Institutrices, 168, 185, 198.
Instructions religieuses, 23, 80, 102, 233.
Intelligences hors ligne, 27, 52, 65, 73, 85, 109, 154, 198, 202.

J

Jacqueminot (le comte), 206, 249.
Jardin, 51, 69, 206, 208.
Jonard, évêque de St-Omer,—lettres pastorales, 74, 78; — souvenir, 100;
Jubilés, première cérémonie, 57;— observations, 75, 97, 136 à 138, 146; — d'abbesse, 154, — dernière cérémonie, 190.

K

Kail (le colonel), 228.
Keith (lord), 189.
Keynes (Catharina), professe à Gravelines, 32; — 1re abbesse à Aire, 44, 63; — sa mort, 71; — souvenir, 272.

L

Lebrun, consul, 202.
Legros (Scholastique), religieuse à Bourbourg, 170.
Lamartine (M. de), 265, 275.
Lettres patentes, 10, 46, 61, 166.
Liberté.—dernier jour, 32;—d'action, 14, 147, 185, 270; —de conscience, 1 à 8, 59; — des cultes, 124; — de ses droits, 60, 221.
Liège, 58.
Livre vivant, 97; — fermé, 129, 241; — prohibé, 124.
Livres rares, 79, 101, 103, 116; — ordinaires, 30, 101, 116, 163, 181, 186, 205.
Longevités, 5, 70, 95, 105, 120, 147, 160, 200, 252, 272, 275.
Louis XIV, roi, 61, 72, 92, 93, 95.
Louis XVIII, roi, 207, 208, 212, 217, 219, 222, 227, 228, 230, 231 ; — sa philosophie, 242 ; — sa mort, 246.
Louis-Philippe, roi, 256, 261, 268.
Lowe, aumônier, 148, 159, 167, 172, 175, 176.

— 283 —

M

Maigre, 28, 243.
Maladies contagieuses, 55, 150, 144, 220.
Manuscrits VIII, 78, 100, 123, 163, 164.
Mausolées à Gravel., 72, 121, 125, 126; — à Calais, 123, 125.

Méchants (les), 112, 258.
Montesquiou (l'abbé de) ministre des cultes, 223, 224.
Mortalités, — grandes, 32, 129, 133, 137; — Réflexion, 147.
Mortier, maréchal de France, 218.
Murdock, négociant à Dunkerque, 185.

N

Napoléon Bonaparte, commandant d'artil., 38, 189; — consul, 192, 202; — empereur, 204, 206, 209, 213, 214; — simple particulier, 228.
Naufrage, 50, 221, 278.

Nécrologe ou obituaire, — précieux document, VIII; — mentions, 35, 47, 70, 80, 84, 108; — son titre, 163; sa mise au net, 162 et 164.
Nuits, 14, 32, 38, 107, 132.

O

Ordonnances royales, 234, 249, 260, 268; — du médecin, 243.

Orléans (duc d'), 58, 59, 60, 64.
Oye, terres, 121, 122, 268.

P

Parents, erreur et indifférence, 237, 241.
Pavages à Gravelines, 20.
Pertes et spoliations, 157, 179, 205, 234, 256.
Petre (Edward), historien, 11, 44, 65, 71.
Poitrine (maladies), 98, 111, 113, 150, 153, 170.

Portraits d'abbesses, 39, 77, 81, 129, 205, 240, 248; — d'hommes, 148, 247.
Protecteurs (quelques), 178, 214, 221, 222, 224, 228, 250.
Poynter (William), évêque de Londres, 207, 218; — va à Paris, 230; — vient à Gravel., 232; — son obligeance, 246; — sa mort, 256.

Q

Quatre-temps, 122, 269.

Quêtes, 9, 69.

R

Relique de St-Libérat, 126, 127, 138, 155, 205.
Rivière (Jean-Baptiste-Gabriel), — Père temporel à Gravelines, 157, 161, 167; — greffier du magistrat, 158; — son mariage, 158; — échevin au siége royal, 163; — maire, 165, 167; — juge à Dunkerque, 172; — démission des fonctions de maire, 177, 178; — juge de paix à Gravelines, 179, 186; — administrateur du département, 187; — cesse d'être juge, 188; — membre du Corps législatif, 188, 192 à 202; — son retour à

Gravelines, 203 à 232; — sa mort, 246; — son éloge, 247 à 252; — Souvenirs, 270, 276.
Roockwood (Mary), professe à Gravelines, passe à Dunkerque, 65; — 3e abbesse à Dunkerque, 82; — sa mort, 95; — souvenir, 272.
Roockwood (Frances), sa profession à Gravelines et son départ pour Dunkerque, 62; — vicaire à Dunkerque, 83; — 4e abbesse à Dunkerque, 95; — sa mort, 104; — souvenir, 272.
Rothschild (James de), banquier, 208.

S

Saint-Esprit, — apparition, 49, 65; — protection, 62, 142, 150, 236; — messe, 86, 211.
Saint-Omer, cité catholique, 5, 8 et 9; — diocèse, 11, 49, 53 à 55, 62, 74, 100; — ordres religieux, 11, 16, 19, 23, 24, 26, 33, 35, 44, 49, 57, 58, 69, 163, 170; — hôtel-de-ville, 144, 152;—imprimeurs, 78, 79.
Scarsbrick (Edward), historien, 100.
Serent (duchesse), 230, 240.
Sergent-major, 72.
Smoggleurs anglais, 221, 228.
Souvenirs de l'auteur, V, 148, 208, 228, 240, 276.
Squelette vivant, 80.
Staplande (de) député, 265, 275.
Summers (Frances), abbesse de Scorton-Hall dite d'Aire, vient à Gravel., 258; — y meurt, 259.

T

Talleyrand (archevêque de), 208, 216, 217, 230.
Taylor (Mary), sa profession à Gravelines, 37; — y devient vicaire 50; —1re abbesse de Rouen, 60 et 61;— sa mort, 80; — souvenirs, 81, 272.
Terreur, 145, 175, 182, 187.
Torris (les), 158, 204, 216, 222, 226, 230 à 231, 270.
Travail de tête, 116, 209, 249.
Tribout (le doyen), 226, 232, 234, 235, 237, 239, 240.
Tuileries (palais des), 227, 230.
Tully (le docteur), son livre, 220.

U

Urbain VIII, pape, VII, 50, 52, 55, 58, 278.
Ursulines de Gravelines, souvenirs VIII, IX, 1; — leur arrivée, 264; — leur charité, 265 et 266; — leur fondation d'établissement, 267; — cession à leur profit, 2, 9, 268; — prospérité de leur maison, 271, 273, 276.
Utilité du couvent, 256.

V

Valbelle (François de), évêque de St-Omer, 121, 127, 269.
Valbelle (Jos.-Alp.), évêque de Saint-Omer, 138, 141, 147.
Vêtements des Clarisses, 17, 38, 151.
Vie monastique, 31, 80, 162, 252.

W

Wardistes (les), religieuses, 57 et 58.
Warner (milady), 86 à 91; — souvenirs, 98 à 100, 109; — dernier souvenir, 273.
Warner (miss), sa vie, 87 à 90; — sa mort, 98 à 100, 109; — souvenir, 273.
Warren (William), aumônier et homme de lettres, 73, 84, 100 à 104, 107, 109, 112; — sa mort, 113; — souvenir, 129.
Watten (jésuites de), 42.
Wright, banquiers à Londres, 199, 241, 246.

Y

Ypres, — évêché, 46, 63, — abbayes, 130, 194.

SUPPLÉMENT.

FONDATRICE.

Ward (Mary), faits divers, 18, 37.

ABBESSES.

Bagnall (Catharina), fait profession, 104; — souvenir, 272.
Bedengfield (Ann), professe, 56 — souvenir, 272.
Cannell (Henrietta-Maria) professe, 76; — souvenir, 272.
Cullen (Margaret), professe, 233; — souvenirs, 268, 272.
Gage (Susanna), professe, 23, 26;—discrète, 27; souvenirs, 41, 83, 272.
Goudge (Mary), professe, 12, 13 ; — souvenirs, 37, 41, 83, 101, 255, 269, 272.
Johnson (Clementina), professe, 134; — souvenirs, 174, 200, 202, 211, 212, 213, 248, 272.
Keith (Emilia), professe, 155, 172; — souvenirs, 191, 216, 272.
Martin (Mary), professe à Gravel., 164, 167, 172; — à Gosfield, 191, 210; — souvenirs, 254, 272.
Penswick (Ann), professe à Gravel., 154, 167, 172;—à Gosfield, 202; — souvenirs, 211, 214, 215, 234, 272.
Petre de Fithlers (Helen), professe, 132; — souvenirs, 161, 162, 272.
Taylor (Luylia), professe, 48; — souvenirs, 88, 92, 110, 272.
Tildesley (Ann), novice, 18 ; — professe, 23, 27; — souvenirs, 83, 120, 272.

DERNIÈRE CLARISSE.

Latham (Jane), professe à Gravel., 234, 253, 257, 260 à 270; — part pour l'Angleterre, 270 ; — revient à Gravel., 270 à 273; — retourne en Angleterre, 274; — souvenir, 276.

TABLE DES MATIÈRES.

Hommage à M. le docteur Le Glay.	V
Avant-Propos	VII
1538-1581. Les persécutions religieuses et les Clarisses.	1
1582-1608. Mary Ward, fondatrice	7
1608-1613. Mary Goudge, 1re abbesse.	14
1613-1615. Susanna Gage, 2e abbesse.	37
1615-1654. Elisabeth Tildesley, 3e abbesse	41
1654-1667. Luysia Taylor, 4e abbesse.	67
1667-1697. Ann Bedingfield, 5e abbesse.	85
1697-1704. Henrietta-Maria Cannell, 6^e abbesse.	110
1705-1736. Catharina Bagnall, 7e abbesse.	119
1736-1779. Helen Petre de Fithlers, 8e abbesse	141
1779-1793. Clementina Johnson, 9e abbesse.	161
1793-1799. Emilia Keith, 10e abbesse.	174
1799-1813. Ann Penswick, 11e abbesse.	191
1813-1829. Mary Martin, 12e abbesse	211
1829-1838. Margaret Cullen, 13e et dernière abbesse	254
1838-1849. La dernière Clarisse et les premières Ursulines.	267
1849-1857. Derniers souvenirs.	275
Texte du bref cité p. 50	278
Index alphabétique	280
Supplément pour la fondatrice, les abbesses et la dernière Clarisse	285

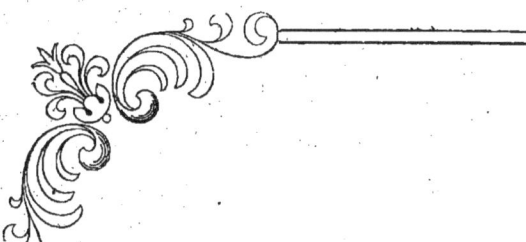

CET OUVRAGE SE TROUVE :

A Paris, chez M. Didron, éditeur des Annales Archéologiques, rue St-Dominique–St-Germain, 23 ;

A Lille, à l'ancienne librairie Vanackere, Grand'Place ;

A Dunkerque, chez Mlles Lorenzo, M. Bacquet, M. Vandenbussche et M. Vancauwenberghe, libraires.

DU MÊME AUTEUR,

SOUS PRESSE :

NOTICE HISTORIQUE

SUR

M. JOSEPH-AUGUSTIN MAQUET,

GRAND-DOYEN DE L'ARRONDISSEMENT DE DUNKERQUE, MEMBRE DE L'ORDRE IMPÉRIAL DE LA LÉGION D'HONNEUR,

DÉCÉDÉ A DUNKERQUE EN 1811.

www.ingramcontent.com/pod-product-compliance
Lightning Source LLC
Chambersburg PA
CBHW071418150426
43191CB00008B/963